近世・奄美流人の研究

箕輪　優

南方新社

奄美諸島概略図

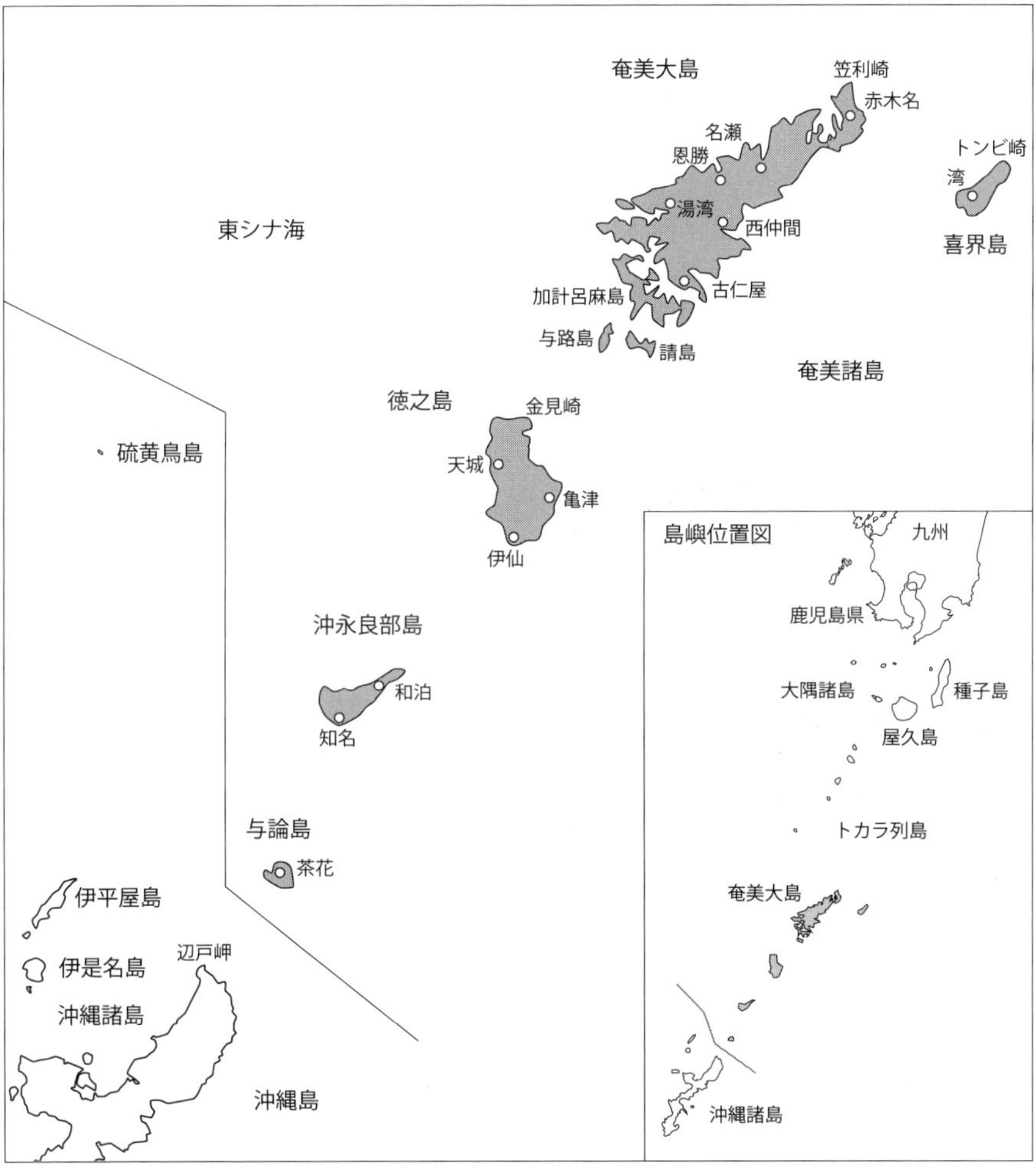
奄美大島
笠利崎
赤木名
名瀬
恩勝
トンビ崎
湾
湯湾
西仲間
喜界島
東シナ海
加計呂麻島
古仁屋
与路島
請島
奄美諸島
徳之島
金見崎
硫黄鳥島
天城
亀津
伊仙
島嶼位置図
九州
鹿児島県
沖永良部島
大隅諸島
種子島
和泊
屋久島
知名
トカラ列島
与論島
茶花
奄美大島
伊平屋島
伊是名島
辺戸岬
沖縄諸島
沖縄島
沖縄諸島

奄美大島赤木名・大島代官所跡　2013.2 筆者撮影

奄美大島龍郷・西郷隆盛謫居跡及び勝海舟による顕彰碑　2013.2 筆者撮影

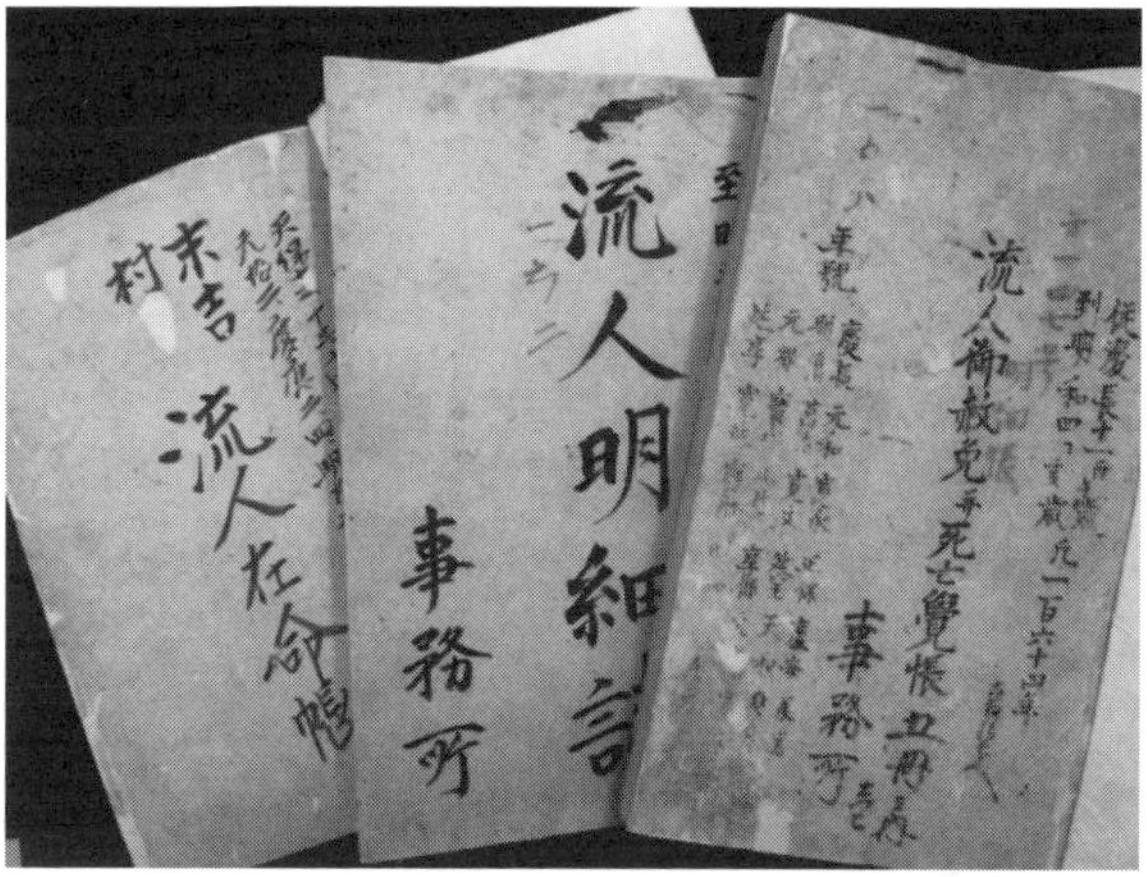

八丈島流人御赦免并死亡覚帳他二冊　2012.9 筆者撮影

徳之島諸田・文化朋党事件流人、木藤市右衛門武清墓石
2013.2 筆者撮影

はじめに

九州南端から台湾まで約千二百キロメートルにわたって続く南西諸島の中にあって、奄美の島々は太古の自然や琉球王朝時代由来の神観念や民俗などが残されていることでも知られる。また、日本本土ではすでに文学・歴史学上だけのものとなってしまった記紀万葉の語彙が、市井の言葉としていまだ日常的に島民たちの間で話されているところでもある。そして島人たちの何気ない自然なおもてなしのメンタリティーは、都会生活で精根尽き果て、意気消沈した面持ちで奄美を訪れた旅人たちの気持ちを必ずや癒やして元気にしてくれるだろう。さらに旅人たちが奄美の島人たちから受けたおもてなしの数々は一生忘れられない思い出になるに違いない。

最近、遅ればせながら奄美の有人八島とその周辺海域が国立公園(註1)に指定されたが、各島ともそれぞれユニークな特徴や魅力を持っている。今ここでその一つ一つを読者の皆様方にご紹介したいが、その遑《いとま》と紙数がない。その中にあって奄美大島や徳之島の常緑の山々は、数多くの貴重種動植物が育まれて学術的にも価値が高いといわれており、西表島や沖縄本島山原の森とともに、世界自然遺産として登録される日もそう遠くはないであろう。

ところで、小書を手に取られた方でこの美しい奄美の島々が「佐渡」や「隠岐諸島」あるいは「伊豆諸島」などと同様に、かつて流人の島々であったことを知る人がいったいどれ程おられるであろうか。恐らく多くの方々にとって「否」ではないだろうか。

今、空前の日本史ブームである。町の書店に入れば、入口近くの最も目立つ書棚に、これ見よがしに古代から近現代に至るまであらゆるタイトルを冠した歴史に関する美本が所狭しと並んでいる。また、家に帰ってテレビのスイッチを入れてリモコンで選局すれば、NHKから各民放まで、これでもかとばかりに、京都の美しい寺社や大阪城の豪壮な映像を背景に、応仁の乱や大坂夏の陣、あるいは幕末維新について、歴史学者やコメンテーターたちの終わりなき対談などがオンエアされている。しかし、それらの話題の中に奄美諸島の歴史が語られることはまずない。

たとえ、「流人」や「流人史」に関する出版物があったとしても、その中の「奄美流人」に関する記述は非常に乏しいものである。筆者としては実に隔靴搔痒の感が否めない。それが、高名な法制史家や大学教授、あるいは歴史流行作家の手によって書かれた書であっても全く同じである。そこで触れられている「奄美流人」は、ほとんどすべてが「西郷隆盛」に関するのみであるといっても過言ではない。「維新三傑の一人西郷隆盛、明治維新革命の立役者の一人西郷隆盛が流刑に処せられた奄美大島・徳之島・沖永良部島」、この一点のみで書かれているものがほとんどである。しかし、奄美への流人は「西郷隆盛」だけではない、ということを小書で訴えたいと思っている。

奄美諸島は、慶長十四年（一六〇九）から、薩摩藩の直轄地として支配を受けるようになって以来、日本各地から流人を受け入れる「流人の島」ともなってきた。結果、封建制が終了する明治初期までには、おびただしい数の流人が流されてきていた。

薩摩藩支配下の奄美諸島には島ごとに「代官所」（註2）が置かれ、それぞれ「代官記」を残している。その記録の中には数年（あるいは十数年）ごとに実施された「宗門手札改め」で調査した人口動態調査の結果も記載されている。しかし、その中にあって「流人」の数を比較的詳しく遺しているのは「沖永良部島代官記」（松下志朗編『奄美史料集成』所収）だけである。若干紙数を費やしてしまうが、奄美諸島への流人がいかに多かったかを数字で見て頂くために、各「代官記」に記述された人口動態を左に示すことにする。まず沖永良部島の人口動態を見て頂きたい。

	年	総人口	流人数	総人口に占める流人の割合
一	明和九年（一七七二）	一万一四〇七人	七九人	０・６９％
二	天明六年（一七八六）	九一四五人	六〇人	０・６６％
三	寛政十二年（一八〇〇）	九五〇八人	七〇人	０・７３％
四	文化十二年（一八一五）	八九七一人	六四人	０・７１％
五	文政七年（一八二四）	九三二四人	五四人	０・５８％
六	天保二年（一八三一）	九五九八人	七六人	０・７９％
七	天保九年（一八三八）	九七六八人	一〇〇人	１・０２％
八	弘化二年（一八四五）	一万〇七六九人	一二四人	１・１５％
九	嘉永五年（一八五二）	一万一二〇四人	八二人	０・７３％
十	安政六年（一八五九）	一万二〇六八人	九六人	０・７９％
十一	慶応二年（一八六六）	一万三四二九人	八〇人	０・５９％
十二	明治三年（一八七〇）	一万四四六三人	四七人	０・３２％

ご覧頂いているように、沖永良部島における流人数は沖永良部島総人口の約一％前後で推移していることがご理解頂けるものと思う。ちなみに記録数は極めて少ないが他の島についても見てみることとしよう。

奄美大島（「大島代官記」から）

一	天保二年（一八三一）	三万六七五〇人	三四〇人	０・９３％
二	嘉永五年（一八五二）	三万九五四九人	三四六人	０・８７％

喜界島（『喜界町誌』から）

一　文政九年（一八二六）　九三二九人　一〇二人　1・09%

二　嘉永五年（一八五二）　一万〇八五二人　一四五人　1・34%

徳之島（「徳之島前録帳」から）

一　文政七年（一八二四）　一万八一五五人　一八四人　1・01%

二　天保九年（一八三八）　一万九六六四人　一九九人　1・01%

三　嘉永五年（一八五二）　二万三四四七人　一九五人　0・83%

このように沖永良部島以外の島についても、いずれも総人口の一％前後の流人数であり、極めて統制された政策的流人配置数となっていることにお気づきになられたかと思う。さらにこれらの流人が各島の集落ごとに計画的に分散配置をされていた。なお与論島については極めて流人数が少ないことから割愛した。

薩摩藩政時代の奄美諸島には、二百六十年間を通じて何人の流人が流されて来たのか。ここに記述した「代官記」の数字だけではその結論は出せなかった。さらに各島にはそれぞれ何人の流人が流されて来たのか。奄美諸島全体で一体何千人の流人数になるのだろうか、極論すれば何万人という数字の流人数になるのだろうか、杳として分からないのである。その原因は〝記録〟がないからとしか言いようがないが、いずれにしても無力感にとらわれる。記して後考に待ちたいと思う。

筆者は、定年退職を意識するようになってから、なんとはなしに亡き両親それぞれの家系図の作成を思い立った。その作成過程で理由はまったく不明であるが父方の先祖が、鹿児島の地から奄美大島北部の喜瀬というところにやってきたことを知った。そして鹿児島へ何回か飛んで祖先の痕跡を訪ね歩いた。この過程を通じて「奄美流人」に強い興味を持ったのである。それとともに、奄美に出自を持ちながら奄美の歴史をほとんど知らずに（あるいは知らされずに）これまで過ごしてきたことに愕然とした。そのことを知ったとき自分自身に言いようのない怒りがこみ上げてきた。そして、リタイア後は持てる時間のすべてを奄美の本当の歴史を知ることに費やすことを決心したのである。さらに、奄美に流されてきたとされる多数の流人たちのことをこのまま歴史の闇の中に埋もれさせてしまってはならない、今その事実を可能な範囲で調査し、その結果を「形」として残さなければ、将来必ずや禍根を残すことになってしまう、という強い危機感にとらわれたのである。

まず初めに、小書を執筆するうえにおける筆者の基本的なスタンスをお示ししておく。どうかご理解を頂きたい。

●小書の執筆動機について

筆者自身の「奄美流人」に関する理解を踏まえて、これまでの奄美諸島内外の歴史家たちの研究成果を合わせながら、埋もれている「奄美流人」を一人でも多く発掘し、これまでの奄美流人研究史をより豊かにしたいと思ったからである。

●小書の題名について

「奄美流人」に関して、これまである程度まとまった内容をもった著書としては、あくまでも管見の限りであるが、沖永良部島にお住まいの郷土史家先田光演氏が著した(註3)『奄美の歴史とシマの民俗』所収の「奄美諸島の遠島人について」のみではないかと思っている。筆者も、今回小書を書くにあたってはこの「奄美諸島の遠島人について」から多くのことを学ばせていただいた。しかし、先田氏もこの著書の中で「『八丈實記』(註4)のような記録は奄美には存在しない」と書いておられるとおり、「奄美流人」に関してはあまりにも未知の部分が多いのも事実である。今回、小書で取り上げることができた流人の数はたかだか延べ人数で三百三十五人である。そのうち武士階級以外の身分の者については、ほとんど、その存在の痕跡すら認められないのである。

「奄美流人」の状況は、本土流人と違って全体像があまりにも漠としている。この〝九牛の一毛〟のような数で小書に結論めいた題名をつけることはできなかった。これからも「奄美流人」に関する研究は続けていかねばならないという意味を込めて、題名の中に「研究」の語を附した次第である。

●小書の構成について

小書の構成を「総論」と「各論」との二部構成とした。奄美諸島だけが特殊な歴史を歩んだということはあり得ないが、とにかく、日本史上において、奄美諸島は他地方に比して、長い間政治的・経済的・文化的等々万般において抑圧された困難の多い歴史的経過をたどったことは間違いないことだろうと思っている。しかし「奄美流人史」も含めて、薩摩藩治世下の奄美の歴史を日本人のだれもが理解しているなどと考えるのは大きな誤りであろう。奄美の近世史をいかに多くの方々に知って頂くか。そのためには、小書のテーマである「奄美流人」について論考をするまえに、まずは総論的に奄美の近世史及び「奄美流人」に関する先行研究等について書いておかなければならないと考えた。そのうえで「各論」においてこれまで判明している「奄美流人」について多面的に論じることとした。さらに読者の理解に資するために、「各論」に記したすべての流人を島ごとに網羅した資料「別表・奄美各島流人一覧」（以下「別表」と表記する）、及び資料「琉球（沖縄）・奄美・薩摩（鹿児島）関連史年表」（以下「年表」と表記する）を付した。

●「薩摩藩」か「鹿児島藩」か

この疑問について、鹿児島県出身で元九州大学教授松下志朗氏が、著書の中で次のように書いている。若干長くなるが重要な事柄でもあるので紹介しておきたい。

　まず私が薩摩藩または薩藩という名称を使わないで、あえて「鹿児島藩」とする理由について述べておきたい。（中略）私自身も以前は「薩摩藩」という呼称を無意識に使っていた。しかし薩摩藩という呼称は、鹿児島島津家の所領が薩摩・大隅・日向三カ国にまたがっていることなどを考えると、少々奇妙なことである。何故「薩摩」で代表させているかというと、おそらく薩摩地方が鹿児島藩の先進地帯であるという暗黙の了解があるためではないかと考えられる。そしてそれはまた明治維新の「栄光」とも重なって、薩摩藩・長州藩・土佐藩・肥前藩という「西南雄藩」のイメージに結びつくものであった。このような大藩意識は、地域の近世史研究に一つの偏りをもたらす危険があることを指摘しておきたい。（中略）江戸幕府が「藩」の公称を採用したことは一度もなく、旗本領を「知行所」というのに対して、一万石以上の大名の所領は「領分」と公称されていた事実を思い浮かべるべきである。「藩」という呼称が行政上のものとして歴史に登場してくるのは、徳川将軍の大政奉還にともなう王政復古後、一八六八（明治元）年閏四月、維新政府が旧幕府領を府・県と改め、元将軍家を含む旧大名の領分を「藩」として、その居城所在地を冠して呼んだときが初めてである。行政区画としての「藩」はしかし短命で、版籍奉還から一八七一（明治四）年七月の廃藩置県まで存続しただけである。私はその点で、「薩摩藩」という呼称を「鹿児島藩」（島津氏領）として、意識して使うことにする。

（『鹿児島藩の民衆と生活』）から

九州近世史の専門家として、また鹿児島県出身の歴史学者としての卓見であり説得力のある問題提起である。しかし筆者としては、この松下氏の意見を了解したうえで、あえて小書の中においては「薩摩藩」という呼称を使用することにした。その理由は、「鹿児島藩」と呼称することによって、奄美から見て「鹿児島」の地が意識的に遠い存在となり、これまでの鹿児島と奄美との、支配・被支配の関係性が薄められてしまうと考えるからである。これはイメージの問題である。奄美と鹿児島との歴史的関係性の中において「薩摩藩」と「鹿児島藩」とでは、奄美に出自を持つ私にとっては受けるイメージが違ってくるからである。

●「侵略」という表現について

薩摩藩によって慶長十四年（一六〇九）に発動された琉球国征服行動に関する表記については、諸本の中において様々な表記がなされている、例えば「侵入」「侵攻」「入り」「征伐」「征琉」「出兵」等々である。しかしながら小書ではあえて「侵略」と表記することにした。その理由は、時の薩摩藩の行為は、時代性は何であれまた原因は何であれ、琉球王国という独立国家に軍事力で以って攻め入り、その首府である首里城の財物を掠め取り、かつ当時琉球国の版図であった奄美諸島を割譲させ、奄美諸島を事実上の植民地としているからである。歴史は勝者によって描かれ、あるいは描く者の置かれた立場によってさまざまに違って理解されるとはいえ、この時の薩摩藩の行為は動機及びその後の所為からみても明らかな侵略的行為であると考えざるを得ないからである。

●「植民地」という表現について

藩政期における奄美諸島の政治的状況について、小書ではあえて「植民地」と表現した。その理由は、薩摩藩はこの時代奄美諸島を事実上の直轄地として組み込みながら、奄美諸島民を徹底して異民族視し反同化政策（註5）を取っている。特に天保元年（一八三〇）から開始された〝第二次砂糖惣買入制〟（註6）では、奄美北三島（奄美大島・喜界島・徳之島）に砂糖キビ・モノカルチュアによるプランテーション体制を作り上げ、男子は十五歳から六十歳まで、女子は十三歳から五十歳までの島民に砂糖キビ耕作地を田地と同じように割り当てる〝高割〟という制度を設けるなど、農奴的政策を敷いて徹底した搾取を行った。これに抵抗する者には極刑をもって臨み、支配の邪魔になる在地宗教の「ノロ」や「ユタ」などは徹底して抑圧あるいは弾圧し、例えば徳之島の「ユタ」を諸島内の他の島に流刑に処するなどをしている。このように見てくると、奄美諸島民は薩摩藩の強権によって一方的に統治されるのみで、自らの意志による政治経済的行為はもちろんのこと、民俗的、宗教的行為をも否定されており、完全な薩摩藩の属領となっていたからである。このような理由により近世期における奄美諸島は薩摩藩島津氏の植民地であったとみなすべきであろうと考えるのである。

●「僣称」や「蔑称」の記述について

このことについて、読者の皆様方に前もってお断りしておきたい。小書では職業や身体に関する「卑称」や「僭称」（例えば、家人《やんちゅ》（註7）、あるいはその同義語である膝素立《ひざすだち》・膝生《ひざお》・下人・下女・ヌザー・使部《ちけべん》等々、さらには毛唐・穢多・非人など）を書中に用いている、書くまでもなくこれらの表記は日本や奄美地方の前近代において常用された差別用語である。しかしこれらの用語は小書執筆上において必要欠くべからざる語であり、また小書構成上、史料（資料）に基づく科学的な歴史研究を進める立場からもやむを得ず書き記すものである。もとより筆者としてはこのような差別的かつ不当な呼称を容認するものではない。さらに筆者が差別意識をまったく持ち合わせていないことをここに表明してこれらの用語を使用することにした。どうかこのことをご理解の上、読者の皆様方のご賢察をお願いしたい。

以上のような筆者の考えのもとに小書を書き進めた。小書は、近世期における「奄美流人」について筆者の拙い研究結果をまとめたものである。筆者としては「奄美流人」の話だけにとどまらず、奄美諸島民の悲惨を極めた薩摩藩政時代の様子が、読者の皆様方のお気持ちに幾分なりとも届いて頂ければ、筆者自身これ以上の達成感はないものと思っている。

註

（1）「奄美群島国立公園」として、平成二十九年（二〇一七）三月七日指定。全国で三十四番目、鹿児島県内では四カ所目となる。奄美群島八島全十二市町村約七万五千ヘクタールが対象。奄美群島は国内最大規模の亜熱帯照葉樹林などに国の天然記念物アマミノクロウサギをはじめ希少な動植物が生息し、世界北限のサンゴ礁が広がる。砂浜や干潟、リアス式海岸、波の浸食でできた石灰岩の崖やマングローブ林、鍾乳洞など島々の自然景観に加え、文化も多様なのが特徴である。「奄美群島国立公園」は、優れた自然の「生態系管理型」と、人と自然の密接な関わりを示す文化や集落景観の「環境文化型」と従来にはない二本柱である。陸域約四万二千ヘクタール、海域三万三千ヘクタールが指定された。国立公園の指定は「奄美大島、徳之島、沖縄本島北部及び西表島の世界自然遺産」登録実現に向けた前提要件でもある（出典、二〇一七年三月八日付「南海日日新聞」）。

（2）薩摩藩は「道之島」支配のために、まず慶長十八年（一六一三）奄美大島大熊に「大島奉行所」（仮屋）を設置した。なお、「大島奉行所」は寛永十六年（一六三九）に「大島代官所」と改められた。元和二年（一六一六）には徳之島以南の島々を管轄するため徳之島亀津に「徳之島奉行所」を設置した。さらに元禄四年（一六九一）には「沖永良部島代官所」を和泊に設置し、与論島も管轄させた。同六年（一六九三）には「喜界島代官所」を設置し、「大島代官所」から独立させた（出典、『改訂名瀬市誌2巻歴史編』『徳之島町誌』『奄美史料集成』）。

（3）さきだ　みつのぶ。昭和十七年（一九四二）十月、鹿児島県大島郡和泊町国頭（沖永良部島）生まれ。昭和四十年（一九六五）鹿児島大学教育学部卒業後、県内の小・中学校に勤務、平成十五年（二〇〇三）和泊中学校長を最後に退職。現在えらぶ郷土研究会会長。主な著書に『沖永良部島のユタ』『奄美の歴史とシマの民俗』『奄美諸島の砂糖政策と倒幕資金』『仲為日記』などがある（出典、『奄美学　その地平と彼方』）。

（4）八丈島流人近藤富蔵著。全六十九巻（出典、『増補四訂八丈島流人銘々伝』）。

（5）藩は奄美諸島の直轄支配を強化する一方で、反同化政策を取った。まず、容姿・名乗りについては、元禄十二年（一六九九）と考えられるが、①道之島人は、藩内や七島のようにせず、島人相応の姿とし、②名も従来通りで、何十郎、何兵衛とせず、③月代、成人以後の剃髪を禁止し、④医道そのほかの稽古、病気療養で鹿児島へ来ても、藩内の人と同じような姿をしないことなどを通達している（『藩法集8鹿児島藩上』）。また、天明三年、芝家を郷士格に取り立てた際には、日本人の名をつけることは禁止したうえで、鹿児島の名字と紛らわしくないよう、一字名字を用いることとし、それ以前に二字名を許されていた郷士格の家も一字名字に換えさせ、翌年、田畑は龍郷の一字を取って龍を、砂守は伊仙出身であるため伊を名字とした（「芝家文書」）（出典、『大和村誌』）。

（6）薩摩藩の改革主任調所広郷が、主として天保元年（一八三〇）から実施した〝第二次砂糖惣買入制度〟をいう。これにより、例えば文政期末に五百万両あった藩の借金が天保十五年（一八四四）から嘉永六年（一八五三）の十年間で百五十万両の純益をあげた（表1参照）。この制度は、金銭の流通及び砂糖の脇売り（密売）を禁止し、従前の取り引きや未進米の債務を強制的に棄捐したうえで、藩が奄美三島（奄美大島・喜界島・徳之島）で産出される黒糖のすべてを強制的に買い上げる（取り上げる）ことであった。つまり、①上納糖（年貢米に換わるもの、代米なし）、②「定式糖」（じょうしきとう。〝高割〟で強制的に生産が割り当てられた砂糖。徳之島では砂糖一斤付三合七勺の代米であった。しかしこの代米率も幕末の弘化元年頃の奄美大島では一斤付一合六勺五才まで下げられた）、③買重糖（かいかさみとう。臨時のものであるが、後には強制となった。徳之島の場合この代糖一斤付代米四合七勺であった）、④余計糖（①②③の残りの砂糖。島民はこの「余計糖」で生活必需品である「御品物」を注文した）、⑤正余計糖（しょうよけいとう。④を差し引いてもなお余る糖をいう。これには「羽書」という手形が発行されて、主に貸借に利用された）、⑥献上糖（「正余計糖」を多く所持する島役・豪農らが「郷士格」を得るなどの賂として活用した糖である）などと称してすべての砂糖を藩に収納した。その他にも、小樽（島役人用の役得として存在した砂糖。主として鹿児島との音信用に使用した。約二五斤〈約一五kg〉入りで、奄美大島で九〇〇挺・徳之島で七〇〇挺・喜界島で六〇〇挺の割り当てであった。また役職によっても差があり、与人二六挺、惣横目一六挺、黍横目一一挺、津口横目七挺、書役五挺、目差四挺、筆子三挺、掟二挺、作見廻一挺などの差があった）などと称する砂糖も存在した。藩は砂糖の脇売りや隠匿などの違反者には死罪をもって臨んだ。特に問題とされることは、「余計糖」と「御品物」の交換価格の「不等価」である。藩の三島方（さんとうほう。砂糖専売の役所）から一方的に提示された品物価格は、ほとんどが市場（大坂）価格の数倍から数十倍もするペテンであった。藩は奄美三島民に対して砂糖値段をより低く設定し、諸品物の代価を不当につり上げる二重の中間搾取によって莫大な利益を手にした。例えば、文政十三年（天保元年）時点の米・種油・木綿の代糖を大坂相場（天保二年）で比較すると、米は約六・四倍高く（大坂で米一石が砂糖七九斤、島では一石が砂糖五〇七斤であった）、同様に種油は約八・二倍、木綿は約八・六倍高かった。甚だしきは鰹節一〇貫目（約六二斤・約三七kg）の大坂相場での代糖が一三・六斤（約八・二kg）であるのに対して、島では一二五〇斤（約七五〇kg）であり実に九一・九倍の不等価であった（表2・3参照）。このようなことが原因で幕末期奄美諸島民の三割から四割もの人々が家人（経済奴隷・下人）に貶められ、結果、豪農的黒糖モノカルチュア・プランテーションが出現した。なお、奄美のこの時代を〝黒糖地獄〟と称する歴史家もいる（出典、原口虎雄『鹿児島県の歴史』・『近世奄美の支配と社会』・先田光演編著『仲為日記』・「近世奄美諸島の砂糖専売制の仕組みと島民の諸相」）。

（7）「ヤンチュ」は奄美大島での呼称。奄美諸島各島で呼称は違う。喜界島では「ヌザー」、徳之島では「チケベン」、沖永良部島では「ニザ」などと称した。経済奴隷。下男・下女ととらえる歴史家もいる。日本古代律令制下の「家人（けにん）」とは違い売買の対象となる存在であった。男女の「ヤンチュ」の間に生まれた子は「膝素立（ひざすだち・ひざ）」といって、生まれながらの奴隷であり抱主の儲けものであった。「ヤンチュ」の解放は、明治四年（一八七一）の「身分解放令」によって制度上は消えたが、抱主らの抵抗もあり明治期しばらくは存在した（出典、『瀬戸内町誌　歴史編』）。

表1　黒糖惣専売制度下における収入

「経費」（運賃砂糖・幷鍋代砂糖代銀・御本手品代銀等・其外諸雑費）を差し引いた純益

年	大坂売却斤数	一斤当代銀	経費差引利潤金
1844年（天保15）	14,121,809斤	1匁4厘3毛	193,688両
45年（弘化2）	9,186,439	1匁1厘9毛	123,154
46年（弘化3）	8,787,068	1匁3厘1毛	118,017
47年（弘化4）	13,565,099	9分7厘1毛	177,414
48年（嘉永1）	10,487,510	1匁3厘8毛	144,039
49年（嘉永2）	11,287,780	9分6厘3毛	145,853
50年（嘉永3）	12,498,016	9分4厘6毛	158,051
51年（嘉永4）	9,255,911	1匁7分9厘8毛	146,953
52年（嘉永5）	10,334,565	1匁2分6毛	166,667
53年（嘉永6）	6,893,662	1匁3分3厘9毛	119,341
合　計	106,417,859斤	1匁7厘5毛4	1,493,177両

出典　『鹿児島県史料　斉彬公史料　第四巻』及び『喜界町誌』

表2　黒砂糖斤数換算の物価対照表

	大坂相場	道之島の諸品代糖	
品　物	天保2年	文政13年	天保6年
米　1　石	79斤	507斤	333斤
大豆　1　石	62.7		333
塩　4　斗	4.2	120	
酒　1　石	114.4	2,500	2,800
種油　1　石	243.2	2,000	2,800
蝋燭　1　斤	2	20	20
白木綿1反	5.2	45	40
煎茶10貫目	37〜39		1,563
鰹節10貫目	13.6	1,250	1,000
五寸釘1,000本	15.0	三寸釘80	

出典　松下志朗『近世奄美の支配と社会』

表3　諸品代糖表

品目	代糖額		品目	代糖額	
	文政13年	天保6年		文政13年	天保6年
百田紙　1束	25斤	28斤	蠟燭　1斤	20斤	20斤
半切紙　1束	25	28	米　3合	1.52	1
大丸墨　1丁	9	3	煙草庖丁　1刃	15	18
小筆　1対	上5 下3	3	骨打庖丁　1刃	25	10
大豆　2斗8升	150	(93)	合塩硝　1斤	25	25
酒1沸　(1升)	25	28	火縄　1曲	3	3
油1沸	20	28	陶朱公墨　1斤	30	12
一寸釘　100本	4	2	焼酎甑　1	200	160
二寸釘　100本	6	4	鉛　1斤	25	25
千草刃金　1斤	5	12	尺違紙　1束	13	15
昆布　1斤	3	3	四歩板　1間	25	20
素麺　100匁	3	3	七歩板　1間	50	45

文政13年			天保6年		
品目		代糖額	品目		代糖額
絞木綿	1端	38斤	紅絞木綿	1反	40斤
白地木綿	1端	上45 下40	白地晒木綿	1反	40
吸煙管	1本	上18 中15	築地張煙管	1本	25
風呂敷	1枚	大28 小18	紺地風呂敷	1枚	大28 小10
煙草	1斤	上25 中18	煙草	上 中 下	20 18 8
傘	1本	18	問屋張傘	1本	16
漆	10匁	6	漆	1斤	70
繰綿	1反織	25	繰綿1本	(39斤)	1,500余
茶家	1ッ	5	白焼茶家	1ッ	6
縮緬	1端	360	縮緬常幅	1反	200
茶	1斤	上25 中22	煎茶	10斤入	250
小斧	1刃	30	斧	1挺	大35 中18
雨合羽	1	60	黒雨合羽		40
鰹節	1斤	20	鰹節	100匁	10
塩	1升	3	塩	1俵	12

出典　松下志朗『近世奄美の支配と社会』

近世・奄美流人の研究――もくじ

総論

「奄美流人」に関する理解を補うためにも、薩摩藩政下における奄美諸島史に関する疑問点を検討し、そのことから導かれた基本的な認識を持っておくことが必要であると思う。ついては各論に読み進む前に、この「総論」についても是非御一読して頂きたい。

まず初めに、奄美の近世以降の歴史について要点に少しだけ触れておく。「はじめに」でも少し書いた通り、奄美諸島の近世期（特に幕末期の約五十年間）は、薩摩藩の植民地政策、特にサトウキビのモノカルチュア（サトウキビの単一栽培の強制）を始めとする、〝砂糖惣買入制〟などの徹底的な搾取によって諸島民が極度に疲弊した時代であった。この時代は、藩に黒糖を多量に献上して士族（郷士）格を得ようとする少数の由縁人《ゆかりっちゅ》・衆達《しゅた》と呼ばれた与人・豪農らの上層階級と、[註1]自分人《じぶんちゅ》と呼ばれた一般農民、そして、「上納糖（税）」「定式糖（強制割当）」「余計糖、鍋代（生産用具代）・御品物代（生活必需品代）」などが払えず、やむを得ず豪農らから高利で砂糖を借りて納めるが、結局返済できずに家人《やんちゅ》と呼ばれる債務奴隷に身を貶《おとし》められた下層民とに階層分化をした時代でもあった。

さらに、奄美諸島には薩摩藩の植民地政策と並行して、日本各地から種々の理由によって罪人が流されてきていた。従って奄美諸島民は薩摩藩から二重の搾取を受けていたことになる。

明治に入ってからも独立国の如くふるまう鹿児島県は、国策に反して引き続き奄美の砂糖を独占しようと目論むが、島人で洋行帰りの丸田南里[註2]という若者の率いる人々の抵抗運動（黒糖勝手売買運動）や西南戦争の終結もあって、奄美の農民たちはようやく鹿児島県（薩摩藩）の桎梏から解放され、明治十二年（一八七九）になって、曲がりなりにも自分たちの作った砂糖の自由販売ができるようになった。

しかし、奄美には更なる受難が待ち受けていた。それは、奄美産の砂糖という「金の卵」の独占権益を失った鹿児島県が、明治二十年（一八八七）の県議会において、大島郡（奄美諸島）予算を県予算から切り離し、奄美独自の税収だけで自らの政策を賄わせる「奄美独立経済政策」[註3]という露骨な差別行政政策を議決したからである。つまり鹿児島県にとって、奄美はもう自分たちの自由になる植民地ではなく、本土県民の生活向上のためには足手まといにしかならない「お荷物」の存在と考えた訳である。この「奄美独立経済政策」は、明治二十一年（一八八八）四月から施行され、太平洋戦争直前の昭和十五年（一九四〇）までのおよそ半世紀の長きにわたって続いた。この差別行政政策がもたらした結果は推して知るべしであろう。この間インフラの整備などは顧みられず、当然ながら奄美諸島民の民生は極度に低下した。奄美群島にようやく経済復興の曙光が差し始めて来たのは、先の戦争が終了し米軍政府の信託統治からも解放されて、昭和二十九年度から始まった「奄美群島復興特別措置法」による諸事業が行われるようになってからのことである。しかしながら、現在に至ってもなお奄美諸島の各種経済指標は鹿児島県本土や沖縄県及び全国平均より著しく劣っているのが現状である。

さて、総論では小書のテーマである「奄美流人」に関連する基礎的事項について、それぞれテーマを設定して、簡潔かつ具体的に記述していくこととする。

まず、初めに極々簡単にではあるが、「奄美流人」を中心とした「奄美・薩摩藩関連概略史」について書き、次に、奄美における古文書不在に関する疑問点を取り上げる。次に、日本古来の「遠流《おんる》」の地であった佐渡や隠岐、あるいは、近世に入り「遠島」の地となった伊豆諸島などにおける流人研究の出版状況について触れ、最後に奄美内外の歴史家による奄美流人史研究について書いていく。なお「奄美・薩摩藩関係概略史」については、末尾に付した「年表」も併せて参照して頂きたい。

註

（1）間切を二分割した方《ほう》ごとに一人ずつ配置された。元和九年（一六二三）に布達された「大島置目之条々」によって、琉球国以来の最高職であった「大親《ふーうや》」が廃止されたことにより島役人の最高職となった。配下の間切役人である「目差」「間切横目」「田地横目」「黍横目」「津口横目」や、村役人の「掟」「筆子」「巧才」らを指揮した。なお、表4（奄美各島の役人体制）を参照願いたい（出典、『大和村誌』）。

(2) 嘉永四年(一八五一)~明治十九年(一八八六)。黒糖〝勝手世騒動〟の組織者。奄美大島名瀬生まれ。慶応元年(一八六五)、薩摩藩が奄美大島に白糖製造工場を建てるために来島させた英人グラバーに従って十五、六歳の時に英国に密航し、二十六歳の時、上海を経て帰島したといわれる。明治維新後も奄美の砂糖が県の保護会社である「大島商社」による専売制下にあるのに怒り、大島中に呼び掛けてその解体運動を組織。その結果県官によって投獄され同志多数を失ったが、三年の闘争を経て明治十一年(一八七八)目的を達し砂糖自由販売を勝ち取った(出典、『沖縄大百科事典』大山麟五郎)。

(3) その理由は、「該各島嶼は絶海に点在して県庁を距てる殆ど二百里内外に渉り、風土、人情、生業等内地と異なり従って地方税経済上においても亦其利害の関するところ自ら異ならざるを得ざるものがあるを以て、地方税規則第九条により其の経済を分別する」という訳の分からない理由であった。明治二十一年から独立経済=分断財政が実施された理由としては、「内地の産業基盤整備事業に莫大な資金が必要になり、大島の産業基盤整備にまで手が回らない」という事情が本当の所であろう。このように、「自給自足的な小規模の財政運用を強いられたことによって、内地と奄美の経済格差が生じることはだれが見ても明らかであった」。これこそが「島差別」「切り捨て」の論理である。なお、鹿児島県議会における「大島経済分別議案」は、明治十三年五月及び明治十五年の通常県議会でも審議されているが、いずれも実施に至らず、明治二十年九月の臨時県議会において議決された(出典、『奄美群島の近現代史』)。

表4　奄美各島の役人体制（18世紀後半以降）

藩勝手方掛 （　御物座《ごぶつざ》・御国遣座《おくにつかいざ》・勝手方・主として財政担当）		
家老 用人《よひと》 三島方《さんとうほう》（黒糖の専売担当・天保元年以降）	琉球掛（琉球方） （勝手方掛家老兼任）	琉球館聞役 琉球館 （琉球口を通じて唐貿易を取り扱う役所）

薩摩藩詰役人（任期は原則2年）　代官仮屋・附役仮屋・横目仮屋				
	奄美大島	**喜界島**	**徳之島**	**沖永良部島**
代官	1人	1人	1人	1人（与論島兼任）
附役（代官補助）	5人	2人	3人	3人（うち与論島1人）
座横目（財政）	1人	1人	1人	1人
表横目（治安警察）	1人	1人	1人	1人
書役	（島役人4人）	（定員不明）	（島役人10人）	（定員不明）
	↓	↓	↓	↓

間切島役人　与人役所・間切役所・蔵（各所にあり）・津口番所				
	奄美大島	喜界島	徳之島	沖永良部島
間切《まぎり》・方《ほう》	7間切・13方 （当初7間切・１４方）	6間切 （当初5間切）	3間切・6噯《あつかい》	3間切（のち3方） （与論島は2間切）
与人（方最高職）	13人	6人	6人	3人（与論島2人）
目指《めさし》（目差・処務）	13人	6人	6人	3人（与論島2人）
間切横目（与人補助・検察）	13人	（6人か）	惣横目（6人か）	6人または7人
田地横目（田畑殖産指導）	16人	（定員不明）	（6人か）	6〜9人（他横目兼務）
黍横目（黒糖増産取締）	26人	（定員不明）	7人	（定員不明）
津口横目（抜荷取締）	59人（のち50人）	（定員不明）	（定員不明）	3人
竹木横目（上木・樽木取締）	（定員不明）	3人	（定員不明）	山方横目3人
村役人				
村数	144村	30村	45村	36村（与論島6村か）
掟《おきて・うっち》 （寄合議長・殖産指導）	68人	（定員不明）	24人	18人（与論島6人）
筆子《てっこ》（処務・財政）	26人	（6人か）	（6人か）	3人（与論島2人か）
巧才《こうさ》（百姓頭・掟補助）	234人（1村1~3人）	（定員不明）	（定員不明）	（数十人）
黍見廻《きびみまい》（黍横目補助）	85人	（定員不明）	（定員不明）	作見廻29人
居番《いばん》（公役連絡・呼出）	315人	（定員不明）	（定員不明）	（定員不明）

引用文献　大和村誌編纂委員会編『大和村誌』大和村、2010年、P215。

役職名・呼称等について筆者により加筆修正した。

第一　「奄美流人」を中心とした奄美・薩摩藩関連概略史

慶長十四年（一六〇九）　三月七日、薩摩藩島津氏、奄美大島を手始めに琉球侵略を開始。四月一日、首里城を占拠する。

慶長十八年（一六一三）　六月、藩、奄美大島大熊村（筆者註、「笠利村」の異説あり。写真参照）に大島奉行を置き、奄美諸島全体を管轄する。

元和二年（一六一六）　藩、徳之島亀津村に徳之島奉行を置き、徳之島・沖永良部島・与論島を管轄させる。

元和九年（一六二三）　「大島置目之条々」が布達される（奄美と琉球との紐帯を絶つ。琉球以来の大親〈大屋子《ふうやく》〉職を廃し、与人が島役の最高役となった）。

寛永十二年（一六三五）　藩、幕府のキリシタン改めにあわせて、「宗門手札改め」を実施。

寛永十六年（一六三九）　大島奉行を大島代官と改める。

元禄四年（一六九一）　各島の与人、藩主への毎年上国始まる（なお、宝永三年〈一七〇六〉からは毎年の上国は廃止。以降、ご祝儀〈不定期〉上国となる）。

藩、沖永良部島和泊村に沖永良部島代官所を置く（沖永良部島代官は与論島も管

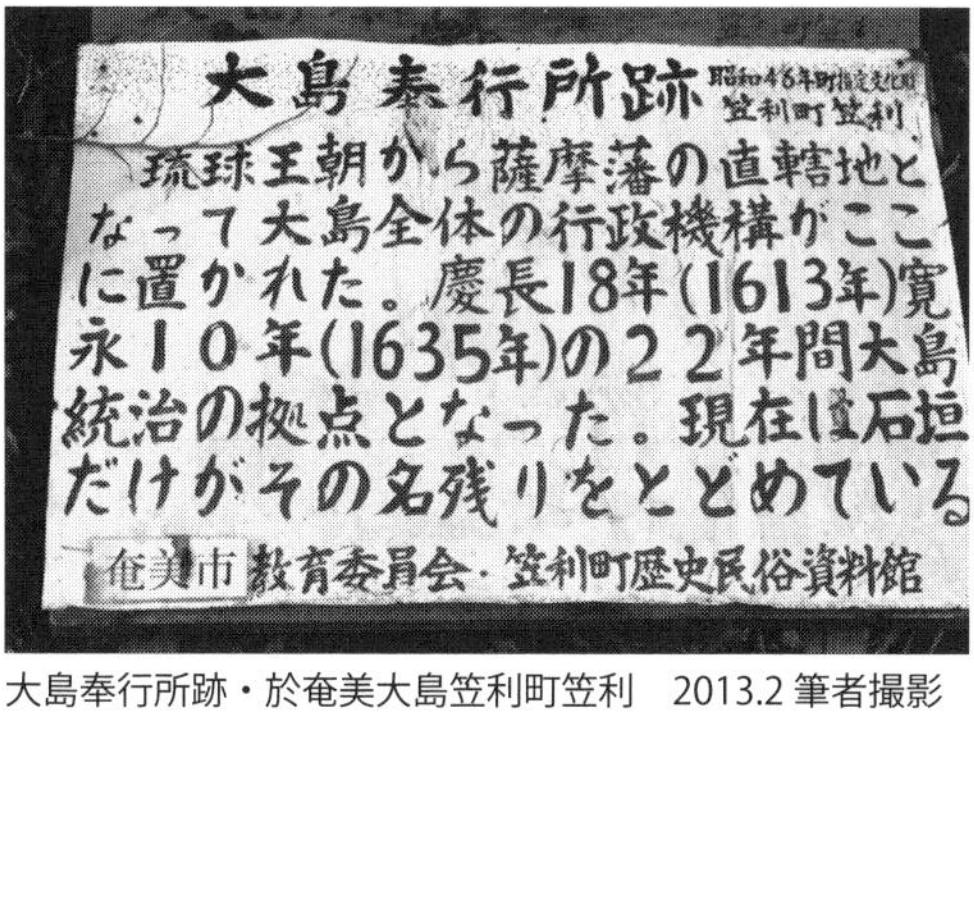

大島奉行所跡・於奄美大島笠利町笠利　2013.2 筆者撮影

轄）。

元禄六年（一六九三）　藩、喜界島湾村に喜界島代官を置く。

元禄八年（一六九五）　藩、大島・喜界島に黍検者を置く。この頃から砂糖の買い上げが始まる。大島の島役人ら、伊地知代官に系図・旧記類を差し上げる。

元禄九年（一六九六）　鹿児島城下の大火災により、大島の島役人らが差し出した系図・古記等がすべて焼失する。

元禄十年（一六九七）　藩、系図等の再編成のために道之島の与人らに系図の再提出を命じる。

宝永三年（一七〇六）　藩、奄美諸島の与人ら上級層に系図・古記録等の差し出しを命ずる。

享保十一年（一七二六）　大島笠利村の佐運（佐文仁）、新田開発の功により田畑姓と代々郷士格を与えられる（後、龍郷村に移り、龍姓に改姓）。

享保十三年（一七二八）　「大島規模帳」が布達される（この布達により奄美諸島民はすべて「百姓」身分とさせられる。なお、この布達には八箇条の流人規制が含まれる。これによって薩摩藩の奄美諸島の完全支配体制が整ったとされる）。

延享四年（一七四七）　この年から、租税が「米上納制」から「換糖上納制」に変わる（筆者註、この「換糖上納延享四年説」は、従来の「延享二年説」を、弓削政己氏が論文「近世奄美諸島の砂糖専売制の仕組みと島民の諸相」の中において否定し、新しく打ち出した説である）。

寛延三年（一七五〇）　「実学朋党事件」発生。長崎付人海老原庄蔵らが喜界島へ流される。

安永六年（一七七七）　藩、この年、大島・喜界島・徳之島三島に「砂糖惣買入制」を始める（第一次砂糖惣買入制）。

文化五年（一八〇八）　「文化朋党事件」（近思録崩れ・秩父崩れとも）発生。伊地知季安が喜界島へ流されたのを始めとして、多くの藩士が奄美各島に流される。

文化六年（一八〇九）　島津重豪によって島津斉宣隠居させられ、島津斉興襲封。

文化十三年（一八一六）　徳之島で母間一揆起こる。

文政七年（一八二四）　薩摩藩支藩の日向佐土原藩で「鳴之口騒動」発生。内田次右衛門が喜界島に流されたのを始めとして、多くの藩士が奄美各島に流される。

文政十年（一八二七）　この年、藩債五百万両となる。島津重豪・島津斉興、側用人調所広郷を家老に抜擢し財政改革を命じる。

天保元年（一八三〇）　この年、大島・喜界島・徳之島三島の貨幣流通を停止し、「砂糖惣買入制」に着手（第二次砂糖惣買入制）。

天保十年（一八三九）　奄美三島（大島・喜界島・徳之島）での日用品の購入後の「正余計糖」に「羽書」（領収証・手形）を通用させる。

天保十一年（一八四〇）　この年までに薩摩藩の財政改革ほぼ成功し、諸営繕用途二百万両及び藩庫金五十万両などを貯蓄。

嘉永三年（一八五〇）　「嘉永朋党事件」（お由羅騒動・高崎崩れとも）発生。大久保次右衛門（大久保利通実父）が喜界島に流されたのを始めとして、多くの藩士が奄美各島に流される。このとき藩の大身分であった名越左源太は奄美大島小宿に流され（〜一八五五）、在島中に『南島雑話』『遠島日記』を著す。

嘉永四年（一八五一）　島津斉彬襲封。

安政五年（一八五八）　重野安繹、奄美大島阿木名村に流される。七月、藩主島津斉彬急逝。島津茂久（忠義）襲封。十二月、西郷隆盛、「安政の大獄」で追われ、名を「菊池源吾」と改めさせられて奄美大島龍郷村に潜居を命じられる。

安政六年（一八五九）　正月、西郷隆盛、奄美大島龍郷に潜居する。

文久二年（一八六二）　二月、西郷隆盛赦免。三月、島津久光中央政界工作のため、小松帯刀らを伴い、兵千人を率いて京都へ向けて鹿児島を出発（第一回目）。このとき、西郷は先発して九州諸藩の視察を命じられる。四月、寺田屋事件。同月、西郷隆盛ら独断専行の科により久光によって捕縛される。六月、久光江戸へ下向。同月、西郷徳之島へ差遣を命じられる（この時、村田新八は喜界島へ、森山新藏は自決）。八月、生麦事件。閏八月、西郷沖永良部島和泊村へ流される。

文久三年（一八六三）　七月、薩英戦争。

元治元年（一八六四）　二月、西郷隆盛赦免、喜界島流人村田新八を伴い帰鹿。三月、徳之島で「犬田布一揆」起きる。

慶応三年（一八六七）　十月、徳川慶喜大政奉還。

明治元年（一八六八）　一月、「鳥羽伏見の戦い」始まる。四月、新政府軍江戸城入城。九月、明治と改元。

第二　なぜ奄美には歴史史料がほとんど残されていないのか

薩摩藩政下における支配関係史料をはじめとして、奄美における歴史文書の不存在がしばしば語られるが、その理由について以下一～三の資料が一つのヒントになりそうである。

一　東京大学史料編纂所教授山本博文氏の『東京大学史料編纂所紀要』から

東京大学史料編纂所教授山本博文氏は、（「市来四郎君講演」[註1]『史談会速記録』第三輯）からの引用として、紀要の中で次のように書いている。

研究報告

島津家文書の内部構造の研究

薩摩藩の他の史料の状況は、薩摩藩政文書については、明治五年夏、鹿児島県令大山綱良《ママ》[註2]が、「旧慣が抜けぬと云う所から、藩庁の家老座・大監察局・其の他公用帳簿類、土蔵に詰めてありましたのも、悉く綱良が指揮で焼き棄て」られた。また、江戸藩邸の帳簿類については、慶応三年十二月二十五日、庄内藩ら幕府側諸藩が三田の薩摩藩邸を焼き討ちにした時に全焼した。（中略）

おわりに

二〇〇二年四月、島津家文書は、すでに国の重要文化財に指定されていた黒漆塗箱文書のほか、版本、拓

本、他家箱等を除きほぼ全体が、国宝に指定された。（中略）
本稿の考察によって、現在残されている島津家文書が、西南戦争の時に岩崎六ケ所御蔵から搬出された史料のほとんどすべてであること、その内容は、島津家の家文書、藩が記録所に命じて保存させた文書、及び歴代藩主の御手許文書などであったことが明らかになった。このことは、島津家文書研究、及び江戸時代の大名家史料研究に大きく資するものであると考える。
（「島津家文書の内部構造の研究」『東京大学史料編纂所紀要』第十三号）から

山本氏のこの研究報告から推考して、島津家文書以外の薩摩藩政文書は、明治十年（一八七七）の西南の役に際し西郷軍に加担して、戦後政府により長崎において斬首処刑された鹿児島県権参事大山綱良の指揮によって、明治五年（一八七二）前後には悉く焼却されたと考えられる。筆者としては、実際に流人関係の藩行政文書等が一切発見されていないことから、この論文の記述は大いに信用できる内容であり、当時の鹿児島県によって奄美諸島支配関係の文書もろとも悉く焼却されたとみている。

維新直後の混乱期の中にあった鹿児島県が、どのような意図のもとに奄美支配文書を隠滅するに及んだか、今となっては知る由もないが、かえすがえすも残念である。その行為は、結果的に奄美諸島史を含めた南西諸島史をも隠滅する行為になり、さらには日本史や東アジア史研究の面からも大きな禍根を残すものとなったことは否めない。同時期、鹿児島県内に吹き荒れた廃仏毀釈により、藩内千六十六カ寺のすべてが廃寺となって、僧侶二千九百六十四人全員が還俗し、その結果、藩内には一つの寺も一人の僧侶もいなくなった（『鹿児島藩の廃仏毀釈』）という狂気に通底するものを感じる。

明治政府に対する不平士族の反乱のうち、明治十年（一八七七）に西郷隆盛らが引き起こした、我が国の最大にして最後の内戦であった西南戦争の末期、鹿児島市の鶴丸城に収蔵されていた島津家文書は、攻める官軍からの攻撃により収蔵庫もろとも消失寸前であったが、島津家関係者の必死の文書救出努力によって辛うじて戦乱の地から運び出され事なきを得た（『鹿児島県の不思議辞典』）。これら残された島津家文書は、山本氏も書いている通り、国宝に指定したうえで東京大学史料編纂所に厳重に保存され、大名家史料研究をはじめとする日本史研究において必要不可欠の史料となっている。奄美支配関係文書との彼我の差を強く思わざるを得ない。次の二の文章も市来四郎のものであり、一と同内容のものである。

二　『市来四郎君自叙伝（附録）十三』から

五十二歳、明治十二年己卯一月五日、斉彬公の墨蹟を忠義公に呈す、御礼として金三千匹を賜う、這の墨蹟を予の手に収めたるは、明治五年夏大山綱良県令たりし時、旧弊を打破するとの惑説に動かされ、県庁構内に在る旧藩の書庫に貯蔵の書類を、焼捨るの挙あり、此際予偶々其場に至る、貴重の書類を焼燬するを見て、遺憾に堪へす、手から書類を捜索し、御筆入と記したる小箱を発見し、披き見るに斉彬公の御真蹟なり、之を一炬に付するに忍ひす、県属松元良蔵等に請ふて、其一箱を貰いひ、其中にあるを一通ハ予、一通ハ松元、一通ハ大山と分ちたるものなり、尓来之を珍蔵せしに、幸に兵火を免れたるを以て、即ち保存の為め、旧君の家に納む、書ハ斉彬公造士館設立に関する訓示の草稿なりき、

（『鹿児島県史料　忠義公史料　第七巻』）から

三　元九州大学大学院教授安藤保氏による記述から

薩摩藩の財政と道之島との関係を見るときに、特に重要視される黒糖の生産、収奪一つをとっても、その

画期に当たる年の史料がすっぽりと抜け落ちており、編纂が中途で打ち切られたことによる欠点と云うより、黒糖政策に関することは意図的に採録しなかったことによると考えられる。

（『鹿児島県史料　薩摩藩法令史料集2』解題）から

この文章の意図するところは「奄美流人関係史料」についても同じであろう。このような、鹿児島県史料編纂者の奄美諸島支配に関する文書に対する取り扱い姿勢を見るとき、鹿児島県（薩摩藩）の奄美に対する志向を感じるのは筆者だけだろうか。

ところで、奄美には上層島役人らが所持した系図等が藩庁によって悉く取り上げられ、すべて焼き捨てられたという「系図焼棄論」が、諸島内の各市町村誌や個人の出版物等にこれまで連綿として書き続けられてきた。この「系図焼棄論」の根拠の初出になったのが、奄美大島名瀬の出身で名瀬村長を務めたこともある都成植義(註3)によって書かれた『奄美史談』である（この『奄美史談』は、近代以降に奄美出身者が刊行した奄美の歴史書の中では最も古い書とされている）。その「系図焼棄論」を示す箇所は次の文言である。

宝永三年、島民ガ所持セル系図及文書ヲ取揚ゲ、記録奉行ニ於テ之ヲ焼燬シタリ、蓋シ本郡古代ノ事迹ヲ記シタル文書ナキハ之ガ為ナリ、遺憾何ゾ堪エン、（以下省略）

ところが、郷土史家弓削政己氏(註4)は、この『奄美史談』に記された「系図焼棄論」について、論文「奄美諸島の系図焼棄論と『奄美史談』の背景―奄美諸島史把握の基礎的作業―」において、「系図焼棄論」は成立しないことを主張した。弓削氏は、系図等の差し出しについて、奄美諸島与人自らの「訴訟（お願い・訴え）」やそれに類するもの」五例と、「藩命によるもの」二例の二つに区分したうえで、それぞれの例について史料を示して「系図焼棄」はあり得ないことを主張している。ちなみに「藩命によるもの」の例として、「元禄八年（一六九五）、奄美諸島の与人らが、百姓身分を覆すために時の大島代官に差し出した系図等は、翌元禄九年（一六九六）の鹿児島城下の大火により焼失したもの」とし、さらに宝永三年（一七〇六）に差し出された系図の存在については、経過が明らかに出来ないとしつつも、天明三年（一七八三）に奄美大島西間切篠川村の實雄が、藩への砂糖貢納により芝姓を拝領し、嫡子代々郷士格となった時に提出した系図は、藩の記録所御帳に詳しく記載されていることが確認できることから、「提出された芝家系図は藩記録所に保管されており、焼き棄てられてはいないと考えられる」としている。そして、結論として「奄美諸島の系図・古記録差し出しは、基本的には、藩の身分編成過程で実施されたものである。①そして、個別奄美諸島の島役人に対しては、百姓身分とするものであった。そのため従来の島役人（与人層）が、藩に変更を求めた願い、訴えの根拠や役職の願いからの差し出しである。②また、藩内全体の系図差し出しに対応したものという二つの目的・性格に区分されるものであった」としている。

この論文は、具体的な関係史料を例示して論旨を展開し、なおかつ資料として論文末尾に六十例の「系図」「家譜」「由緒記」等が例示され、非常に説得力のあるものとなっている。

論文主旨は、一貫して『奄美史談』に書かれた「系図焼棄論」はなかったというものである。しかし、筆者としては論文の趣旨を理解・肯定しながらも、小書に疑問として提議した「なぜ奄美には歴史史料がほとんど残されていないのか」、つまり、「なぜ、二百六十年にもわたった藩政下の奄美において、示達・運用・蓄積された夥しい数量と推定される地方文書や、支配関係行政文書等がほとんど残されていないのだろうか」という疑問の答えにはなり得ていない。例えば、大島代官を務めた本田親孚が遺した『大島要文集』の中には、「公儀流人」について若干の記載があるが、その中には「公儀流人帳」などの存在を伺わせる記述が随所に出てくる。『大島要文集』を読むとき「流人関係文書」が存在していた蓋然性はかなり高いと考えざるを得ない。しかし、これらの「流人関係文書」は今のところ全く発見されておらず、いつの時点かは不明であるが、やはり、藩による「支配行政文書の焼棄行為」は実際にあったのではないかと推考できるのである。

註

（1）市来四郎（一八二九〜一九〇三）。鹿児島城下南新屋敷出身。薩摩藩士寺師正容の次男で、市来政直の養子となる。島津斉彬に用いられて砲術を研究し、反射炉の築造にあたった。市来は二十歳のころから明治九年まで四十年間にわたり毎日、日記をつけていたという。これらの記録と体験をもとに、西南戦争以後は東京の島津家編輯所編纂員となり、東京での史談会結成の中心となって、明治二十五年から数十回にわたって講演をするなど、後の生涯を幕末維新の薩摩藩の歴史を伝えることに捧げた。著作・編纂物には『斉彬公御言行録』『久光公旧邦秘録』『市来四郎君自叙伝』『忠義公史料』などがある（出典、『鹿児島県姓氏家系大辞典』『鹿児島県の不思議辞典』）。

（2）一八二五〜七七。鹿児島城下高麗町出身。薩摩藩士樺山善助の次男で、大山家の婿養子になる。誠忠組に属し、寺田屋事件では上意討ちにあたる。慶応二年大久保利通と藩の代表として長州との倒幕出兵盟約を結び、明治元年奥羽鎮撫総統府参謀となる。同三年六月鹿児島藩権大参事取り扱い、同四年八月鹿児島県権参事、同六年四月同権令、同七年十月初代鹿児島県令となる。西南戦争では私学校党に協力、その罪により長崎で断罪に処せられた。なお山本氏はこの時の大山綱良の職階を県令としているが、正しくは権大参事である（出典、『西郷隆盛全集　第六巻』）。

（3）慶応二年（一八六六）一月二十四日奄美大島名瀬金久生まれ。大正三年（一九一四）八月逝去。享年四十九。明治十八年（一八八五）三月に鹿児島師範学校を卒業し、その後名瀬小学校訓導、大島警察署巡査、名瀬尋常小学校長、大島区裁判所書記、名瀬村長などを歴任する。その間『奄美史談』『南島語及文学』を著す。『奄美史談』は明治三十二年（一九〇〇）、鹿児島県大島郡教育会から『大島史料集（奄美史談）第1集』の題名で孔版本として公になった。その後昭和八年（一九三三）甥の永井竜一の働きによって、都成植義の遺子都成鋼三を版権者として、山元徳二が『奄美史談　附南島語及文学』を発行した。昭和三十九年（一九六四）発行の『奄美史談・徳之島事情』の「解題」において原口虎雄は、「『奄美史談』『南島語及文学』は、奄美大島研究のバイブルである。（中略）『鹿児島県史』を始めとして、『奄美大島史』（坂口徳太郎大正十五年刊）『奄美大島の糖業』（島原重夫大正十年刊）『奄美大島における家人の研究』（市史料第二集所収）『封建治下における奄美大島の農業』（同前）『大奄美史』（昇曙夢）など、およそ奄美大島の研究上において著名な研究は、すべて都成先生の『奄美史談』『南島語及文学』に基礎をおいているとしている」と書いている（出典、『奄美史談・徳之島事情』「奄美諸島の系図焼棄論と『奄美史談』の背景―奄美諸島史把握の基礎的作業―」）。

（4）　昭和二十三年（一九四八）十二月奄美市名瀬生まれ。沖永良部島知名町出身。立命館大学文学部東洋史学専攻卒。琉球大学法文学部研究生中退。名瀬市議会議員（二期、引退）。奄美市文化財保護審議会会長・奄美郷土研究会会員。南島史学会会員。『喜界町誌』『瀬戸内町誌』『大和村誌』各編纂委員。論文に「伊波普猷の奄美観と影響」「奄美から視た薩摩支配下の島嶼群」「東喜望『笹森儀助の軌跡　辺界からの告発』から考える奄美」「『奄美古図』を読む上・下」「奄美諸島、近代初期の県商社による砂糖独占販売の諸問題―主体形成と時代性を反映した歴史叙述と史観―」など二十五点。二〇一五年十一月、第三十九回南海文化賞（南海日日新聞社主催）受賞。二〇一六年三月没。享年六十七（出典、『奄美学　その地平と彼方』）。

第三　佐渡・隠岐諸島・伊豆諸島の「流人」に関する古記録等

我が国王朝以来「遠流《おんる》」の地であった佐渡や隠岐、あるいは、近世に入り徳川幕府によって、江戸からの「遠島」の地とされた伊豆諸島の旧家・元地役人の家などには、当該地に流されてきた流人に関係する古文書が数多く残されかつ保存・公開されていることはよく知られている。それらの史料を活用した郷土史家たちの流人関係諸本の出版活動も盛んである。そのような地元密着型の本は、その地に流されてきた遠島人たちと同じ地に暮らしている人によって書かれているだけに、その内容には臨場感があり、読む者の気持ちをとらえて離さない。参考までに、左にこれらの島々への流人を紹介している諸本の一部を列挙してみよう。

佐渡

磯部欣三『近世佐渡の流人』

磯部欣三・田中圭一共著『佐渡流人史』

隠岐諸島

近藤泰成編『隠岐・流人の島』

横山彌四郎『隠岐の流人』

伊豆諸島

浅沼良治『流人の島―八丈風土記―』

葛西重雄・吉田貫三共著『増補四訂八丈島流人銘々

佐渡流人関係図書　2017.5 筆者撮影

隠岐諸島流人関係図書　2017.5 筆者撮影

伝』
近藤富蔵『八丈實記』
大隈三好『伊豆七島流人史』
池田信道『三宅島流刑史』

　もちろんこれら以外にも、筆者が良書と感じる本が多数存在するがこれくらいで止めておきたい。ここに列挙した諸本のうち、例えば『増補四訂八丈島流人銘々伝』は、八丈島に流された千九百余名にものぼる流人一人ひとりの詳しい身上を載せており、八丈島の流人の歴史を後世に残しておこうとする著者らの執念のようなものを感じる。また『八丈實記』に至っては、流人近藤富蔵（註1）自らが五十三年間にわたる流刑の中にあって、八丈島の森羅万象を書き留めたものであり、この本なしには八丈島の文化史研究はありえないといわしめるほどの貴重な本でもある。残されたその三十六巻中の第二十一巻及び第二十二巻には、八丈島流人すべてについて、配流から死亡・赦免までが克明に記載されており圧巻である。

　さらに、これら伊豆諸島の島々には当時の流人関係行政文書、例えば「流人村割帳」「流罪人送り状」「流人存命帳」「流人御赦免併死亡覚帳」「流人科書」「流人證文」等々の古文書も数多く残されている。しかも、これらの貴重な古文書は現在東京都立公文書館にすべて保存されており、だれでもが自由に閲覧ができ、かつ許可を得て古文書そのものを撮影

伊豆諸島流人関係図書　2017.5 筆者撮影

八丈島流人関係文書・於都公文書館　流人科書・流刑人御届・樫立村流人在命帳
2012.9 筆者撮影

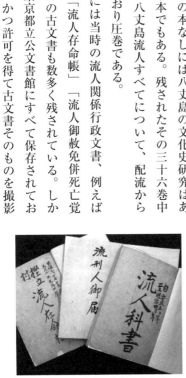

することもできる。

翻って、現在奄美における流人史研究はどうなっているのであろうか。奄美流人関係史料の存在は、先述した通り現在のところほぼ皆無の状況であり、そのことにより、残念ながら近世期奄美流人の全体像を書いた出版物は存在しない。

筆者は、「流人史」も含めて、奄美の人々の歴史的体験を、ことごとく遺して将来に継承すべきだと強く思っている。それは奄美に出自を持つ者のアイデンティティーに直結するものだと考えるからである。特に奄美の人々が辛酸を舐め尽くした薩摩藩政時代の事は残すべきである。例えば、〝奄振〟[註2]予算を有効活用して現存する奄美関係の古文書を可能な限り蒐集し、奄美の人たちが自分たちの故郷の歴史を、史料を通じて深く・広く学習できる〝場〟を設けることが必要ではないか。文書を残すということは、その時代の歴史を残すということに他ならないからだ。これは技術的・経済的な問題ではない。〝心〟の問題である。色々な立場の人がいて、色々な歴史観を持った人がいることは理解できるが、自分たちの過去にきちんと向き合いしっかり総括をしない限り、いつまでたっても心が晴れることはないだろう。自分たちの郷土の本当の歴史を封印して歴史を論ずることほど欺瞞的なことはない。そのことはまさしく精神的な自殺行為であると考えるからだ。

註

(1) 文政十年（一八二七）四月流。明治十三年（一八八〇）二月二十六日赦。小普請組太田内蔵守支配、近藤重蔵惣領。狼藉者討ち捨ての科により八丈島流罪。三根村預かり。彼は徳川譜代の旗本近藤重蔵の長子として、文化二年（一八〇五）江戸で生まれた。父重蔵は千島、択捉探検で勇名を馳せ、徳川の幕臣中でも博学を以って知られた人物であった。父が目黒槍ケ崎に別荘を作って、隣家の百姓と地所争いを起こし手を焼いていることを知った富蔵は、父に孝行をしようとこの隣家の百姓と話し合ったが、この者は前身が博徒で、容易に近藤家の申し入れなどを聞き入れるような人間でないことを知り、その一家七人を皆殺しにしてしまったのである。同年六月、父子は小伝馬町の獄に繋がれ、十月父重蔵は蟄居、富蔵は遠島を申し付けられ、翌十年、父は大溝藩主預け、富蔵は八丈島に送られた。八丈島で彼の残したものには、和歌、俳句、彫刻、仏像、屏風、玉石垣、系図等々があるが、特筆大書しなければならないのは『八丈實記』全六十九巻である。明治十三年この六十九巻の中二十九巻を東京府が買い上げ、残り四十巻を返却したのであるが、その四十巻は今なお行方不明である。現在東京都は買い上げた二十九巻を三十六巻の体裁に直し、東京都公文書館に収めている。この『八丈實記』を読まなければ、八丈島の研究というものが成り立たないほど貴重なものである。彼の名は不幸なことに官員の手落ちによって「赦免名簿」から脱落しており、ようやく請願が聞き届けられたのが明治十三年二月二十七日であり七十六歳で赦免となった。以後本土各地の親族墓参の行脚をし、明治十五年五月に八丈島に帰島し、明治二十年五月三十日八丈島にて八十三歳の生を全うした（出典、『増補四訂八丈島流人銘々伝』）。

(2)「奄美群島振興開発事業」の略称。奄美群島が昭和二十八年十二月二十五日米国の信託統治から日本復帰した後、「奄美群島復興特別措置法」が翌昭和二十九年六月二十一日法律第一八九号として制定された。この法律は十二条からなっており、目的、復興内容は奄美群島の「急速な復興を図るとともに住民の生活の安定に資する」「公共土木施設の整備事業や、主要産業の復興事業を五ヵ年で成し遂げる」というものであった。現在までの奄美群島振興開発事業の経過を列記してみる。

①復興事業（昭和二十九年～三十八年度）―住民の生活水準をおおむね戦前（昭和九年～十一年）の本土並みに引き上げるために必要な産業・文化の復興と公共施設の整備・充実を図ることを目標として実施した。

②振興事業（昭和三十九年～四十八年度）―主要産業の育成振興を重点として群島の経済的自立を促進し、住民の生活水準をおおむね本県（鹿児島県）本土の水準に近づけることを目標として実施した。

③振興開発事業（昭和四十九年度～現在）―しかしながら、奄美群島を取り巻く諸条件は依然として厳しく、住民の生活水準は、なお、本土との間に相当の格差が見られた。このため、昭和四十九年度から現在に至る振興開発事業では、国土の均衡ある発展と地域の特性に応じた開発を推進するためにも、奄美群島の特性と発展可能性を生かし、積極的な社会開発と産業振興を進めることを目標として諸施策をするとした。このような奄美群島復興・振興・振興開発事業のため、これまでに（昭和二十九年～平成二十六年度）総計で二兆三八六一億円余の事業費が投下された。この結果、道路港湾・空港等の交通基盤、農林水産業等の産業基盤、上下水道、保健医療・福祉施設、学校施設等の生活・教育基盤の整備が大きく進んだ。しかし、本土との間には、

所得水準や物価を始めとする経済面の諸格差が依然として存在し、人口減少率や高齢化の進展度合、あるいは生活保護率が県や国に比べて極端に高いなど、いまだに解決されない課題が多く存在している（出典、『平成二十七年度奄美群島の概要』）。

第四　「奄美流人」研究史

奄美諸島史の研究はこれまでどのようになされてきたか。これは小書のテーマである「奄美流人」の研究にも直接関連してくる問題でもある。奄美諸島の歴史研究は、特に、戦後において奄美諸島在住の郷土史研究家や奄美にゆかりのある歴史家によって研究活動が活発化し、『郷土研究会報』等においてその成果がこれまで数多く発表されてきた。これらの研究活動の成果は、従来の奄美史を大きく塗り替えることもあった。本項では、奄美諸島内外の歴史研究家らが係わった奄美研究史の流れを、筆者管見の限りにおいてであるが、出版関連事項を中心にしながら概観・記述してみることとする。便宜上近代以降とし、かつ太平洋戦争前と後とに分け、研究上の画期的事項や、特筆すべき刊本の発行状況について記述する。

一　戦前における研究

明治二十四年（一八九一）

・鹿児島県歴史史料センター黎明館によって、新たに明治二十四年十二月「緒言」のある都成植義『**奄美史談全　南海庵所蔵**』の筆写本の存在が明らかになった（出典、弓削政己「奄美諸島の系図焼棄論と『奄美史談』の背景」）。

明治二十八年（一八九五）

・三月、徳之島出身の吉満義志信が未完の稿本『**徳之島事情**』を著す。

吉満義志信は、亀津村をはじめ伊仙・天城・加計呂麻島鎮西の各村長や鹿児島県議会議員を務めた実務家である。最終章には「賞罰」の欄があり、徳之島に発生した「母間騒動」「犬田布一揆」「ユタ弾圧」等々で、徳之島から各地に流された流人の状況が簡潔に述べられており貴重。

明治三十三年（一九〇〇）

・『**奄美史談**』が刊行される。鹿児島県大島郡教育会で孔版（がり版）本として公になった書である。『大島史料集（奄美史談）第1集』という題名であった。以後、この書が奄美史の基本史料として人々の手によって刊行されていった（出典、弓削政己「奄美諸島の系図焼棄論と『奄美史談』の背景」）。

大正五年（一九一六）

・奄美大島小宿村配流中の名越左源太が残したと思われる何種類かの草稿の数々を、鹿児島高等農林学校（現鹿児島大学農学部）教授小出満二が書写して、『**南島雑話**』と名付ける。これが「農林学校筆写本」である。

大正六年（一九一七）

・四月、吉満義志信の未完の稿本（手書草稿）であった『**徳之島事情**』を小出満二が孔版で筆写する。

・十月、徳之島出身の坂井友直（旧姓栄）が『**徳之島小史**』を発行する。

坂井友直は徳之島阿権の生まれ。徳之島各地の尋常小学校長などを務めたのち、大正九年（一九二〇）島尻（伊仙）村長・大正十二年（一九二三）鹿児島県議会議員をそれぞれ一期務めている。他に『首里之主由緒記』『喜界島史』『沖永良部島史』『奄美人国記』『更生の伊仙町史』などがある。昭和十五年（一九四〇）八月名瀬で死去。享年六十六。

大正十年（一九二一）

・鹿児島県立第一師範学校教諭（元鹿児島県立大島中学校教諭）坂口徳太郎（愛媛県出身）が『**奄美大島史**』

を刊行する。

昭和八年（一九三三）

・三月、喜界島出身の竹内譲（註1）が通史『**趣味の喜界島史**』の初版本を出版する。
書中、薩摩藩で発生したお家騒動の一つである「実学朋党事件」や、薩摩藩の支藩である日向佐土原藩で起きた「鳴之口騒動」で喜界島小野津村に流されて、「内田塾」を開いた内田次右衛門、さらには西南戦争の重要人物で湾村に流されてきた村田新八のことなどが記述されている。

・九月、奄美大島名瀬出身の郡視学永井竜一が、がり版刷りの正篇『**南島雑話**』を発表する。
奄美大島における流人史研究で刮目すべき点は、奄美大島小宿村配流中の名越左源太が残したと思われる草稿の数々である。完全な形ではないにしても貴重な奄美の博物資料として研究者などの間では知られていて、これらの草稿本は十三冊にも及んでいたが長く著者不明とされてきた。しかし大正五年（一九一六）鹿児島高等農林学校教授小出満二が、何種類かの草稿本を書写して『南島雑話』と名付け、さらに、この草稿を永井竜一がこの年がり版刷りの『南島雑話』として発表した。

昭和九年（一九三四）

・十二月に『南島雑話』の草稿が名越左源太の手になることを解明した永井竜一の兄で、県立鹿児島第一中学校（現県立鶴丸高校）生物学教諭永井亀彦が、この草稿を自家版『**高崎崩の志士名越左源太翁（嘉永年間に著された郷土誌料南島雑話の解説）**』として出版した。ここに及んで名越左源太の書き残した草稿が『南島雑話』として結実し、近世末期における奄美独特の民俗や芸能、あるいは動植物に至るまでの全貌が紹介されるようになった。もちろん、そこには左源太の当時の大島流人に対する鋭い観察状況などが絵入りで描かれていて、流人史研究の観点からも貴重であることは言うまでもない。

二　戦後における研究

昭和二十四年（一九四九）

・十月、それまで不明とされながらも名越左源太の日記と思われる手記が、再び永井亀彦によって左源太によるものであることが確認され、**『高崎くずれ大島遠島録（名越左源太翁日記）』**として自家出版された。永井亀彦は、昭和九年（一九三四）十二月に発表した『高崎崩の志士名越左源太翁（嘉永年間に著された郷土誌料南島雑話の解説）』によって、『南島雑話』が名越左源太の著になることを証明したが、さらに戦後の昭和二十四年十月になって『高崎くずれ大島遠島録（名越左源太翁日記）』を発表した。日記内容は嘉永三年（一八五〇）三月から十一月までと、安政二年（一八五五）四月から六月までしか残っていない。つまり日記の初めと終わりのみで、日記全体の五分の一しか残っていない。しかし、そこには『南島雑話』と同様に、流人名越左源太を通して見た、近世末期藩政下の奄美における流人等の様々な人間模様が、生き生きと描かれていて興味深い。この名越左源太の『遠島日記』は、松下志朗編『南西諸島史料集　第二巻』にも収録されている。

・十二月、昇曙夢『**大奄美史**』を発刊。

加計呂麻島出身の昇曙夢によって書かれた。奄美の「歴史」「民族」「文化」等々多岐にわたって記述されている。以後書かれた奄美史研究書の基本書ともいえる。皇国史観によって書かれた奄美史であるが、書中「西郷隆盛の流謫とその影響」「遠島人と文化開発」などが書かれている。

昭和二十八年（一九五三）

・十二月二十五日、奄美諸島が米軍施政から日本復帰する。再び鹿児島県に属する。

昭和三十年（一九五五）～昭和三十二年

・復帰直後の奄美諸島において、九学会（日本民俗学会・日本民族学会・日本社会学会・日本言語学会・日本地理学会・日本考古学会・日本人類学会・日本宗教学会・日本心理学会をいう）連合奄美大島共同調査（一回目）が行われる。

この九学会連合奄美大島共同調査は、昭和三十年（一九五五）七月から、昭和三十二年十二月まで三年連続して行われた。このときの成果として、九学会連合奄美大島共同調査委員会編『奄美―自然と文化』（論文編・写真編）が、日本学術振興会から昭和三十四年（一九五九）に刊行された。なお第二回目の「九学会連合奄美大島共同調査」が、昭和五十年（一九七五）から昭和五十二年にかけて行われている。このときは調査対象範囲をトカラ列島まで広げた。

昭和三十三年（一九五八）

・一月、「奄美郷土研究会」発足。

奄美諸島が日本復帰してからは奄美史の研究は特に深化していった。特に郷土史研究者たちにとって、前年まで行われた「九学会連合奄美大島共同調査」が大きな刺激になったに違いない。昭和三十一年（一九五六）鹿児島県立図書館奄美分館（現県立奄美図書館）内において、「奄美史談会」が島尾敏雄（註2）・文英吉・大山麟五郎・田畑英勝・平和人ら五人によって結成された。その二年後の昭和三十三年一月には、名瀬市在住の郷土史家十九人によって「奄美郷土研究会」が発足し、同年**「奄美郷土研究会報第一号」**が刊行された。その後は燎原の火の如く奄美の歴史・民俗・文化等の包括的研究が始まっていった。これらに影響されたこともあって奄美各島にそれぞれの島の「郷土研究会」が設立されていったことは言うまでもない。

・六月、小林正秀『**犬田布騒動**』発刊。

徳之島岡前村出身の惣横目（寄）職仲為（後、琉仲為）が書き残した『仲為日記』は、「犬田布騒動」が記されている貴重な史料である。それまで「犬田布騒動」の発生年月は判然としていなかった。それを『仲為日記』の中に、騒動が元治元年三月十八日に起きたとの記事のあることを発見したのは、地元徳之島の郷土史家小林正秀氏（徳之島新聞社社長）であった。小林氏は『仲為日記』原文の文久三年九月から騒動のあった元治元年三月までの分を詳細な解説、意訳、注釈をつけ、さらに「犬田布騒動」に関して開催した座談会の内容を加えて発刊した。

昭和三十五年（一九六〇）

・十月、竹内譲**改定版「趣味の喜界島史」**を発刊。

昭和三十九年（一九五四）

・三月、名瀬市史編纂委員会編**『奄美史談・徳之島事情』**発刊。

このうち、『徳之島事情』の発刊経過について若干説明すれば、徳之島出身の吉満義志信が明治二十八年（一八九五）三月未完の稿本（手書草稿）としていたものを、大正六年（一九一七）四月鹿児島高等農林学校教授小出満二が筆写し、さらに、この農林学校筆写本を名瀬市史編纂委員長であった鹿児島大学教授原口虎雄[註3]が、戦後の昭和二十九年（一九五四）七月に糾合・編集し、奄美大島名瀬村長も務めた都成植義の著になる『奄美史談　附南島語及文学』とを合本して、『奄美史談・徳之島事情』として刊行したものである。

解題に、「そしてなによりも強調したい点は、翁が封建から明治までの島の第一線にたった実務家であったことである。たしかな生活感覚の持ち主の体験談であるということは、片々たる文化人の空論よりも吾々を教えるところが大きい」（原口虎雄）とある。

昭和四十一年（一九六六）

・十一月、「徳之島郷土研究会」発足。

昭和四十二年（一九六七）

・「奄美郷土研究会報　第九号」刊行。

書中、大川内清栄編**「〝徳田崩れ〟伝聞録」**が発表される。明治と改元される前年の慶応三年（一八六七）、奄美大島住用間切小和瀬村で発生した集団リンチ事件が書かれている。流人の薩摩武士徳田応兵衛が村人たちから暴行を受け死亡した事件である。その後与人は責任を取って自決し、関係者十六人も流刑を受けるという大事件に発展した。背景には島人と流人ではあるが薩摩人との確執があったといわれる。

・十月、**『徳之島郷土研究会報　第一号』**刊行。

小林正秀校訂「喜念曖副戸長　安田佐和人明治九年御用日記（抄）」が発表される。

書中、「遠島人・居住人いろいろ」というタイトルで記事が出ている。内容は、徳之島への流人十一人の行状や赦免の状況である。特に貴重と思われることは、奄美への最後の流人と思われる記事内容や、同じく最後の赦免と伺われる記事が書かれていることである。

昭和四十三年（一九六八）～四十八年（一九七三）

・名瀬市史編纂委員会編**『名瀬市誌上・中・下巻』**発刊。

奄美の英知を結集して編集された市町村誌である。これ以後の奄美諸島内各市町村が刊行する「市町村誌」に影響を与えた。

『名瀬市誌』の統括責任者を務めた原口虎雄は、亀井勝信編『奄美大島諸家系譜集』の序文において、「『名瀬市誌』は十年以上の歳月をかけて積み重ねられてきた真摯な共同研究の成果であり、いわば人々の唾液によって醸し出された自然の醸造酒である。一見学問的粉飾で飾ることよりも、内容的に、より真実なものを、より新しい研究をねらったもので、一般にありがちな〝合成酒的安易さ〟を徹底的に避けることに努めた。『名瀬市誌』発刊後に、多くの大島郡の町村誌が発刊されたり、またあるいは単行本として、あるいは論文集として、『名瀬市誌』の成果のなかからすぐれた出版が世に出たのはわれわれの誇りである」と書いている。

昭和四十三年（一九六八）

・七月、宮本常一・原口虎雄・比嘉春潮共編『**日本庶民生活史料集成　第一巻**』発刊。書中、『南島雑話』が掲載される。解題は原口虎雄。

昭和四十四年（一九六九）

・七月、松下志朗編『**道之島代官記集成**』発刊。各島の代官所には「代官や附役人らの人事異動」「砂糖の収穫高」「特異な事件」「災害状況」「宗門手札改め結果（人口動態）」等々が記録された行政日誌が存在した。これが「代官記」である。奇跡的に残されたこれらの「代官記」は藩政下の行政文書として奄美史研究上一級の価値があると思われる。それらが翻刻され一堂に集成されたことにより、奄美の歴史研究がどれだけ進捗したか計り知れない。特に、「沖永良部島代官記」には「宗門手札改め」によって行われた人口調査の結果による、流人の数が詳しく書かれているのが特徴的である。

昭和四十六年（一九七一）

・三月、鹿児島県立図書館奄美分館（分館長島尾敏雄）から、「**奄美史料（1）**」として、本田親孚編[註4]『**大島要文集**』発刊。『大島要文集』は、文化二年（一八〇五）春から同四年（一八〇七）春にかけて、大島代官を務めた本田孫九郎親孚が書き留めたものである。なかに「公儀流人」六人に関する記述もあり流人史研究上、大変貴重なものである。解題は大山麟五郎。島尾は、「刊行のことば」として、「奄美史料第一集として、この『大島要文集』を刊行いたします。奄美史の究明は鹿児島県及び沖縄の歴史を明らかにする上にも重要な場所と考えますが、その実質的な研究は昨今緒についたばかりと言っていいように思います。当鹿児島県立奄美分館はこのような状況をかえりみ、基礎的な奄美史料を復刻して、研究者の利用に供したいと考え、この事業を進めることにいたしました」と書いている。

この『大島要文集』は、松下志朗編『南西諸島史料集　第三巻』にも収録されている。

昭和四十八年（一九七三）

・原口虎雄**『鹿児島県の歴史〈県史シリーズ46〉』**発刊。

この書は、原口虎雄一流の辛口の県史であるが、『名瀬市誌』の編纂委員長も務めた著者だけに、奄美に関する記事も豊富に書かれており、示唆に富む内容が満載である。

昭和五十年（一九七五）

・八月、昇曙夢**復刻版『大奄美史』**発刊。

昭和五十五年（一九八〇）

・四月、籾　芳晴**『碑のある風景―足でまとめた奄美大島史―』**発刊。

第二章に「道の《ママ》島と流人たち」がある。

昭和五十七年（一九八二）

・二月、山田尚二編**『薩摩藩の奄美支配―享保十三年大島規模帳―』**（奄美郷土研究会報第二十二号、一九八二）発刊。

山田尚二が「大島御規模帳写」を書き下し、『薩摩藩の奄美支配―享保十三年大島規模帳―』として翻刻、出版したものである。以後、奄美史研究に数多く引用される。なお、内容詳細については（表5「大島規模帳」全一四九箇条の分類）を参照願いたい。

享保十三年（一七二八）十二月十五日付で奄美に下達された、奄美支配のための法令集「大島規模帳」の写本「大島御規模帳写」が、昭和三十九年（一九六四）に奄美大島の旧屋喜内間切大和浜方国直村（現、鹿児島県大島郡大和村国直）の盛岡（旧姓森）家で、当時鹿児島県立大島高等学校教諭であった山田尚二によって偶然発見された。この『薩摩藩の奄美支配―享保十三年大島規模帳―』は、文書発見の翌昭和四十年（一九六五）秋、『盛岡文書第一集』として、山田尚二が自費出版した『大島規模帳・物定帳・郡奉行物定規模帳』の中の「大島規模帳」を、多くの人に読んで貰うためとして、全一四九箇条を読み下しにしたうえで、昭和五十七年（一九八二）、『奄美郷土研究会報・第二十二号』に発表するとともに、抜刷にして出版したものである。中には「流人」の取り締まり条項が八箇条にわたって規定されており、藩の流人に対する基本的対応が伺え貴重である。

「大島御規模帳写」の発見は、それまで原本が確認されていなかったことを考えれば、「写本」とはいえ、現今貴重な史料であり、さらにその読み下し文が出版されたことによる奄美諸島近世史研究の進展に対する貢献は計り知れないものがある。それ以来、この『薩摩藩の奄美支配―享保十三年大島規模帳―』は、奄美諸島近世史研究の基本資料として広く人口に膾炙している。なお「大島御規模帳写」は、松下志朗編『南西諸島史料集　第三巻』にも収録されている。

昭和五十八年（一九八三）

・七月、松下志朗『**近世奄美の支配と社会**』発刊。
　薩摩藩による奄美支配について、時代を追ってより具体的にかつ丁寧に説明がなされている。特に薩摩藩による天保改革の実態を詳細に描写している。書中初めに、奄美に流されてきた「名越左源太」と「西郷隆盛」の人物像が書かれていて、こちらも貴重ではないか。

平成五年（一九九三）

・八月、前田長英『**道の島史論**』発刊。

徹底した反薩摩・反皇国論で書かれた奄美史解説書である。徳之島徳和瀬出身で反骨の人前田氏は、他に『薩摩藩圧政物語』『黒糖悲歌の奄美』なども上梓している。

平成八年（一九九六）

・七月、『改訂 **名瀬市誌　1巻（歴史編）・2巻（歴史編）・3巻（民俗編）**』発刊。

平成十一年（一九九九）

・五月、先田光演『**奄美の歴史とシマの民俗**』発刊。

書中、奄美に来島した流人について一四六頁にわたって書かれた「奄美諸島の遠島人について」を所収。そこには、現今判明している奄美流人のほとんどすべてが網羅されているといっても過言ではない。筆者は奄美流人に関してこの書を超える解説書は他に存在しないと思っている。奄美流人研究に関して第一級の参考書である。筆者もこの本から大きな影響と示唆を受けた。

平成十二年（二〇〇〇）

・八月、喜界町誌編纂委員会編『**喜界町誌**』発刊。

九人の編纂委員によって満五年の歳月を費やして上梓した。出色は主筆弓削政己氏によって書かれた「藩政時代(1)～(3)」である。中に「政争と遠島人」「江戸、藩内、道之島内の流人」の記述があり、藩政時代、政争やあらゆる事由により喜界島へ流されてきた流人について書かれていて貴重である。特に、鹿児島県史料『種子島家譜』にみられる奄美への流人をまとめた一覧表は圧巻であり、弓削氏の苦労の跡が偲ばれる。『喜界町誌』は、今回の執筆にあたって最も頻繁に活用させて頂いた資料の一つである。

平成十四年（二〇〇二）

・名越護『**南島雑話の世界**』発刊。

流人名越左源太が遺した『南島雑話』に描かれた奄美の動植物の図版が色彩豊かに載っている。さらに、左源太が「お由羅騒動」で奄美大島小宿村に流されてから赦免されるまでの経緯や、同じ流人の西郷隆盛との差異、さらには『南島雑話』が世に出るまでの経緯などが詳しく書かれており、興味深い本となっている。

平成十八年（二〇〇六）

・松下志朗編『**奄美史料集成**』発刊。

八月、南方新社から刊行された。本史料集は、「道之島代官記集成」「南嶋雑集」「道之嶋船賦」及び関係資料が収集されている。「道之島代官記集成」には、各島の「代官記」である「大島代官記」「喜界島代官記」「徳之島面縄院家蔵前録帳」「沖永良部島代官系図」が収められており、藩政下奄美の行政文書を纏《まと》めたものとして貴重。また「道之嶋船賦」は、鹿児島・奄美間における「御物」や「流人」等の搬送について貴重な資料を収めている。

平成二十年（二〇〇八）

・松下志朗編『**南西諸島史料集　第二巻**』発刊。

十一月、南方新社から刊行された。本書は、主として名越左源太について書かれている。初めに名越左源太の人となりや、流刑の原因となった「嘉永朋党事件」について書かれた後、永井亀彦編になる『高崎崩の志士名越左源太翁（嘉永年間に著された郷土誌料南島雑話の解説）』や『高崎くずれ大島遠島録（名越左源太翁日記）』などが載せられている。また左源太に関係する『名越時敏謹慎並遠島一件留』や『南島雑記』なども同時収載されている。

平成二十一年（二〇〇九）

・松下志朗編『**南西諸島史料集　第三巻**』発刊。

十一月、南方新社から刊行された。中に「大島要文集」「大島規模帳」「大嶋私考」「喜界島史料」「南島誌」等、奄美史研究上の貴重書が収められている。

平成二十四年（二〇一二）

・三月、徳之島町郷土資料館編『**仲為日記**』発刊。

徳之島教育委員会が発行した。この日記は、天城町岡前村の惣横目（寄）という島役人であった琉仲為が、文久三年（一八六三）九月二十一日から明治元年（一八六八）正月十三日までの間、井之川、伊仙、兼久各噯の役場を転任する中で日々の業務を中心に書き残したものである（横目職という島役人の立場上、砂糖収納取り締まりに関する事や、流人に対する対応に関する記述が主である）。中に「犬田布騒動」の事件の起こりからその処分に至る記録が書かれていることや、公文書などでは伺い知ることができない島役人の仕事ぶりや、生活の実態を知ることができるのが貴重である。古文書解読を、奄美における古文書解読の第一人者である山下文武氏が担っている。

平成二十七年（二〇一五）

・五月、先田光演編著『**仲為日記**』発刊。

南方新社から発行された。副題は—「犬田布一揆」を記した唯一の文書　薩摩藩砂糖政策の第一級史料—となっている。「犬田布一揆」の解説はもちろんであるが、書中に散見する遠島人に関する記事及び先田光演氏の解説も貴重。またこの本を通読することによって、薩摩藩の奄美からの砂糖収奪の仕組みがよく理解できるようになっている。さらにこの本を特徴づけているのは、原口泉氏（当時鹿児島大学法文学部教授、現鹿児島県立図書館長）が、「薩摩藩の琉球侵攻四〇〇年シンポジウム」に係わる対談の中において、「黒砂糖の収益なんて、もうとるにたりません。薩摩の倒幕資金、つまり中央での政治資金というのは、黒砂糖の収益からでてきたわけではありません。薩摩藩という大きな組織をマネジメントする基本的な収入は、上海貿易からの収益です。薩摩藩が奄美の黒砂糖の収益で明治維新をやったという話は、資金の出所の問題でいうと、間違っています。黒砂糖の収益で、明治維新をやったわけではありません」という発言をしたことに対する反論書という側面も併せ持っている。先田氏は「あとがきにかえて　奄美史をどう解釈するか」の中において、原口氏の発言に強い反論を試みて次のように書いている。「三年後には、明治維新一五〇周年がやって来る。すでに鹿児島県では一五〇周年に向けて準備を始めたと新聞は報じている。おそらく原口泉発言は、この一五〇周年事業に大きく影響を及ぼすものと考えられ、奄美史に対する認識が〝とるにたらないもの〟になる可能性は否定できない。（中略）先人が書き残した貴重な『仲為日記』が、明治維新一五〇周年を迎えるにあたって、内なる奄美からの〈薩摩藩の砂糖政策〉を告発する史料として、広く知られて欲しいという願いを込めてこの拙著を発行することにした」と結んでいる。

以上が、筆者が考える明治以降の「奄美流人」に係わる出版関係を中心とした研究史の流れである。もちろん、これがすべてであるとは決して思っていない。あくまでも参考として記述しただけである。

なお、これまで示した刊本等の他にも、貴重な資料として島内各集落で編纂された**「集落誌」「字誌」「郷土誌」**等がある。これらは、当該地へ流されてきた流人について詳細に書かれている場合が少なくない。その意味でそれぞれ貴重な存在であるが、今回そのすべてを把握し記述することは、筆者の能力を遥かに超える作業であり、やむを得ず割愛せざるを得なかった。どうかご容赦頂きたい。該当する「集落誌」「字誌」「郷土史」等については、「別表」の「出典欄」に記述することとした。

註

（1）明治三十八年（一九〇五）～昭和五十九年（一九八四）。享年八十。旧制台北中学卒業後台湾尋常小教員となり、その後上京して日大を卒業。昭和五年（一九三〇）から坂嶺尋常小教員となった。その後再び上京する。代表的な著書に『趣味の喜界島史』『喜界島の民俗』などがある。竹内の郷土史研究は特異なものがあり、内容が精緻なその書は現在もなお多くの人々に読まれている。墓所は千葉県松戸市（出典、『喜界町誌』）。

（2）大正六年（一九一七）～昭和六十一年（一九八六）。神奈川県出身。九州帝大卒。昭和十九年、奄美の加計呂麻島で第十八震洋特攻隊の指揮官となるが、終戦を迎える。戦後、作家生活に入り、同二十五年『出孤島記』で第一回戦後文学賞を受賞。同三十年妻ミホの郷里に近い名瀬市に移り住み、同五十三年日本文学大賞を受賞した『死の棘』などを執筆する。この間、鹿児島県立図書館奄美分館長を務めた（出典、『鹿児島県姓氏家系大辞典』）。

（3）大正三年（一九一四）～平成四年（一九九二）。鹿児島県生まれ。昭和十六年（一九四一）東京帝国大学法学部卒。一九六四～六五年米国ネブラスカ大学・ハワイ大学琉球研究所において共同研究に参加。鹿児島大学法文学部教授。一九八三年退官。鹿児島大学名誉教授。著書に『幕末の薩摩』『藩法集8鹿児島藩上下』『鹿児島県の歴史』などがある。この間『名瀬市誌』編纂委員長なども務めた（出典、『幕末の薩摩』）。

（4）宝暦十三年（一七六三）～文化十三年（一八一六）。文化二年（一八〇五）に「家貧にして親老いしの故を以って出でて」、二年間大島代官在勤。名代官として島民から慕われ、留任の嘆願が出された。在島中『大島要文集』『大嶋私考』を著した。室鳩巣学派で国学にも通じ従兄弟の伊地知季安の師でもある。大島代官の任明け直後「近思録崩れ」に連座し処罰を受ける。蔑視されていた南島に対する鹿児島での評価は彼に始まり、伊地知季安の『南聘紀考』や国学者の山田清安に受け継がれる。そのほか島妻との子・親賢の教育のために書かれた『称名墓誌』などがある（出典、『沖縄大百科事典』大山麟五郎）。

（5）平成二十二年（二〇一〇）一月十五日、鹿児島大学で行われた、琉球侵攻四〇〇年シンポジウム「〈琉球〉から〈薩摩〉へ」に係わる座談会「薩摩からみた、琉球侵攻四〇〇年」の席上における発言。出席者は原口泉・弓削政己、司会進行前利潔（出典、『江戸期の奄美諸島――「琉球」から「薩摩」へ――』）。

表5　「大島規模帳」全149箇条の分類

番号	規制内容　全33項目	ほぼ同様趣旨としてまとめた該当箇条 該当箇条欄中＊印を付したものは複数の項目を擁する箇条。なお119条は欠
1	代官・附役人に対する島民支配上の倫理規定	1・10・11・12・13・＊14・15・16・18・19・60・61・71・77・＊86・110・＊115・＊140・＊150
2	田畑の保全管理の徹底	2・133．146
3	農地の積極開墾要請 用夫に対する飯米支給基準 新農地に対する課税要領	3・149
4	代官・附役人の定員管理	＊4
5	（御物の取扱要領） 田地の仕付、田地からの収穫、新米・籾の取扱、上納物収蔵庫の管理徹底、仕登せ船の運用時期の指定	＊4・＊5・9・27・28・＊29・30・＊37・53・54・56・＊58・65・＊69・＊70・78・79・80・81・82・83・84・88・105・＊107・141・148
6	代官交替時の申し送りの徹底	6・7・109・111・＊122・＊137・＊148
7	与人をはじめとする島役人の不正・非道取締り	＊8・38・64・67・87・104・106・108・118 136・＊137・＊138・＊140・＊150
8	飢米の支給要領	17
9	道之島特産品の買上げ並びに上木の保護及び管理の徹底	20・21・22・33・＊37・73・74・124・125・126
10	下島役人の家族同伴禁止	23
11	道之島人が日本人化することの禁止並びに琉球色の否定	24・25・26・62・63・＊66
12	道之島渡海船の船頭・水主らに対する不正防止	＊5・31・32・41・42・49・50・52・55・72・75・＊76・85・103・112・113・＊115・＊121・＊127
13	上国与人の御祝儀品の取扱及び帰島後の取締り	34・35・36
14	琉球・道之島往還船の破船時の対応	＊29・39・40・43・44・45・46・47・48・51・134
15	間引き(堕胎)禁制	57
16	宗教弾圧	＊58・＊59・＊69・＊70・100・＊107
17	与人の任用基準並びに道之島人に対する皆百姓宣言	＊66
18	櫂船の建造禁止	＊68
19	焼酎の製造禁止	＊86
20	抜荷取締り及び密告の奨励	89・90
21	流罪人の処遇	＊14・91・92・93・94・95・96・97
22	牛馬管理の徹底	＊59・98・99
23	異国船着岸時の対応要領	101・102
24	鯨糞など漂着物の取扱	114・116・117
25	刀狩	120・＊121・＊122・123
26	道の島からの禁輸品の指定	＊127
27	道之島から産出される船材の取扱	＊68・128・129・130・131・132
28	百姓の移住制限	135
29	高利息禁止規定（三割以下とすること）	139
30	アカヒゲなど道之島の珍鳥の上納及び取扱い	143・144・145
31	「物定帳」・「大島用夫改規模帳」の厳守規定	142
32	徳之島・喜界島・沖永良部島各代官との連絡、協議の徹底	147
33	諸役人や分限者らが借米の方に「家人（ヤンチュ）・下人」を召使う事の禁止及び「家人」の公役免の禁止	＊76・＊150

各論

第一章　流人種別

奄美諸島への流人たちが、どの地域から流されてきたかは一様ではない。しかし、わずかに残された史料からではあるが、徳川幕府直轄地（天領）からの流人（公儀流人）がいたことが分かっている。当然ながら、現在判明している人数では薩摩藩内各地からの流人が最も多くを占めていて、その身分の過半は武士階級である。そして、彼らが流された理由として特徴的なことは、「お家騒動」等の権力闘争に敗れた者が多いということである。次に、特筆すべき事項として種子島からの流人が多くいたことである。『種子島家譜』を読むと、種子島から奄美諸島への配流の途中に、破船のため鹿児島へ送り返された者八人を含めて、武士層を中心に七十九人もの流人がいたことが分かる。また、配流先で再び罪を犯した者や、藩の圧政に抗議して検挙された島人たちが、他の島に流された「奄美諸島内流刑」もある。さらに驚くことには、薩摩藩によって奄美との紐帯を絶ち切られたかに見えた琉球からの流人もいたのである。本章では、これら四種の流人たちについて、それぞれ、個別具体的に記述していくこととする。

一　公儀流人

本田親孚《ちかさね》編『大島要文集』及び『鹿児島県史料旧記雑録拾遺伊地知季安著作史料集七』には、奄美へ流された「公儀流人」の記述がある。僅かな人数ではあるが、奄美流人の分類上極めて重要と考えるので本章ではまず「公儀流人」について記述する。

大島代官本田孫九郎親孚が著した『大島要文集』の目録には「公儀流人」六人が載せられている。しかし、内二人（一公儀流人生国江戸武藤道元ノ事・一右同無宿ノシャル吉ヵ事）については、本文が脱落しており、実際に本文記述があるのは四人の流人のみである。

『大島要文集』は、文化二年（一八〇五）から同四年まで、奄美大島に大島代官として赴任した本田親孚が編纂したものである。本田家は代々薩摩藩の記録奉行の家格であり、早速奄美に関する統治法令や地歴等を編纂したのであろう。本田はこの他にも当時の奄美大島を知るようすがともなっている『大嶋私考』や、その他薩摩藩の基本史料となる著作を数多く残している。ところでこの「公儀流人」たちの身分は、記述内容からしていずれも庶民階級と思われる者たちばかりである。今、奄美諸島への遠島に関する史料は極めて少なく、あってもほとんどが武士階級のものであるが、そのような中にあってこの史料は断片的な記述ではあるにせよ、当時の一般庶民の奄美諸島遠島に関する諸相をうかがわせて貴重である。

また、『薩藩旧記雑録』の拾遺集である『鹿児島県史料旧記雑録拾遺伊地知季安著作史料集七』(註1)には、奄美への「公儀流人」として、京都西本願寺僧二名が記されている。科名は二名とも「一向宗」であるが、この「一向宗」による奄美への遠島は、他に知覧郷士一名のみが記されるだけであり、その意味でもこの記録は貴重である。なお、一向宗徒への宗教弾圧に関しては第四章第一節「宗教弾圧」においても詳述する。

1　本田親孚編『大島要文集』から

まず、『大島要文集』の内、本文に記載のある「公儀流人」四件を示し、筆者による意訳(要旨)を書くこととする。

生国上総忘八津村ノ者妻子田地同所ニテ

一公儀流人　　　　　　　　惣兵衛

本文惣兵衛事、享保十一年四月廿日致病死候ニ付、右御預リ流人、寛文十戌年當島江被遣候ニ付、名瀬本與人預ニ申渡有之由、海江田諸右衛門代ニ被記置候、公儀流人帳ニ委細記付有之候ニ付、畧之也

将監殿江直ニ其首尾申上候事　　　　　　今井六右衛門代

（要旨）

大島代官今井六右衛門の代（享保十年春～十二年春）、上総国の忘八《ママ》津村（上総国志谷津村カ。不詳）出身で、本文（「公儀流人帳」の文面カ）に記載がある公儀預り流人惣兵衛は、享保十一年（一七二六）四月二十日病死した。惣兵衛については、寛文十年（一六七〇）に妻子や田地を郷里に置いたまま当島（奄美大島）に流され、名瀬《なぜ》間切名瀬方与人に預け渡されたものであるが、流されてきた経過については、当時の大島代官海江田諸右衛門の代（元禄二年春～四年春）に作成された「公儀流人帳」に詳しく記載されていることでもあり、今回は、「公儀流人帳」にその内容を記すことを省略する。なお、この死亡事実は、将監殿（薩摩藩主島津吉貴及び島津継豊時代の二代にわたり城代加判及び家老を務めた島津将監久当カ。『鹿児島県史料旧記雑録拾遺家わけ四』から）へ直ちにその一部始終を報告する事。

生国武蔵江戸日本橋四丁目ノ者

一公義《ママ》流人　六郎兵衛

右御預流人、寛文十戌年當島江被遣候ニ付、喜界島小野津與人預リ申渡有之由、海江田諸右衛門被記置候、公儀流人帳ニ記付有之也、其已後喜界島代官副立被仰渡候ニ付、御證文相添、猪俣休右衛門代ニ、喜界島江次渡候由、差図小書有之ナリ

（要旨）

生国江戸日本橋四丁目の公儀預り流人六郎兵衛は、寛文十年（一六七〇）当島（喜界島）へ流され、その身柄を小野津村に居住する志《し》戸《と》桶《おけ》間切与人に預り申し渡した。その旨を海江田諸右衛門が大島代官時代に作成した

「公儀流人帳」に記し付けてある。なお、其後、元禄六年（一六九三）に喜界島代官が大島代官より「副立」（元禄六年分離独立。なお、元禄四年から元禄六年までは、暫定期間として大島代官の附役六人のうち二人が喜界島の支配事務を担当した）することになり、六郎兵衛の件については、「流人證文」を添えて、大島代官猪俣休右衛門の代（元禄四年春〜六年春）に、喜界島代官へ引き継ぐようにとした「指示書」がある。

生国信濃飯田ノ者

一公儀流人（筆者註、ここに「公儀流人」の文字を欠く）　虎　蔵

本行虎蔵事、享保十九年寅四月廿五日致病死候由、龍郷方横目喜佐渡・右同與人磨佐美ヨリ出物ヲ以申出候ニ付、其段大和江申上候、　酒勺《（ママ）》次郎左衛門代、

右御預流人寛文十戌年當島江被遣候由、委細ハ海江田諸右衛門代々被記置候、公儀流人帳別冊ニ記付有之候ニ付略之、但笠利本與人預リト有之也、名瀬間切芦花部村江居住

（要旨）

生国信濃飯田出身の公儀流人虎蔵は、享保十九年（一七三四）四月二十五日病死した。その事を名瀬間切龍郷方《たつごうほう》横目喜佐渡・右同与人磨佐美より出物（貢物ヵ、不詳）を以って大島代官所に申し出があり、其旨を大島代官　酒勺《（さこう、匂ヵ）》次郎左衛門の代（享保十九年春〜元文二年春）に大和（人名ヵ、それとも薩摩本土を指しているヵ。不詳）へ報告している。右虎蔵は寛文十年（一六七〇）に信濃国飯田より当島（奄美大島）へ流されて来たものであるが、委細については大島代官海江田諸右衛門の代から続く「公儀流人帳」の別冊に記し付けてあるので今回はこれを省略する。なお、この「公儀流人帳」の「別冊」には、虎蔵が笠利間切笠利方与人預りとなっているが、実際は名瀬間切龍郷方の芦花部《あしけぶ》村へ居住していたものである。

生国遠州濵松之者

一公義（ママ）流人　　　　勘　三　郎

本行勘三郎事、未ノ四月廿四日致病死候　　小倉市郎右衛門印

右預リ流人、寛文十戌年當島へ被遣候由委細ハ海江田諸右衛門代ニ被記置候公儀流人帳ニ記有之候ニ付畧之、但宇宿元與人預リト右帳面ニ相見得候也

（要旨）

生国遠州濵松の公儀流人勘三郎は、大島代官小倉市郎右衛門の代（元禄十六年春～宝永二年春）、未年（元禄十六未年・一七〇三年）の四月二十四日に病死した。勘三郎は寛文十年（一六七〇）に遠江国濵松より当島（奄美大島）へ流されてきたものであるが、委細は大島代官海江田諸右衛門の代に作成された「公儀流人帳」に記載があるので今回はこれを省略する。但し「公儀流人帳」の記載には勘三郎は宇宿《うしゅく》村に居住する笠利間切赤木名方《あかきなほう》与人預りと見える。

2　『鹿児島県史料旧記雑録拾遺伊地知季安著作史料集七』から

本史料中に、史料番号87の1『大島代官所古帳云』として次のよう文面が見える。まずそれを記す。

一大嶋江　　西本願寺堂達性玄寺

　　　　　　　　　愿敬

　　　　　右同聞蔵寺

一喜界嶋江　　　　雲貞

右者、今度京都より薩州江流人弐人流罪被仰付候ニ付、右嶋〻江便船次第船窂ニ而足軽弐人ツヽ、宰領相付被遣筈候、左候而、於嶋方者代官罷居候郷中江外囲堅固いたし、其内ニ小家相調入置、囲入口外江番所相調、番人三四人ツヽ、不明様、嶋人とも之内見合を以可被付置候、此旨先達而申渡置事候間、無延引嶋便之節可被申渡候、流人被差置候所、右両嶋代官罷在候郷中へ見合可調置候、流人格護等之儀者、追而書付を以可申渡候、尤於嶋方者御物より朝夕一汁一菜軽キ賄被下候、

右之通可被申渡旨、御勝手方江可相達候、

（寛保三年）八月　　　（島津久豪）杢

（傍線筆者）

以上二件八人に関する記事を示した。まず**1**の史料検討から得られた、新たな知見や疑問点について若干の論考をする。

①　奄美大島や喜界島に、十七世紀後半の寛文十年（一六七〇）には「公儀流人」が流されて来ているという事実である。奄美諸島は、薩摩藩によって慶長十四年（一六〇九）に琉球から割譲され、元和九年（一六二三）には奄美諸島統治のための最初の法令「大島置目之条々」が布達されるが、その四十八年後には「公儀流人」が日本各地から配流されていたということがこれで分かる。しかし、これらの事実は今回のような僅かな史料からの判断であり、実際はもっと早い段階で、かつ、もっと多くの奄美への「公儀流人」がいたかも知れない。

八代将軍吉宗治下の寛保二年（一七四二）に、それまでの「幕法」を集大成した法令集「御定書百箇条」が編纂されるが、その最終条に「御仕置仕形之事」として、「江戸より流罪のものハ大嶋八丈嶋三宅嶋新嶋神津嶋御蔵嶋利嶋右七嶋之内江遣す。京大坂西国中国より流罪之分ハ薩摩五嶋之嶋々隠岐國壱岐國天草郡江遣す」とあ

る。ということは、寛保二年以前はもちろんのこと、それ以後も西国各地の「公儀流人」たちが、奄美諸島に流されて来ていた可能性があるということである。

② 次に、「公儀流人預り」という制度が、奄美諸島にも存在していたということが伺えるということである。この史料の四事例とも、「預り流人」という語句がみえ、幕藩体制下の、薩摩藩という一私領主の直轄地であった奄美諸島には、要所に代官所が置かれるとともに、各代官所には、公儀からの流人を預かる「流人預り制度」が存在していたことが分かる。

③ さらには、「公儀流人帳」及び「流人証文」の語句があり、その存在がこの史料から確認されるということである。この史料には大島代官海江田諸右衛門のとき（元禄二年〈一六八九〉春〜四年春）に「公儀流人帳」が作成され、それが代々大島代官所に引き継がれていったことが記述されている。また、大島代官管轄から分かれて喜界島代官が分離独立した元禄六年（一六九三）に、「御證文相添」とあることから「流人証文」の存在もこれで確認できる（写真参照）。

八丈島流人関係文書・於都公文書館　流人村割帳他二冊　2012.9 筆者撮影

④ そして、奄美諸島にも本土同様に、流人の「村請制度」が存在していたことが確認できることである。史料事例中に、「与人預ニ申渡有之由」とか、「与人預リト有之也」」、あるいは「与人預リト」等の文言が見えることから、村組織（例えば「五人組」）に流人を預けていたことが考えられる。本土の各流刑地においても、着島した流人を仕分し、村ごとに管理させる「村請制度」が存在していたが、奄美でも代官所監視のもと、「流人明細帳」などを作成して、村ごとに流人の管理を行っていたものと考えられる。

⑤　また、大島代官らが、これら「公儀御預流人」の死亡事実を、直ちに藩庁へ速報していることをみると、薩摩藩が公儀（幕府）に対してかなりの気遣いをしていることが見て取れるのである。このことは、当時の幕藩体制下における徳川氏と外様大名としての島津氏との力関係が如実に表れていると考えることができるのではないか。

次に、**2**の史料から得られた、新たな知見や疑問点について若干の論考をする。

①　**1**の資料検討でも述べたように、寛保二年（一七四二）には「御定書百箇条」が編纂され、「公儀流人」の配流先の原則が示された。このことを具体的に示す例として、**2**の史料には、寛保三年（一七四三）に京都西本願寺僧二名が、「一向宗」の罪で奄美大島と喜界島にそれぞれ流されたことが書かれている。このことは、既に奄美地方が西国各地「公儀流人」の遠島先として定着していたと考えてもよいのではないか。

②　江戸初期の慶長七年（一六〇二）に、東本願寺（真宗大谷派）の始祖教如は、徳川家康の援助を受け、西本願寺（本願寺派）から分立して東本願寺を創立するが、この史料のように西本願寺の僧たちが奄美に流されたということは、幕府側が、東本願寺派と対立する西本願寺派僧侶たちを、「一向宗」を理由に、「公儀流人」として摘発し流罪に処したとも考えられる。

③　史料文面（傍線部分）からは、薩摩藩の一向宗徒への警戒ぶりが伺われて興味深い。なお、傍線後半部分に書かれた流人への食事に関する配慮は、藩内における流人への通常の処遇とは違うものであり、若干奇異な感じがする。これらの処遇も**1**の史料の論考⑤同様に、「公儀流人」を「御預りする」立場として、幕府への忖度からくるものであろうか。

④　本史料の出典として書かれている『大島代官所古帳』とは一体どのようなものであろうか。現存する「大島代官記」の寛保三年の項にはこのような記述はないから、「大島代官記」とは異なる史料であろう。恐らく、「奄美流人」に関する記録が過去には存在していたに違いない。

註

（1）文化朋党事件によって喜界島に流された伊地知季安は、赦免後の文政期ごろより島津家をはじめ藩内諸家の文書・記録類の書写収集整理に務めた。途中弘化頃からは子の季通も加わり、季安没後の明治十三年（一八八〇）に浄写が完了した。なお季安は斉彬によって記録奉行に取り立てられた。内容的には「島津家本」の場合、前編四八巻、後編一〇二巻、追録一八二巻、附録三〇巻にも及んでいる。本書には『島津国史』『上井覚兼日記』なども含まれており、ことに文書中には書写後原文書が廃仏毀釈・西南戦争などで焼失したものも少なくないことから、その史料的価値は高い。しかし厖大な史料であることから誤脱等も見られ、必ずしも薩摩藩政史料を悉く網羅したとは言えない。しかしなお中・近世を問わず随一の島津氏・薩摩藩政の根本史料であることには変わりない（出典、『国史大辞典』五味克夫）。

二　薩摩藩内からの流人

近世期（徳川時代）二百六十年の長い間には、各藩内でも様々な理由で「お家騒動」が勃発した。それは、譜代と新参者との家臣間の争いであったり、また、藩政改革に伴う守旧派と改革派との争いであったり、あるいは、家督相続や養子縁組に伴うものであったりと、理由は種々様々であった。史上有名なものでは、「伊達騒動」「加賀騒動」「黒田騒動」などがあげられる。延宝七年（一六七九）、越後国高田藩に発生した「越後騒動」では、ついに五代将軍綱吉による親裁にまで発展し、関係者が、喧嘩両成敗で悉く切腹・遠島・追放・お預けなどの罪に処せられている。

翻って、薩摩藩にあっても、御多分に漏れず「お家騒動」が多く発生した。近世期だけを見ても、「実学朋党事件」「文化朋党事件」「嘉永朋党事件」などが発生しており、さらに、薩摩藩の支藩ではあるが、日向佐土原藩でも「鳴之口騒動」が発生している。そして、これらの「お家騒動」によって、奄美諸島などへの流人が多く発生したことはつとに知られていることである。なお、鹿児島を含む九州の地では、この種の事件を「○○崩れ」とも表現している。

本節では、これら薩摩藩内の「お家騒動」で奄美諸島に流された流人たちを中心として、『種子島家譜』の中に書かれている奄美諸島への流人や、「文仁演《ぶにえん》事件」「犬田布《いんたぶ》一揆」「徳田崩れ」などによって、奄美諸島間における流人となった人々、さらにはこれまでほとんど知られることのなかった琉球から奄美の島々へ流されてきた流人について記述していくこととする。

1　お家騒動

ア　実学朋党事件

周防国（現山口県東部地方）で生まれた桂庵玄樹は、臨済宗の南禅寺で修業したのち、自ら明に渡り、七年間滞在して儒学（朱子学）を修めた。彼は、島津家第十一代当主忠昌（円室）の要請に応じて薩摩に入り、永正五年（一五〇八）に亡くなるまでの三十年間、薩摩の地で過ごした。彼の門流には、南浦文之や泊如竹など著名な朱子学者が育っている。これらの学問主流は儒学でも薩南学派と言われている。桂庵玄樹の弟子に朱子学を学んだ戦国武将の島津忠良日新斎《じっしんさい》（島津家第十五代当主貴久の父）は、武士の心構えと人倫の道を説いた「いろは歌」を作り、実践を重んじる実学を主唱した。ところが、このような質実剛健を説く実学も、江戸時代の安定期に入ると朱子学の主流に押されるようになっていた。

しかし、島津家第二十三代当主宗信（慈徳）は、再び日新斎の実学を旨として藩政に当たるようになった（延享三年〈一七四六〉十一月～寛延二年〈一七四九〉七月）。この実学派の中には川上五郎兵衛親埤のように、「実践にありて学者になるの要なし」などと唱え極論に走るものも現れた。彼らが「実学党」である。宗信が薨去し、島津家第二十四代当主重年（円徳）が襲封した時（寛延二年九月）、藩政に介入するようになっていた実学党員たちが弾圧された。

藩校造士館教授山本正誼《まさよし》が編集した薩摩藩の通史『島津国史』（巻之三十二）には、この「実学朋党事件」のいきさつが漢文体で格調高く書かれている。ここではこの『島津国史』から原文を示し、『趣味の喜界島史』（一部筆者による）からの読み下し文を記述して、この「実学朋党事件」の顛末を見てみることとする。

（原文）

初川上五兵衛親埤頗ル解ス二經書ヲ一。自號二實學一。毎誨ヘテ二其徒ニ一曰。今日之事。務テ要ス二著實一。便是學。居レ官任レ職。無シ二往トメ非ルヿレ學。略讀テ二四書小學等書ヲ一足レリ矣。何必博ク讀二古今之書一。然後為レ學。於レ是因レ陋就レ寡之輩。希レ世用レ事之徒。翕然歸スレ之。將ニ三以為ント二奇貨一。將ニ三以為ント二捷徑一。相與ニ言テ曰。學問當レ如レ是也。然聞二其徒群居一也。則飲啜醉飽。徒為二俗談ヲ一。時ニ或ハ是二非政法ヲ一褒二貶スル人物ヲ一而已。未ダレ幾親埤死セリ矣。而其徒愈盛。国人目シテ為二実學黨一。會滋徳公薨。圓徳公當レ立。黨人日ニ詣ル二加治木邸ニ一。動ハ輙チ屏二左右一。密語者久シ之。蹤跡詭秘。外人莫シ二得テ而知ルヿ一焉。十二月十一日。流二用人皆吉九平太續安。大坂留守居新納彌兵衛時陽。長崎附人海老原庄藏爲興。小納戸竹内源藏實觀。山奉行川上十助親豊、側小姓若松官太左衛門長登。猪俣九半多則陽、及竹内二角實資源藏父。赤塚源四郎眞闢、新納平太夫時以、十人ヲ於海島一。皆實學黨也。初命二有司一。收ム二黨人ヲ一。小納戸士持大衛慶住将ニレ出巳ニ乘二肩輿一。其妻謂レ之曰。士不レ可レ受レ辱。對曰。諾。出レ門ヲ而行。可ハカリ二二三町一。自刺テ二刀ヲ於腹中ニ一而死。其後数年。召二還赤塚眞闢。川上親豊ヲ一。其餘八人皆死ス二貶所一。（後略）

（読み下し文）

初め、川上五兵衛親埤、頗る経書を解す。自ら実学と号す。毎《つね》に其の徒《ともがら》に誨《おし》えて曰く、今日の事、務めて著実《ちゃくじつ》を要す。便《すなわ》ち是れ学なりと。官に居りて職に任じ、往《ゆかん》として、學非《あら》ざること無し。略して四書小學等の書を讀みて足れり。何ぞ必ずしも博く古今之書を讀み、然後《しかるのち》學を為さんとするや。是に於いて、陋《ろう》に因《よ》り寡《か》に就《つ》く輩《やから》。世に希《のぞ》むに事を用うる徒《ともがら》。翕然《きゅうぜん》として之に歸す。將《まさ》に以て奇貨為さんとす。將に以て捷徑《しょうけい》為さんとす。相與《とも》に言て曰く。學問當《まさ》に是《かく》の如くすべし。然るに其の徒の群居するを聞くに、則ち飲啜醉飽《いんせつすいほう》、徒《いたずらに》俗談を為し、時に或は政法を是非し人物を褒貶《ほうへん》する而已《のみ》。未《いま》だ幾ばくならずして親埤死せり。而して其の徒、愈々盛《いよいよさかん》なり、国人目して実学党と為す。会《たまたま》慈徳（宗信）公薨じ、円徳（重年）公立つに当たり、党人、日《ひび》に加治木邸に詣《いた》る。動けば輙《すなわ》ち左右に屏し、密語する者久《こと》し、之《ゆく》に蹤跡《しょうせき》を詭《あざむき》秘す。外人得て知ること莫《な》し。十二月十一日、用人皆吉九平太續安、大坂留守居新納弥兵衛時陽、長崎附人海老原庄蔵爲興、小納戸竹内源蔵実観、山奉行川上十助親豊、側小姓若松官太左衛門長登、猪俣九半多則陽、及び竹内二角実資（源蔵父。）、赤塚源四郎真闢、新納平太夫時似、十人を海島に流す。皆実学党なり。初め有司の命にて。党人を収む。小納戸土持大衛慶住、將《まさ》に出でて肩輿《けんよ》に乗らんとするとき、其妻、之に謂いて曰く。士、辱めを受くる可からず。対して曰く。諾。門を出で行くこと二三町可《ばか》り。自ら刀を腹中に刺して死す。その後数年、赤塚真闢、川上十助親豊を召還す。其の余の八人は皆貶所《へんしょ》に死す。（後略）

大意として、島津家第二十四代当主島津重年（円徳）の藩主襲封に際して、日頃から藩政に口を差し挟み、人物批判を繰り返している「実学党」のメンバーに対し、彼らの活動を疎んじる反対派が、新藩主を巻き込み、寛延二年（一七四九）十二月十一日に、彼らを粛正したということであろう。その結果、長崎附人海老原庄蔵ら十人が、喜界島を始め奄美諸島へ流され、また流人となることを恥とする小納戸土持大衛慶住が自刃したというものである。「喜界島代官記」の中に、海老原庄蔵らが流されてきた記事が書かれている、

喜界島先内・実学党事件流人海老原庄蔵墓石・永家墓所に合祀・案内人永家第十九代当主東順氏　2013.2 筆者撮影

寛延四未三月下嶋・代官　左近允嘉大夫の項
一海老原庄蔵　　一若松官太左衛門　　一竹内二角　　一山
田彌市右衛門　　市来衆中一高崎平右衛門　　下大買町名頭
東太郎左衛門婿養子一次右衛門　　牛根衆中一長濱次郎左衛門
串良柏原名頭一松兵衛　　谷山下福元□一次郎　　小林○兵衛
組甚左衛門下男一藤内　　下町之一次右衛門
右拾壱人、寛延三午十二月廿五日喜界島江遠流、

この記事からは、「実学党」のうち喜界島に流されたことが判明している海老原庄蔵、若松官太左衛門、竹内二角の三人以外の者の遠島先は不明である（但し、新納平太夫は沖永良部島田皆村に流されていることが判明している）。三人は他の流人と共に同時に喜界島に流されてきたのであろう。

なお、『趣味の喜界島史』によると、元七高造士館教授武藤長平は、その著『西南文運史論』の中で、「実学党の連中は、当時流行の甲州新流の兵学を園田某に学び、世上不安の折から、甲州古流の軍学者から中傷されて処刑されたものだ」（中略）「海老原庄蔵や竹内二角は、ともに進歩的な、改革意図を持つ、重要な政治犯人であったことが分かる。特に海老原は長崎附人として、外人に接する機会が多く、西洋の新しい知識を身に着けていた」（中略）「海老原庄蔵の遺骨は彼の死後、数年を経て、遺族の手により、生前彼が愛蔵した書籍と共に郷里に持ち帰った由、今はただ、彼の墓標だけがむなしく、配流の地を祈念している」などと書いている。

筆者は先年、喜界島の旧家「永家」(註1)の先内《さきない》墓地に合祀されている「海老原庄蔵」の墓石を、大正十二年生まれながら未だかくしゃくとした永家当主永《ながい》東順氏自らが運転するトラクターに導かれて拝見したことがある。喜界島の小高い丘の上に珊瑚石で建立されたその墓は、二百五十余年もの間南島の風雨にさらされて風化し、古色蒼然たる趣で鹿児島の地を向いて立っていた（写真参照）。

イ　文化朋党事件

島津家第二十五代当主にして、第八代薩摩藩主島津重豪（大信）は、良くも悪くも歴代藩主の中では傑出した存在であった。社交家であり、また藩政改革者でもあり、そして、いわゆる強烈な蘭癖大名でもあった。重豪は、藩内の身分秩序や言語容貌等風俗を改めることはもちろん、職制の改革にまで異常なまでの熱意を示した。安永年間（一七七二〜八一）以後、鹿児島の地に藩校造士館をはじめ、演武館・医学院・明時館・薬園等の文化施設を次々に創建していった。明時館は天文館とも呼ばれ、現在でも鹿児島市一番の繁華街としてその名を残している。これらの文化施設を創建した重豪は、そのほか各種の図書も編纂・刊行して、薩摩藩の文化発展の基礎を築いた。その成果は、例えば『南山俗語考』『島津国史』『成形図説』『鳥名便覧』『質問本草』などがあり、その種類は、語学・歴史・農業・生物等多岐にわたっている。

重豪はまた、蘭学へも傾倒している。江戸や長崎においてオランダ商館長や通事らと接触し、彼らとの親交に努め、オランダについての知識の習得に積極的に務めたりしている。このときオランダ語を話し商館長らに驚かれている。特に興味を惹かれるのは、ドイツ人医師で、後にオランダの出島商館付の医師に任命されたシーボルトと度々会見していることである。文政九年（一八二六）三月には、江戸大森でオランダ商館長一行と会見している。このとき、後に薩摩藩主となる十八歳の曽孫斉彬も同行させている。このときの体験は、後に重豪同様、開明派藩主として藩の工業技術向上に辣腕を振るった斉彬に、多大な影響を与えたことは間違いないだろう。しかし、このような重豪の金に糸目をつけない政治・外交は当然ながら藩財政を圧迫した。

天明七年（一七八七）、重豪の長子斉宣は父重豪の隠居を受けて薩摩藩主を襲封したが、重豪は「介助」という名目で引き続き藩政を後見した。寛政四年（一七九二）、重豪がようやく藩政後見の名目も廃止したのち、斉宣は、この財政難を打開しようとして藩政の徹底改革を決心した。文化二年（一八〇五）、斉宣は『亀鶴問答』を著して藩政改革の意を示し、文化四年（一八〇七）には、藺牟田《いむた》領主樺山久言や、樺山と肝胆相照らす下級武士であった秩父太郎季保を家老に抜擢し敢然と改革に着手した。三十歳の家老樺山らは、前代の重臣らを思い切って追放し、同志を続々と要職に任命した。彼らの多くは木藤武清の門下生で、「近思録」（註2）を愛読していたことから「近思録党」と呼ばれた。彼ら「近思録党」派は、各種改革を徹底して行った。改革派の理論的指導者は秩父太郎であったので、彼らは「秩父派」といわれ、秩父派は実学を主張したので「実学派」とも呼ばれた。

しかし、重豪のとき新たに置いた諸役を廃止し、なおかつ、唐物商売や十五年間の参勤免除、幕府からの十五万両借入のために江戸に赴こうとしたとき、すでに隠居の身ではあったものの実力を維持していた重豪の怒りをひどく買い、彼ら「実学党員」は処分された。文化五年（一八〇八）の出来事であったので、これを「文化朋党事件」、あるいは「近思録崩れ」「秩父崩れ」とも呼ばれている。

この事件は、これまでの放漫財政を正そうとして、樺山・秩父ら若手青年家老らが極端な緊縮政策を取り、これを嫌った前藩主重豪が画策したものである。これにより藩主斉宣自身も隠居させられることになった。このお家騒動は、樺山・秩父ら切腹十三人・木藤市右衛門・伊地知小十郎ら遠島二十人・寺入二十四人・逼塞十六人・慎十三人などの大処分事件に発展した。

切腹させられた秩父太郎の父伊地知新太夫が著したといわれる『秩父帳留　文化朋党一条』（鹿児島県史料『島津斉宣斉興公史料』所収）に記載された、切腹及び遠島処分関係者が書かれている部分を抜粋してその概要を見てみよう。

『秩父帳留　文化朋党一条』から

秩父　太郎

右遠島被仰付砌本名右通被仰付、家格モ本之小番ニ被入置、隠居被仰付置候処、七月二日切腹

清水　源左衛門

右七月十二日切腹

勝部　軍記

森山　休右衛門

隈元　平太

隈元　軍六

堀　甚左衛門

大重　五郎左衛門

岡本　千右衛門

小島　甚兵衛

日置　五郎太

右九月十三日評定所御用被仰付切腹、

木藤市郎《(マヽ)》右衛門

右同日右同断被仰渡罷出候処、徳之島江遠島被仰付、便船有之迄ノ間揚座敷江被入置候、

一　中之島江遠島　郡山　権助

一　寶島江右同　本田　助之亟

一　諏訪之瀬江右同　西　覺太夫

一　平島江右同　松崎　善八郎

一　沖永良部江右同　曾木　藤太郎

一　徳之島江右同　病死（ママ）　永田　佐一郎
一　右同　宇宿　十次郎
一　喜界島江右同　奈良原　助左衛門
一　大島江右同　有馬　一郎
一　右同　佐竹　次郎右衛門
右九月廿七日大目付喜入主水殿宅へ、御評定所ノ格ヲ以親類へ被仰渡候、便船有之迄之間揚座敷へ遣置候場ニ座敷江被入置候、
（中略）
一　大島江遠島　木場　休右衛門
一　領地島へ右同　無渡病死　八田　孝之進
一　喜界島へ右同　森岡　孫右衛門
一　右同　大迫　八次
一　右同　伊地知　小十郎
一　大島へ右同　田代　清太
一　右同　伊勢　九郎八
一　右同　山口　太右衛門
一　徳之島江右同　森元　高見
右九月廿八日喜入家ニテ、
（中略）
一　拾二人切腹外ニ椛山一人

一　拾九人遠島外ニ木藤一人
一　弐拾参人寺入外ニ家来一人
一　十六人逼塞
一　十三人慎

（中略）

一　樺山主税殿於江戸同日御役御免ニテ候処、出水於米之津親類行逢被申、直ニ私領蘭牟田之様ニ被差越、是モ同様宅番被仰付置候処、同六月廿一日座敷内ニ入置候段被仰渡、然ル処樺山権十郎・同休大夫、町田監物へ御用ニテ罷出候処、主税事一世座敷内へ入置候得共、同役伊賀モ致切腹候ニ付、主税事モ切腹致候テ可宜、江戸表同役ヨリモ右之趣申越候ニ付、致切腹可宜旨為申渡由候、腹切同役ト被申候ハ川上右近ニテ候事、

（中略）

一　九月十二日御側役森山久右衛門・隈元平太・隈元軍六・勝部軍記此四人評定所御用被仰渡、左候テ御裁許方ヨリ親類御用被申渡、評定所御用申渡置候得共罷出候テハ不宜候間、致切腹御届申出候様為被申渡段承候、皆々切腹ニテ有之候事、家格御小姓与被仰付候事、
一　同日御目附岡本千右衛門・小島甚兵衛・御納戸奉行堀甚左衛門・御小納戸大重五郎左衛門・物奉行日置五郎太、御広敷番頭木藤市右衛門評定所御用被仰渡、皆々切腹ニテ、木藤市右衛門一人評定所へ罷出候処、徳之島へ遠島被仰付揚座敷へ被遣候事、
一　同九月廿六日、御裁許掛尾上甚五右衛門評定所御用被仰渡、切腹ニテ候事、

（傍線筆者）

（後略）

以上の通りである。これらの文書から「家老秩父の処分は遠島であったが、生き恥をさらすよりも名誉を重んじて自ら切腹をしていること」「同じく家老の樺山は、江戸に居るところお役御免の処分を受け、ただちに私領藺牟田に向かったところ、秩父が切腹をしたので、樺山も〝切腹致候テ可宜〟であったこと」「遠島処分者への処分の〝仰渡〟は評定所で行ったのではなく、〝御評定所の格ヲ以〟大目付喜入主水宅で処分者たちの親類に言い渡されていること」「岡本千右衛門・小島甚兵衛・堀甚左衛門・大重五郎左衛門・日置五郎太、木藤市右衛門らが評定所へ御用で呼ばれた時点で〝皆々切腹〟して果てたが、木藤市右衛門一人が〝評定所へ罷出、徳之島へ遠島被仰付揚座敷へ被遣候事〟であったこと」などが分かる。

この「文化朋党事件」という薩摩藩内の「お家騒動」によって、樺山主税・秩父太郎ら十三人が切腹、また木藤市右衛門以下二十人が奄美諸島などへの遠島（トカラの島々に五人、奄美各島には十五人）、さらには、その他罪の程度に応じて多数の者がそれぞれ処分された。藩財政を立て直そうとして立ち上がった、実践主義の若手官僚とその支援者たちであったが、結果的に、島津重豪という保守的かつ開化主義者である元藩主から厳しく断罪された凄惨な事件であった。重豪の意思の前には、藩主や家老たちの意見であっても「是非もなし」ということであったのである。これが封建制の極北と称せられた薩摩藩の実態であった。

この時、薩摩藩の碩学伊地知小十郎こと伊地知季安は、喜界島志戸桶村に流されている。二十八歳の時であった。彼は三年後の文化八年（一八一一）に赦免になって鹿児島に帰るが、仕官を許されず不遇のうちに学問に専念せざるを得ない状況に置かれた。しかし、彼はその間も人生を諦めず著作に打ち込み、『漢学起源』『南聘紀考』『管窺愚考』など不朽の作品の数々を遺している。そのうちの『管窺愚考』が斉興・斉彬から認められて賞詞を授かった。赦免になってから実に三十三年後の弘化四年（一八四七）、六十六歳の時にようやく仕官の禁を解かれた。その後は、軍役方掛、記録方添役と進み、嘉永五年（一八五二）には藩主斉彬の知遇を受け、記録奉行となり、古文書の収集整備、島津家々譜編纂考証に尽力することになる。彼は明治維新を待たず、夢半ばにして慶応三年（一八六七）八十六歳で逝去するが、彼の子季通は父の遺志をしっかりと受け継ぎ、薩摩藩の基本的史料といわれる『薩藩旧記雑録』を完成させた。

なお、同時に奄美大島に流された伊勢九郎八は季安の実兄である。季安の実父は薩摩藩士伊勢貞休といい、季安は二十歳の時に同じ薩摩藩士である伊地知季伴の末期養子になっていた。実父伊勢貞休の出自は藩記録奉行を輩出する本田家の家系であり、また、この事件で「逼塞」処分を受けた本田孫九郎親孚は季安の従兄弟である。親孚は、事件前年の文化四年（一八〇七）まで大島代官を務めて帰鹿したばかりであった。親孚は、大島代官任期中に見た藩の搾取体制を、「大島ノ租税ハ米穀納メスシテ、砂糖ヲ以テ納ム、其砂糖ノ余リハ、島民吾好所ノ紙・茶・煙草・綿及ヒ穀物ニ交易シテ、生業ノ用トス、惣買入ト云フ時ハ、島民商売ノ交易ヲ禁シテ、租税ノ余リヲ皆諸品ニ易ヘテ、年貢ト同シク上ニ奉ル、是人君ノ貧ルニ似タリ」（「煙草ノ事」『大嶋私考』）と痛烈に批判し、島民から「薩摩の良心」と慕われた人でもあった。本田はまた、寛政二年（一七九〇）季安の元服の際は烏帽子親として加冠の役も執り行っている。本田親孚は季安に大きな精神的影響を与えたに違いない。

筆者は、過日伊地知季安の配流地喜界島志戸桶を訪ねる機会を得たが、その際、季安の遺蹟等について、志戸桶在住の郷土史家森文義氏に色々とご案内して頂いた。森氏の御自宅裏手のほど近く、保食神社境内（戦没者慰霊碑地内）には、文化六年（一八〇九）に建立されたと認められた句碑があり、表面の句は俳人松尾芭蕉が元禄元年（一六八八）に伊賀上野で詠んだとされる。なお、裏側の四句について郷土誌『志戸桶誌』では、「昭和二十四年に調査した専門家は、芭蕉の門弟にはこれらの作者や俳句が見当たらないという結論を下した」とある。句碑の

表側には

「春たちてまだ九日の野山哉　芭蕉翁」

裏側には

「雪□て鶯の鳴く若葉哉　蘭宇

高山や□□となり塚の水　柳曙

磯山や渚に落る□の□　秋杏

凩や山の□□の浪の音　広庵」

の文字が刻みつけられていた（□の文字は摩滅していて判読不能）。文化六年はまだ季安が喜界島志戸桶村に配流中のことでもあり、森氏は、「恐らく伊地知季安が配流の寂しさを紛らわすために建てたのではないかと思う」と述べておられたのが印象的であった。句碑は、現在喜界町の文化財として、今後とも風化に耐えられるように丁寧に保存されていた。

徳之島では、徳之島町井之川在住の郷土史家町田進氏のご案内で、井之川集落からほど近い諸田という集落にある木藤市右衛門の墓所に詣でた。その墓地は、藩政時代に作られた諸田池という満々と水を湛えた灌漑用溜池にほど近い小高い丘の中にあった（写真参照）。この木藤市右衛門の墓については、かつて徳之島神之嶺にお住まいであった郷土史家故前田長英氏が、「木藤七左衛門貞永の墓」という題で『徳之島郷土研究会報第八号』の中に詳しく論考しておられるが、墓石表面には「木藤七左衛門貞長」とあり、その左側に一部判読不能の、「同長右衛門□□」の文字が刻んであった。裏面には「文化十五戊寅二月廿七日」と刻み込まれている。前田氏は、『研究会報』の中で「木藤市右衛門武清と墓石の木藤七左衛門貞長とは、状況からみて同一人物ではないだろうか」と分析している。そうであれば、木藤は配流十年後に徳之島の地に没したということになる。その墓石はかなりの角度で傾き、墓地の中でもひときわ哀愁を漂わせていたのを筆者は記憶している（P5の写真参照）。

また、永田佐一郎の墓は徳之島町花徳の「クロギリ墓地」の中にあった。よそ者の筆者がそこにたどりつくま

徳之島諸田・文化朋党事件流人木藤市右衛門武清墓　2013.2 筆者撮影

徳之島花徳クロギリ墓地・文化朋党事件流人永田佐一郎墓所　乾家墓所に合祀　2013.2 筆者撮影

でには、花徳駐在所の巡査と、区長さんの手を煩わせることになってしまった。申し訳ないことをしたと今でも思ってい

る。彼の墓は旧村役人の長（与人）であった乾家の墓地に合祀されていた。その墓地は広々としていて、十分に浜砂が敷き詰められ、いかにも昔の豪族の墓地らしい風情が感じられた（写真参照）。しかし、墓石は苔むして相当に風化が進み、刻まれた文字を判読することは筆者にとっては相当に困難なことであった。前出の前田氏の手記「永田佐一郎の墓」（『徳之島採集手帖―徳之島民俗の聞き取り資料―』）には、「永田佐一郎については墓石にはっきりと永田佐一郎と読み取れるから〈永田佐一郎〉と断定してよいと思う」とあり、彼の墓に間違いないと思う。そして「木藤武清と同じ文化五年九月に流罪処分を受けたとすると、徳之島についたのが同年の九月末から、十月であろう。とすると、一年半ほど島で生存していたことになる」とも書いている。

沖永良部島では、えらぶ郷土研究会の会長で、奄美諸島及び沖永良部島の歴史・民俗を積極的に発信している先田光演氏を訪ね、沖永良部島流人曽木藤太郎について色々と教えを乞い、さらにその墓所の位置を教えて頂いた。曽木藤太郎の墓は、和泊町根折の高台の墓地内にあった。多分沖永良部島でのご子孫の墓地と思われるが、その墓地は奄美大島などでよく見られる狭小な墓地ではなくて、珊瑚石で区画された比較的広い墓地であった。墓地内は真っ白な珊瑚砂が敷き詰められ、正面二基の墓石とも苔むしてはいたが真新しい花が手向けられてお

沖永良部島根折・文化朋党事件流人曽木藤太郎墓所（右）2013.3 筆者撮影

り、今でも曽木藤太郎の墓が子孫たちによって大事に見守られていることが理解できた。曽木藤太郎の墓石には、

天保十三年壬寅四月朔日卒
皎月院實道妙種居士
曽木藤太郎實種墓

と刻まれていた（写真参照）。

なお文化朋党事件後重豪は、「樺山・秩父勤役中取扱ノ儀ハ何モ御取用ニ不相成候付、諸向帳留等モ都テ焼捨申渡置候処云々」（鹿児島県史料『島津斉宣斉興公史料』文書番号四四）と藩内に通達し、近思録派の用いた帳簿等は一切用いてはならず、すべて焼き捨てよ、と言って、城下郊外の原良村辺りへ書類を持ち越し残らず焼き捨てさせている。

ウ　鳴之口騒動

薩摩藩の支藩である日向佐土原藩で発生した、藩士間の派閥争いから発生したお家騒動である。まず、この騒動の概要を、宮崎県編『宮崎県史　通史編　近世下』、及び宮崎県立図書館編『佐土原藩騒動記』に拠って概観してみる。

「鳴之口騒動」は、文政七年（一八二四）九月、佐土原藩に開校した藩校学習館の教主となった御牧篤好《みまきあつよし》（号、赤報《せきほう》）の処遇をめぐる鳴之口衆中のうち、文教派と武道派の対立である。赤報はこの前年に藩に招かれて一門格、扶持米百俵をもって遇されることになった。その父御牧直斉は大坂で藩士籾木剛一郎が師事した人物である。二代藩主忠興の時、弓場組《ゆんばぐみ》を設け、毎年初春、弓場事《ゆんばごと》の行事があった。これは、城下の追手《おうて》、鳴之口、野《の》久尾《くび》、十文字の四口、および都於郡《とのこおり》・三納《みのう》・富田《とんだ》・新田《にゅうた》・三財《さんざい》の五外城の各弓場に属する十五歳から四十歳までの家臣が出席し、この弓術射的大会を見学する行事である。鳴之口弓場事の臨席を希望した赤報の待遇をめぐって、同弓場組内に対立が生じた。赤報は主君が礼を厚くして教授方をご委託になった方であり、一門格であるから丁重にすべきであるとする文教派と、式典は秘事もあり、浪人風情に見せる必要はないと真向からこれに反対する武道派の者達が対立し、両派の対立はやがて不穏なものとなっていった。致仕して佐土原にあった八代忠持（九代藩主忠徹《ただゆき》実父で後見役、忠徹は江戸詰）はこの対立を処理しきれず、宗藩（薩摩藩）に出役を乞い解決を委ねた。結局文政八年（一八二五）八月五日、鹿児島からの御目付東郷長右衛門・碇山仲右衛門・平田直之進らの裁決により、両派の主だった四十五人（主に武道派）の遠島、幽閉、家禄召し上げなどの処分を見た。また、宗藩は赤報の帰坂を指示したが、学を好む忠持の懇願によりこれを許した。

佐土原藩は、慶長五年（一六〇〇）、関ヶ原合戦で城主島津豊久が、敵中退却する義弘の殿《しんがり》を務めて戦死。戦後、佐土原城は収公（没収）されて徳川家康の臣庄田安信が城番を務めることになった。その後、義久・家久（忠恒）親子の必死の周旋によって、慶長八年（一六〇三）十月十八日、島津右馬頭以久《ゆきひさ》は家康から伏見城に召し出され、島津豊久の遺領日向国佐土原城三万石を宛てがわれ初代領主となった（図1参照）。以久は、義久・義弘兄弟の従兄弟である。また、豊久の父は義久弟家久であり、以久にとっては又従兄弟に当たる。翌九年二月、以久は所領大隅垂水を嫡孫忠仍《ただより》に譲って佐土原に移った。

事件の遠因として、以久の佐土原入封の際、松木氏などの新参家臣を垂水より引き連れてきたことが、豊久以来の佐土原譜代家臣団との軋轢を生み、以後佐土原藩の家臣団門閥対立となったと考えられる。

それでは、「鳴之口騒動」の処分者名や判決文を、二種の史料から見てみることにしてみよう。

図1　佐土原島津家関係系図

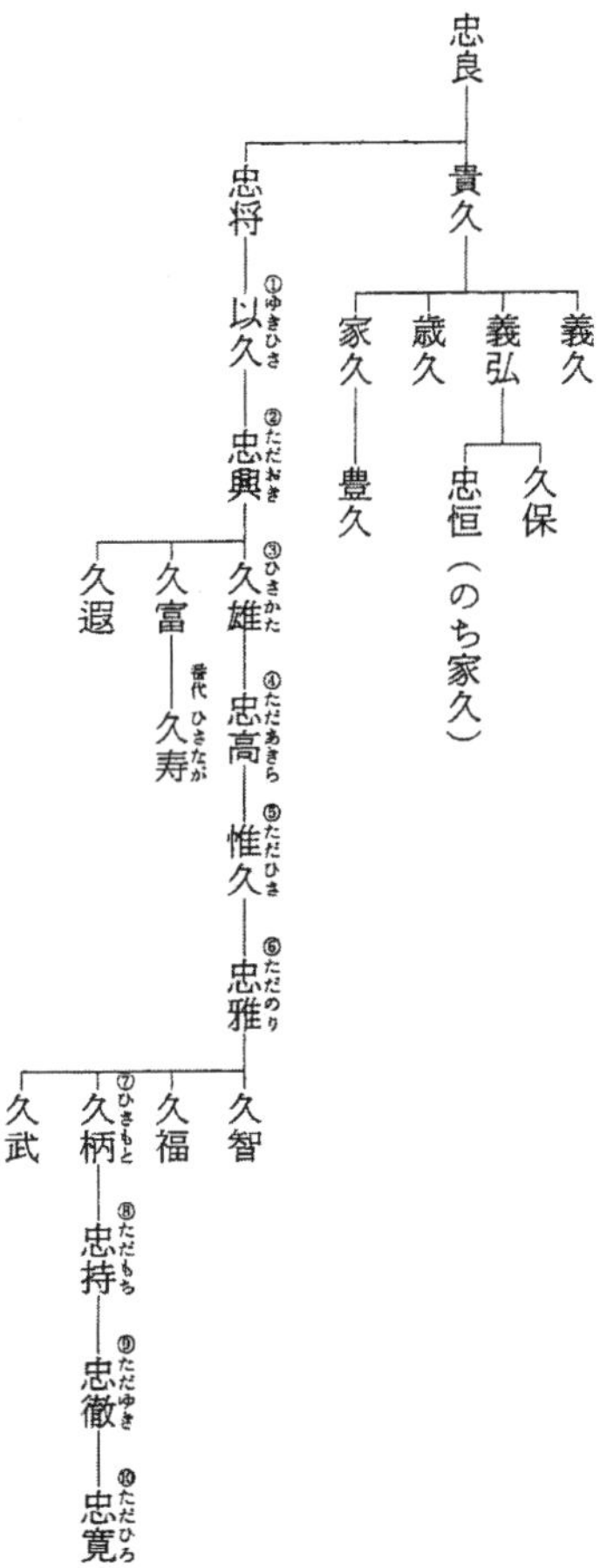

出典『宮崎県史　通史編　近世下』

①「中野家旧蔵文書」『宮崎県史　史料編　近世6』から

「三　鳴之口騒動につき中野梅之助・神川彦左衛門宛中野弘書状」（文政九年ヵ戌五月朔日、六月三日）

遠島を受けし面々

大嶋　飯田庄兵衛
右同　市来二郎五郎
喜界　内田次右衛門
大嶋　立山新内
喜界　中野弘
徳之嶋　中野九八郎

右同　岩崎第五郎
大嶋　山口権之允
喜界　竹下伊右衛門
徳之島　前田長右衛門
永（マヽ）良部　池田剛一
沖永良部　萩原藤七
沖永良部　加治木内蔵之允

（後略）

②「嗚之口混雑御取扱壹巻」（若山甲藏著『日向文献史料』）から

一　元知行三拾石騎馬　勇八郎父隠居　市来二郎五郎

右文政八年酉八月五日、薩州之内大島え遠島。同九年戊十月廿七日死失。天保十二年丑十二月廿三日、一世島居付可被仰付候得共、死失付、不被及御沙汰候。安政六年未四月五日、歸參可被仰付筈候得共、死失付、不被及御沙汰候。

一　元知行百石騎馬　飯田庄兵衛

右文政八年酉八月五日、薩州之内大島え遠島。同十年亥七月九日死失。天保十二年丑十二月廿三日、家跡御取立、新地貳拾石騎馬被仰付候、安政六年未四月五日、歸參可被仰付筈候得共、死失付、不被及御沙汰候。

斯の外遠島等々の所刑（マヽ）は次の人々であります。

立山新内　山口権之允　竹下伊右衛門　内田次右衛門　中野弘　中野九八郎
前田長右衛門　岩崎弟（マヽ）五郎　池田剛市（マヽ）　萩原藤七　加治木内蔵（之脱カ）允　山田杢兵衛

渋谷吉右衛門　近藤民之允　同　直十郎　牧野田清記　同　貞蔵　鶴田正平
児玉與市　松山正作　向井五郎右衛門　山内源一郎　長友利平太　同　利兵衛
児島勘右衛門　押川六之允　間世田吉右衛門　池田権右衛門　前田伊右衛門　飯田庄兵衛妻
三雲幸内　菊池九平太　同　八郎　松本佐藤次　藤田郡平　加治木半蔵
蓑毛金右衛門　岩崎源右衛門　山口孝太郎　金丸富蔵　斉藤権太兵衛　田尻良助
押川五右衛門　八重尾喜之助　藤田佐一郎

右の内には配所にありて死んだのものあり、歸參を許されたものもあり、様々でありますが、その頃の役は次の通であります。

進達　山口幸大夫　吟味横目　山内利右衛門　横目並御持弓組中頭　迫田次郎右衛門　御歩目付並御先備鉄砲組中頭　金丸富蔵　會所稽古　田尻良助　島津主馬殿與力　押川五右衛門　御側御小姓　八重尾喜之助　時計之間　藤田佐　市《（ママ）》

（後略）

以上であるが、①の史料からは、遠島処分を受けた者が十三人おり、すべての者の遠島先が判明している。また②の史料の判決文から判明することは、市来二郎五郎と飯田庄兵衛はそれぞれ奄美大島に遠島処分になったが、市来は処分翌年の文政九年（一八二六）に、同じく飯田は翌年の文政十年（一八二七）にそれぞれ自死しており、島には向かっていない。二人の判決文を読むと、天保十二年（一八四一）には市来が「一世島居付」を、飯田が「家跡御取立、新地貳拾石騎馬」をそれぞれ命ぜられて、さらに、安政六年（一八五九）には、共に「歸參可被仰付筈候得共、死失付、不被及御沙汰候」として赦免となっていることである。

現代感覚では少し理解に苦しむことではあるが、このような江戸時代の判決文を読むことによって、儒教思想に覆いつくされた封建制時代の雰囲気が垣間見えてくるような気がする。つまり流罪処分を得た場合、〝島流し〟にされて生き恥をさらすよりも、潔く切腹して果てることが本人のみならず、その家族や親族一同つまり〝家〟にとっての名誉を保持する手段であったのであろう。たとえ形式的ではあっても、まずは体面を重んじることがより重要であった。本人たちに対する周囲からの有形無形の圧力は相当なものであったろう。そうでなければ再起の可能性もある島流しの前に自ら命を絶つことは考えられないからである。

自決者以外の十一人はほぼ判決通りの島々に流刑になっている。特筆すべき人物として喜界島に流された内田次右衛門がいる。後述もするが、彼は喜界島小野津に流され、ほどなくして赦免の報が届いたにもかかわらず故郷の佐土原の地には戻らず、小野津の地において終生にわたって「内田塾」を主宰し、地元の文化発展及び子弟の教育に尽くしたのち島の土と化した。

②の史料の処分者一覧からは、遠島以外にも、内容は不明であるが多くの処分者が出ていることが分かる。同じ姓の者も多く、一族郎党が複雑に絡んだ事件であったことが伺われる。なかに「飯田庄兵衛妻」という文字が確認できるが、恐らく自決した「飯田庄兵衛」の妻であろう。どのような罪を得て、またどのような処分を受けたのか、全く見えてこないのがもどかしい。

エ　嘉永朋党事件

「文化朋党事件」で斉宣の後を継いだ斉興の時代になっても、薩摩藩の財政状況は悪化の一途をたどっていた。文政十年（一八二七）にはついに五百万両という巨額の負債になっていた（表6参照）。（筆者註、磯田道史『武士の家計簿』を参考にして、一両を米の値段をもとに現代価値からみて五万円とすれば二千五百億円となり、さらに現代感覚からみて二十七万円とすれば一兆三千五百億円という巨大な金額になる。なお日銀の「貨幣博物館」資料によれば、江戸時代の貨幣価値を現在価値に置き換えることは簡単には言えないとしつつも、物品価格からみて米であれば約六万三千円、大工手間賃からは約三十二万円、蕎麦代からは約二十四万円になるとしている）。このとき重豪は、茶坊主あがりの調所笑左衛門広郷を改革主任に抜擢し財政改革を命じた。重豪・斉興から調所が命じられた財政改革の三大目標は、①天保二年から十一年までの十年間に、五十万両の積立金を作ること。②右の他に、平時ならびに非常時の手当金もなるだけ作ること。③古證文を取り返すことであった。

調所の改革の主体は、大坂と江戸での借金五百万両の二百五十カ年賦無利子返還法と、奄美三島（奄美大島・喜界島・徳之島）への第二次砂糖惣買入制への施行が主だった。前者は事実上の踏み倒しであり、後者は奄美農民の多大な犠牲の上に大成功を収めた。重豪が天保四年（一八三三）に八十九歳で死去したのち、調所は改革の目標であった借財の整理及び予備金の貯えを達成したばかりでなく、その他にも農政改革や軍政改革までも行っている。

表6　薩摩藩の借金表

年　　次	借　銀　高（金両）
元和2年　(1616)	1,000貫余（　2万両）
寛永9年　(1632)	7,000貫余（　14万両）
〃　17年　(1640)	21,000貫余（34.5万両）
寛延2年　(1749)	34,000貫余（　56万両）
宝暦4年　(1754)	40,000貫余（　66万両）
享和元年　(1801)	72,600貫余（117万両）
文化4年　(1807)	76,128貫余（126万両）
文政10年　(1827)	320,000貫余（500万両）

出典　原口虎雄著『鹿児島県の歴史』

ところが、斉興は借財に返済の目途がついたにもかかわらず、実子斉彬の蘭学趣味は藩財政の破たん再現の恐れがあるとして、四十歳にもなる斉彬に家督を譲ろうとしなかった。また斉興の側室お由羅については、子の久光を藩主にと密かに画策していると囁かれていた。このような時、斉興隠居による斉彬の早急な藩主就任の実現を願う町奉行物頭近藤隆左衛門や、船奉行家老座書役高崎五郎右衛門、町奉行山田一郎左衛門ら斉彬急進派は、嘉永二年（一八四九）四月、お由羅派の悪事の数々を書きたてた密書を作り、江戸詰めの斉彬に送ろうと、物頭兵具奉行名越左源太別宅で密談をした。しかし、この密談の内容はほどなくして藩庁に漏れてしまった。これに激怒した斉興は、斉彬派を徹底的に弾圧したのである。まず、嘉永二年十二月三日、斉興派らは近藤・山田・高崎の三人に自刃を命じた。これが世にいう「嘉永朋党事件」の始まりである。このお家騒動は「高崎崩れ」「お由羅騒動」などとも呼ばれる。高崎ら三人は即日切腹して果てている。藩庁は翌嘉永三年（一八五〇）三月、さらに追罰として高崎らの士族籍を剥奪したうえで、墓を掘り起こして死体を磔にした。一段と悪意が深いと認定された近藤の死体は、城下の刑場境瀬戸において〝鋸引き〟とする凄惨なものだった。

図２　島津重豪を中心とした島津氏略系図

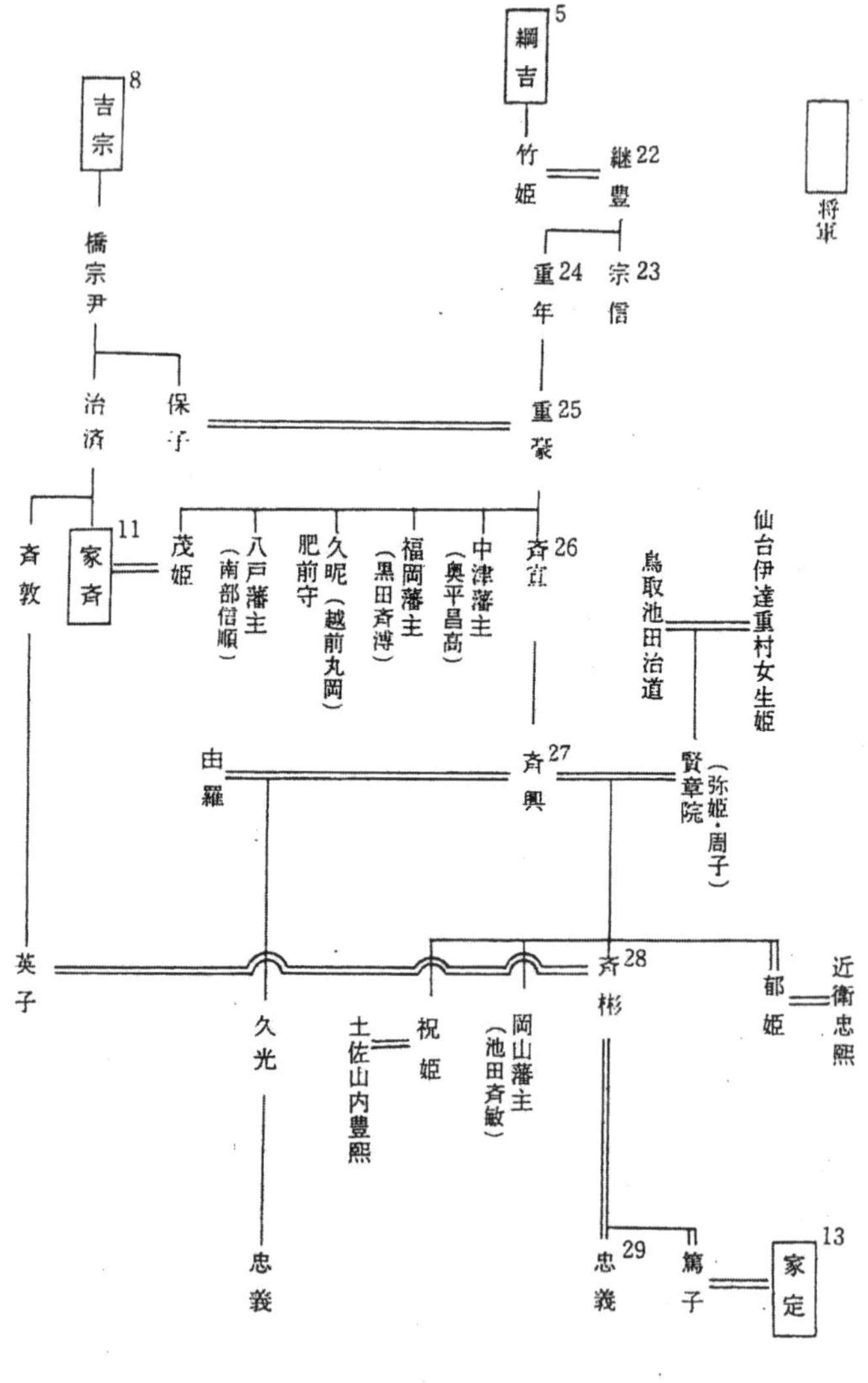

出典『鹿児島県史料　斉彬公史料　第一巻』

この「嘉永朋党事件」では、切腹や遠島など処罰者総数が五十人近くに上った。しかし、このとき摘発を免れた斉彬派の井上経徳ら四人が脱走して、重豪の子で筑前藩主の黒田斉清の養子になっていた黒田斉溥に内情を訴えた（図2参照）。斉溥は重豪の四男で、同じく二男の中津藩主奥平昌高、五男の八戸藩主南部信順らとはかり、ひそかに斉彬と親しい間柄であった幕閣の阿部正弘や、宇和島藩主伊達宗城、越前福井藩主松平慶永（春嶽）らに島津家の内紛を表に出さぬようにして解決を頼んだ。これを受けて阿部正弘は、斉興派の島津將曹（旧称碇山久徳）らの島津家重臣に対して、斉興隠居の内諭を下した。これで、不本意ながらも斉興は隠居せざるを得なくなり、嘉永四年（一八五一）二月ついに隠居した。これにより、ようやく四十三歳にして斉彬の藩主襲封が実現した。彼の藩政はわずかに七年余りと短かったが、その間、富国強兵策の必要性を説き、そのためには科学技術に基づく工業の興隆が必要であるとして、いわゆる〝集成館事業〟などを推し進めた。また、有能な人材の発掘、登用にも手腕を発揮した。その中には、五代友厚、西郷隆盛、伊地知季安らがいる。

それでは、『鹿児島県史料島津斉宣斉興公史料』や『鹿児島県史料斉彬公史料』から切腹や遠島に関係する記事を拾いながら、薩摩藩の一大スキャンダル「嘉永朋党事件」を概観してみよう。

①『鹿児島県史料島津斉宣斉興公史料』（市来四郎編　嘉永三年　六八四　総覧）から

三月
四日、左ノ輩評定所喚出シ御用アリシニ依リ、当夜自刃ス（事実内訌紀ニ詳記ス）、
　御弓奉行　　　赤山靭負久普桂久武実兄
　御目附御裁許掛　中村嘉右衛門
　無役　　　　　吉井七之丞七郎右衛門三弟

御広鋪横目　野村喜八郎
同日、評定所呼出ニテ遠流ニ処セラレタル人名左ノ如シ、
御槍奉行　名越左源太
御奥小姓　村野傳之丞吉井七郎右衛門ニ弟
無役　有馬市（ママ）郎
琉球館蔵役　大久保次右衛門利通父
御裁許掛見習　有村仁右衛門海江田信義実父
右五人遠流ニ処セラル（事実内訌紀ニ詳記ス）
（中略）
二十五日
御家老（江戸邸在勤）　島津壹岐武久
右自刃後罪状宣告、島津ノ称号ヲ召上ラレ平屋ト称セシム（事実内訌記（ママ）ニ詳記ス）、
（中略）
八月七日、
此日評定所ニ於テ申渡左ノ如シ、
無役　木村仲之丞澄時
大目附病死後ノ（死年月日所刑事実内訌紀ニ記ス）　二階堂主計
大島　郡見舞十四日　山（ママ）内作次郎
臥蛇（ママ）島　肘岡五郎太

悪石島　　　　　　　松元一左衛門長篤

徳（ママ）島　　　　　　　和田仁十郎

二月二十九日

　　御馬預見習　仙波小太郎市左衛門長男

右評定所呼出ニ接シ前夜自刃ス、事実内訌紀ニ詳ナリ、

（中略）

四月十一日

当番頭　　　　　　島津清太夫久純

御用人　　　　　　寺尾庄兵衛

屋久島奉行　　　　吉井七郎右衛門

御茶道頭　　　　　山口不阿彌旧名不及

御裁許掛見習　　　近藤七郎右衛（ママ）門

御祐筆見習　　　　有川十右衛門

御小納戸格　　　　新納　嘉立夫旧名

高奉行甑島移地頭　新納彌太右衛門

表御同朋　　　　　松山隆阿彌

無役　　　　　　　奈良原助左衛門

右十人謹慎命セラル（事実内訌紀ニ詳記ス）、此外数十名軽重所刑ス、略ス、

（後略）

②『鹿児島県史料斉彬公史料第一巻』（補遺　四一三　伊達宗城へ書翰　五月二十六日）から

別紙　五月二十九日薩藩処刑人数書附
酉（嘉永二年）　十二月六日
町奉行格
御鉄砲奉行勤
山田一郎左衛門（清安）
近藤隆左衛門（物頭町奉行勤）
高崎五郎右衛門（温恭、船奉行家老座書役勤奥掛）
右被
聞召通趣有之、御役被差免遠島被仰付者ニて、一昨四日評定所御用申渡候所切腹相果候、
同日
御小姓与
一
村田平内左衛門（道方目付）
土持岱助（兵具方目付）
国分猪十郎（無役、兵道者）
右前条同断に付、評定所御用申渡候所致切腹相果候、
附紙
酉十二月六日附にて由来
一
山田一郎左衛門
近藤隆左衛門
高崎五郎右衛門
御小姓組

村田平内左衛門
土持岱助
国分猪十郎

右致切腹候段は、別段被仰越通に候、右ニ付てハ、兼て集会等いたし、御政事向を致誹謗、且於花倉御茶屋内、異賊調伏之御修法被仰付を悪様に申触、且将曹殿・吉利仲等を、可致殺害なと相企、其外段々不届之義有之、本文通為被仰付訳ニ候、
(嘉永三年)
戌三月廿七日

一
近藤隆左衛門
山田一郎左衛門
高崎五郎右衛門

聞召通趣有之、一世遠島被仰付筈にて、評定所御用申渡候所、致切腹相果候付、右科相当にて死体無御構旨申渡候段は、先便申越通に候、然所山田・高崎等親類共より、密書等逐々差出、同類共及糺合、又は山田より京都町人塩屋官兵衛方江差遣候密書等も、同人より差出、証拠証跡明白に相顕、大目附方より御裁許掛り取調へ之上、右三人事専頭取ニて致密会、徒党を結、御政事向を致誹謗、既御国家御騒乱にも相及勢之筋等、色々有間敷義を書認、(中略)御隠居御家督之義相工、且重御役等可致殺害申談いたし、其外種々不謂悪意之企、言語道断之至、別て不届至極ニ付、士被召放、於境瀬戸(城下刑場)被行直磔、隆左衛門には一涯悪意深候付、鋸引相当にて被行直磔候、

三月四日

一
赤山靫負(物頭)
野村喜八郎(広敷横目)

右前条隆左衛門其外折々致密会、
中村嘉右衛門（裁許掛）
吉井七之丞（蔵方目付）
御政事向を致誹謗、悪意相工候始末、証拠証跡等も有之、御咎目大目附より相しらへ候所、隆左衛門・一郎左衛門・五郎右衛門江深致随身、不謂悪事取企候義、無相違相見得候に付、一世遠島被仰付度旨申出、評定所御用申渡候所、致切腹相果候に付、右科相当にて死体無御構段申渡、

三月廿七日

一
山之内作次郎（貞倚、郡見廻）
肘岡五郎太（宗門方書役）
松元一左衛門（地方検者）
村野傳之丞（寺社方取次）
和田仁十郎（無役、兵道者）

右前条同断、隆左衛門其外折々致密会、御政事向を致誹謗等之義共証拠有之、御咎目向大目附より相調候所、隆左衛門・一郎左衛門と致一味候義無相違ニ付、遠嶋被仰付候

右同日

一
名越左源太（時敏、物頭、盛胤男）

右前条同断ニ付、御咎目向大目附より相調へ候所、隆左衛門其外折々致密会申談之上、悪意相企候形には不相見得共、隆左衛門書面之内、一郎左衛門・左源太・五郎右衛門日夜肝胆を砕候との趣有之、隆左衛門等悪意之企、自身於別荘承り、右通名前も書載有之候に付、於其場差留候上、名前も切除候得共、又々右同人よ

り名前書載之形ニは相見得候得共、御身辺に相拘事ニ付、則成行可申出之所、是迄押隠居候段、別て如何之
至ニ付、遠嶋被仰付候、
三月五日
一　亡　二階堂主計（行経、大目付）
右大目附御役中、徒党を結隠謀取企候者共を、密々相集候段、被聞召通趣有之、格別成御役をも相勤居、不
届之至付、乍死後跡職之義、家格被相下筈候得共、数代引続功労有之家筋ニ付、先祖共江被対、家格ハ当分
之通被召置、主計事世代被相削、石塔等取除、到後年致祭祀候義不相成、先々二階堂主計名跡別段被仰付候
旨、親類江申渡、
四月廿六日
一　嶋津壹岐（久武、家老）
右被
聞召通趣有之、御役被成御免候、左候て隠居剃髪成被仰付、慎罷在候様、
右同人
右は御家老職相勤候内、悪意之者共無筋儀相企候を、乍承夫形差置、且心入不宜義も有之、別て不束之至、
今形難被召置候付、世代被相削、其身一代嶋津之御称号、幷久之御一字、国名御取揚、嶋津郷十郎家内江被
入置候条、屹と慎可罷在候、
右之通被仰付置候所、同廿八日夜致切腹相果候、
一　仙波小太郎（馬預）
右赤山靫負江兼て別懇心安、同人より種々密事承り、（中略）其上
御手元御用筋段々相洩し、表方之者共江懇意ニ相交候仕形、御側江相勤居別て不届ニ付、遠島被仰付筈ニ

て、評定所御用申渡候所致切腹相果候ニ付、右科相当ニて、死体無御構旨申渡、

一　吉井七郎右衛門（泰諭、屋久島奉行）

不阿彌事

山口及右衛門（定救、数寄屋頭勤）

右は本近藤名字之隆左衛門其外悪事相企候者共江、別懇心安相交、折々密会いたし候義共書面等にも相見得、右江立障候義無相違形ニ付御役被差免為知之上、嶋方居住被仰付候、

板鼻清太夫（島津、大番頭）

新納彌太右衛門（時升、甑島地頭）

近藤七郎右衛門（裁許掛見習）（ママ）

琉球館蔵役

大久保次右衛門（利世、利通父）

右前条同断ニ付、御役又は移地頭役義差免、嶋方居住被仰付候、

寺尾庄兵衛

木場次右衛門

有川十右衛門

右同断ニ付、御役被差免、慎被仰付候、

小番

奈良原助左衛門

御小姓与隠居

有馬一郎（義成）

右同断、慎被仰付候、

新　納（立夫）　嘉

隆阿彌事

松山　隆（数寄屋頭勤）左衛門

右嘉義、仙波小太郎より密事為承訳も有之候所、夫形罷在、隆左衛門義ハ、前条同断ニ付、御役被差免、御奉公方被徐置候、

八田喜左衛門（知紀、広敷番頭）

（附紙）「右は京都江相詰居、兼て本山田名字之一郎左衛門江、別懇心安取遣いたし候書状之趣ヲ以は、一郎左衛門江致一味候義無相違形ニ付、御役被差免、御奉公方被徐置候、」

③『鹿児島県史料斉彬公史料　第二巻』（市来四郎編　安政元年　一　総覧）から

晦日（著者註、嘉永七年〈一八五四〉七月）

斉彬公特旨ヲ以テ、曩キニ罪スル処ノ

大島ニ　名越左源太

悪石島ニ　山之内作次郎

永良部島ニ　肱岡五郎太

臥蛇島ニ　松元市（ママ）左衛門

輿論（ママ）島ニ　村野傳之承

徳之島ニ　島津清太夫

喜界島ニ　和田仁十郎

大島ニ　　吉井七郎右衛門
徳之島ニ　　新納彌太右衛門
永良部島ニ　　近藤三左衛門
〔喜界島ニ〕　　大久保次右衛門
〔喜界島ニ〕　　山口及右衛門不及
等ノ罪ヲ宥セラレ、召喚シ玉フ、

④『鹿児島県史料　斉彬公史料　第四巻』（順聖公御事蹟幷年譜）から

嘉永三年（一八五〇・庚戌世子年四十一歳 実四十二）

（中略）

三月四日、御弓奉行赤山靫負・御裁許掛中村賀右衛門□□（ママ）□吉井七之丞・御広敷横目野村喜八郎皆不趨召自刃死焉、命名越左源太・村野傳之丞・木村仲之丞竢罪于家、

五日、追貶二階堂主計除其世系壊墓勿祀、

十四日、流名越左源太於大島、山之内作次郎於臥（ママ）蛇島、肱岡五郎太於悪（ママ）石島、松元一左衛門於喜界（ママ）島、村野傳之丞於徳之島、和田二十（ママ）郎於沖永良（ママ）部島、礫近藤隆左衛門・山田一郎左衛門清安・高崎五郎右衛門、屍於境追門遍示邦人、使以知聞隠謀罪、

二十九日、御馬預見習仙波小太郎亦不趨召自刃死之（以下略）、

四月十一日、命当番頭島津清太夫、御用人寺尾庄兵衛・御記録方添役木場次右衛門・屋久島奉行吉井七郎右衛門・御茶道頭山口不阿彌・御裁許掛見習近藤七郎左衛門・御祐筆見習有川十右衛門・御小納戸格新納嘉・表御同朋松山隆阿彌・小番奈良原助左衛門・御小姓与有馬市郎（ママ）・琉球館蔵役大久保次右衛門・御広敷番頭八田喜左衛門・御裁許掛見習有村仁右衛門待罪于家、

十五日、流清太夫・七郎右衛門・七郎左衛門・不阿彌・大久保次右衛門於海島、

二十五日、御家老島津壹岐久得（武カ）代還自江戸、途避城下降自石坂踰四郎迫、迫将入宅自割其腹及喉、尚未能死傍人相之、

晦日（筆者註、嘉永七年〈一八五四〉七月）、宰相公以特恩赦名越左源太・山之内作次郎・肱岡五郎太・松元一左衛門・村野傳之丞・和田仁十郎・島津清太夫・吉井七郎右衛門・新納彌太右衛門・近藤三左衛門・大久保次右衛門・山口不及、令召還自海島、

（後略）

以上、『鹿児島県史料』四巻を主な史料として「嘉永朋党事件」を追ってみた。結局のところ、この「嘉永朋党事件」による流罪人名やその遠島先を知るには、③及び④の嘉永七年七月晦日付赦免記事に依るしかないようである。しかしこれらのほかにも「徳之島前録帳」（嘉永四年亥春記事）に記された「物頭福地何某」や、『高崎くずれ大島遠島録（名越左源太翁日記）』に出てくる「白尾傳右衛門」などがいるはずであるが、彼らの名がみえないのはなぜだろうか。またこれらの赦免記事に奄美大島赤木名に流された「近藤七郎左衛門」の名がなかっ

たり、徳之島亀津に流された「村野傳之丞」の遠島先が③の記事では与論島となっている。さらに、③④の記事では、氏名のうち「左」が「右」に、「一」が「市」に、「仁」が「二」に記されているなどの混乱がみられる。これらの解明については他の史料等も十分に検討しないといけないだろう。

ところで、これらの史料から既にお気づきの方もおられるかと思うが、この「嘉永朋党事件」で「慎」の処分を受けた小番奈良原助左衛門と御小姓与隠居有馬一郎は共に四十三年前の「文化朋党事件」でも処分されていた。この時奈良原助左衛門は喜界島へ、有馬一郎は奄美大島へそれぞれ遠島を命ぜられている。奈良原助左衛門は、〝近思録派〟の理論的支柱で徳之島に流され、彼の地で没した「木藤武清」の門下生であった。有馬一郎について若干記せば、彼は安永九年（一七八〇）の生まれだから、文化五年（一八〇八）の「文化朋党事件」の時は二十八歳、今回の嘉永三年（一八五〇）の「嘉永朋党事件」では実に七十歳になっている。後に許されるが安政元年（一八五四）に七十五歳で没した。また、彼は和漢の学に優れ、識見が高遠であったことから、西郷隆盛から師と仰がれていた。

このように見てくると、「文化朋党事件」と「嘉永朋党事件」とが時空を超えて結びついており、この二つの事件が決して無関係ではないことが垣間見えてくる。

この事件で遠島になった者のうち著名な人物に名越左源太や大久保次右衛門らがいる。第五章でも詳述するが、奄美大島の小宿村に流された名越左源太は南島研究のバイブルと言われる『南島雑話』の著者である。この時左源太の父右膳（六十余歳）も〝役儀差免〟の処分を受けている（「内訌紀」『斉彬公史料第四巻』七七九・八八九頁に記載）。己の絡んだ事件によって父までが処分を受け、左源太の心中はいかばかりであったろうか、察するに余りある。現在の刑法の処罰概念にはない「縁坐」という処分が、この時代の封建制の厳しい一断面を垣間見せる。そして、喜界島の小野津村に流された大久保次右衛門は、明治維新の大立役者で明治新政府でも枢要の地位にあった大久保一蔵（利通）の実父である。

また、切腹した赤山靱負は、西郷隆盛と共に西南戦争で戦死した桂久武の実兄であった。さらに、『鹿児島県史料　新納久仰雑譜二』によれば、切腹した吉井七之丞（三男）と奄美大島久慈に流された吉井七郎右衛門（長男）、徳之島亀津に流された村野傳之丞（次男）らは兄弟であり、共に吉井七太夫泰堅の子であった。このお家騒動は吉井家の三兄弟が共に処分を受けた悲惨な事件でもあった。この吉井家と徳之島花徳村に流された新納彌太右衛門が出た新納家とは親戚筋にあたる。新納彌太右衛門は、『九郎談（九郎物語）』などのユニーク著書など多数の書を世に出している（なお、この『九郎談』が書かれた時代の期間については諸説ある）。近藤三左衛門は先に切腹した近藤隆左衛門の実子であろう（『奄美の歴史とシマの民俗』によれば近藤三左衛門〈金吉〉は二十歳で沖永良部島へ三年の遠島に処されている）。切腹した高崎五郎右衛門の実子正太郎（維新後新政府に出仕。正風。後の宮中御歌所所長）も、十五歳になるのを待って奄美大島金久村（現奄美市名瀬）に三年間流されている（『高崎《くずれ》大島遠島録』『大奄美史』）。

このように、この「嘉永朋党事件」で処分された多くの流刑者たちは、〝朋党〟の名が示すように、お互いにあるいは家同士が深い繋がりを持っていたようである。彼らは武士としてそれぞれがユニークな経歴や豊かな教養を有していた。だから生きるため、あるいは無聊を慰めるために、流罪先においては己の持てる和漢の知識を島の子弟らに最大限施したことであろう。こうした流人による子弟教育に関しては第六章で詳述する。

ところで、お由羅派として斉彬派を糺問した家老島津將曹（碇山久徳）の出自について気になることがある。奄美大島赤尾木のご出身で、戦前長らく教職を務められた碇山国栄という方がおられたが、氏は昭和五十九年十月に郷土史『星の里』（奄美大島碇山家系図）を自家出版した。その記事の中に、概略として次のように記されている。「享保二年（一七一七）西春に奄美大島赤木名に単身赴任した第五十六代代官碇山仲左衛門は、島妻として赤尾木村の前実の娘思菊加那を迎え入れた。仲左衛門は任期中に国里・宗昌の二子を儲けた。仲左衛門は帰任に際し二子共に国許に連れ帰り、武家の御曹司として教育を施した。そして国里が十七歳の時、母に面会のため帰郷中、国許より世継は弟宗昌に決定したから母に孝養を尽くすよう、という命を受けて、国里は赤尾木碇山家の始祖となった。一方、父仲左衛門の嗣子となった二男の宗昌は、藩主斉興公より重く用いられ、その子久徳は斉彬公の家老となり、長男將曹は斉彬公から久光公まで二代の家老頭として、幕末の混乱期に際し、云々」。

この記事については、年代的・係累的に若干不明な部分があり、俄かに断定することはできないが、文脈から島津將曹（碇山久徳）が奄美大島赤尾木村の前実の娘思菊加那の血を引いていることは事実であろうと思われる。幕末期の薩摩藩を震撼させた「嘉永朋党事件」のお由羅派側の中心人物が、奄美と関係があったとは驚きである。

2 『種子島家譜』に記された流人

『種子島家譜』（鹿児島県史料旧記雑録拾遺家わけ四・八・九）に記述された種子島から奄美諸島への流人に関する研究には、弓削政己氏が主筆を務めた『喜界町誌』や、先田光演氏の「奄美諸島の遠島人について」（『奄美の歴史とシマの民俗』所収）がある。これら先行研究の成果は、筆者のような後学の徒にとって多くの示唆に富み、かつ研究上の確かな水先案内となるものであった。

『種子島家譜』は、種子島家によって江戸時代から明治時代にかけて編纂された同家の歴代系譜、年譜である。すなわち近世薩摩藩上士・私領主たる同家の系図、歴代ごとの編年記事、それに文書、史料が挿入記載されている。しかし種子島領主の生活が種子島だけでなされた訳ではないから、編纂された内容も当然ながら領主の治世に関する凡そあらゆるものを含んでいる。例えば、日本史上著名な種子島への鉄砲伝来の記事（天文十二年八月廿五日条）、伊能忠敬の種子島測量の記事（文化九年四月二十六日・二十七日条）、島津久光が生まれて間もない時（幼名普之進《かねのしん》）種子島家への養嗣子に入り、さらには入輿が取り消された記事（文化十五年正月十三日条・文政八年三月十三日条）、奄美諸島のうち北三島に対する〝第二次砂糖惣買入制〟実施に伴って通達された極刑を含む罰則規定（天保元年十二月二十九日条）、薩英戦争の記事（文久三年六月二十七日条・同年七月二日～三日条）、西南戦争の記事（明治十年二月八日条～同年九月十六日条）等々多岐にわたっている。こうしてみてみると、『種子島家譜』の記事内容は、種子島家という一私領主の歴史にとどまらず、日本近世史上の重要事件に触れた記事がふんだんに含まれていることが分かる。その意味で『種子島家譜』は、日本の最西南に位置する種子島という一孤島の歴史のみならず、日本史を鳥瞰するうえで極めて貴重な歴史史料を提供してくれる素材でもある。

ところで、この『種子島家譜』には流人に関する記事が豊富に記されているのも特徴的である。例えば、幕府領から種子島へ流されてきた「公儀流人」に関する記事はかなりの数に上っているし、種子島から奄美諸島等へ流された記事も数多く見ることができる。種子島からの流罪記事は、藩が命じた流人、島主が命じた流人、親族が願い出た流人などに分類することができる。また、流罪記事には時代による変遷があり、その数は幕末になるに従って増えていく。流罪の記録は大まかな流れとして寛保年間（一七四一～四四）ごろから始まるが、流罪地に関していえば、天明年間（一七八一～八九）ごろまでは奄美大島・喜界島・徳之島・沖永良部島などの島々が多い。寛政年間（一七八九～一八〇一）の末になると七島の中之島が加わり、以後天保年間（一八三〇～四四）には悪石島・臥蛇島・平島・宝島・口之島など七島全島へ広がっている。

それでは、種子島から奄美諸島へ流された流人について、年代・氏名・遠島先・科等についてそれぞれ記してその状況を概観してみよう。なお、記事中の「官」の文字は薩摩藩本府から示達されたことを意味する。

○延宝八年（一六八〇）
今年、中田伊右衛門時壽有罪放流于琉球大嶋、
○元禄十年（一六九七）

二月廿八日、物奉行遠藤清右衛門家則坐贓放之大島没入家財、其子右兵衛西之村本因寺・内六兵衛本妙寺寺領、其所連坐掾吏三月二日西村六右衛門（以下省略）
○元禄十二年（一六九九）
三月、河野金兵衛有罪流于琉球大島、
○享保二年（一七一七）
三月、鮫嶋瑞顕坐淫乱之罪、放沖永良部嶋、（延享元年七月六日赦免）
○寛保二年（一七四二）
十二月四日、足軽川嶋清六有罪、没収家被放于沖永良部嶋、戸田平治以国老樺山主計久初證書傳命、（延享元年十月赦免。宗信公襲封による恩赦）
○寛保三年（一七四三）
國上村川内休次郎坐不孝流于徳之嶋、（延享三年三月赦免、但大嶋流人とあり）
○延享三年（一七四六）
二十二日（二月）、足軽日高松右衛門・野町者三右衛門有罪放于琉球道之嶋、
○延享四年（一七四七）
同日（三月二十五日）、現和村浅川塩屋茂左衛門坐不孝、流于沖永良部嶋、
○寛延三年（一七五〇）
二十五日（十二月）、平山村百姓次郎左衛門坐傷羽生喜三左衛門娘、放流于徳之嶋、（宝暦十一年三月十三日赦免）
○宝暦元年（一七五一）
三月十九日、以油久村足軽羽生喜右衛門強暴、放流大嶋、（宝暦六年八月五日赦免）

○宝暦三年（一七五三）
二月十日、平山村濱田浦水主藤次郎・中之村百姓孝右衛門坐犬神害人、遠流于徳之嶋、
○右同年
三月、中之村鮫嶋權右衛門養子藤之助坐養母縊死時不修葬不居喪、流于大嶋、
○右同年
三月、莖永村百姓次郎右衛門坐強暴濫妨郷里、流于沖永良部嶋、
○宝暦五年（一七五五）
二月十三日、放國上村日高五郎・古田村百姓彌三右衛門于徳之嶋、石黒太兵衛下人利七・古田村百姓萬六于沖永良部嶋、各以放逸也、
○宝暦七年（一七五七）
十九日（三月）、河内清八有故流于沖永良部嶋、
○宝暦十年（一七六〇）
二月十二日、庄司浦水主甚右衛門以竊盗之罪、放于大嶋、
○明和三年（一七六六）
二月廿三日、訴足軽鮫嶋仙十郎、現和村百姓萬七私遠流之事於官府、

六四六　種子島左内口上覚

口上覚

足軽

鮫嶋仙十郎

種子嶋現和村百姓

萬七

右者気任者ニ而御座候付、為折檻私遠流申付奉願候處、願之通御免被仰付、便船承立可申旨被仰渡置候、然者此節徳之嶋江差遣申度、船頭種子島之次郎右衛門へ申付候間、御引付被仰付被下度奉願候、此旨被仰上可被下儀奉願候、以上、

戌二月廿四日　　種子島左内

（「種子島正当系図」十九）

○安永元年（一七七二）

廿三日（八月）、没収西村官左衛門時武家財、遠流于鬼界、西村文右衛門時勝遠流于大嶋時勝隠居者也、故不及没収家財、是與西村甚五右衛門時右因犬神之故諍論、故以官府糺明奉行愛田新右衛門・野田官兵衛糺理非而及此、（後略）

○安永五年（一七七六）

五月三日、加世田新助商船将赴道之嶋破船於住吉港、事達　公府、船中有放流彼地者八人、令上妻喜平太・川内覺右衛門及足軽五人送之麑府、

○安永九年（一七八〇）

同日（正月八日）、阿世知圓右衛門・石堂孫七坐傜奸之罪流圓右衛門于大嶋、孫七于沖永良部嶋、

○右同年

廿六日（五月）、流國上村濱脇之平七于大嶋、初平七告種子島次郎左衛門國上井関之榎元次郎右衛門・柳田権太左衛門、犯國制密蔵鉄砲獲鹿、次郎左衛門告之、事下有司訊詢之無験、因下平七獄責之、得構成柳田・榎元悪將陥之罪事及此、

○右同年

廿二日（八月）、前田六郎右衛門坐毀城壁之事、廃其家格及官為諸士、流之徳之嶋善八于大嶋、（寛政十二

年閏四月二日赦免)
○天明元年(一七八一)
廿五日(二月)、流羽生伊右衛門于大嶋、坐焼阿世知六之進穧也、
○天明三年(一七八三)
三月十日、流納官村之善太于鬼界嶋、桑山藤右衛門為庶人于徳之嶋、先是善太行不善、親族婁教誨之、遂不覺悟以故、告之納官村横目、横目告府下有司、於是幽善太室中不得通世人、少焉善太密破幽室、出為盗事泄、按之得藤右衛門與之結交與鋸破室之事、故及此、
○寛政元年(一七八九)
同日(十二月十五日)、笹川五六貶廿人、籍没禄為百姓、流于大嶋年十、坐嚮久柄歸于種子島之日、私通平山清友歟、亦己姦曲歟、埋我船損壊、託事他欺罔群吏、遂使久柄駕其損壊船、洋中至危也、船頭田中甚左衛門逼塞百五十日、副船頭八板角兵衛・船工宇多津嘉兵衛共九十日、其余連坐有差、
○右同年
二十九日(十二月)、増田村馬場庄八欲獲狸、宅地側設陥穽、其隣百姓幸之丞子誤陥死、舊制禁穽、然犯之害人、故貶士流大嶋、
○寛政二年(一七九〇)
三月一日、中村伊兵衛僕嘉六坐破圃墻放馬喰其麦、流于大嶋、
○寛政三年(一七九一)
六日(八月)、流平山仁左衛門于大嶋、禁家人與世人交通、先是平山處過咎未赦駕、時久柄財用不足、使諸臣議之、平山上書論之、其言専役民重賦、故及此、
○寛政五年(一七九三)

十二月、官流吾地之賈人萬蔵于徳之嶋、以竊盜于麑府也、
○寛政六年（一七九四）
廿一日（八月）、流安城村足軽平林源助于大嶋、其性暴悪數剽掠人、嘗娶助之丞者妹妻之、既出之、後欲再娶之、助之丞不肯、強掠、掠迫助之丞與母、頗騒隣家、故及此、連坐其兄源七・親族七右衛門、有差、
○寛政九年（一七九七）
四月、（前略）廃西之村郷士日高與右衛門為百姓流于鬼界嶋、百姓吉兵衛于大嶋、（中略）去年西之村百姓吉兵衛與其姪文蔵争田、西之村荘官・横目召里人議之、皆非吉兵衛、於是吉兵衛自為西之村塩屋樵夫將謝罪、時與右衛門是之勿謝之、是以善太右衛門以下黨之、是非蜂起駕、村吏不能決之訴高奉行、皆以為、吉兵衛是也、獨西村甚五兵衛・西村七左衛門不可、於是横目・兵具奉行按之、得與右衛門黨吉兵衛為奪文蔵田與之、森右衛門屢召吉兵衛・善太右衛門等陰覆之實、高奉行亦庶乎私曲、故及此、
○寛政十二年（一八〇〇）
八月五日、上妻幾衛以有密通侍女之説、放大嶋、其親九郎左衛門以平日教誨不至、免家老禁錮、
○右同年
八月五日、前田仁十郎以密通于侍女岩野、廃士放道之嶋、其親十郎兵衛以平日教誨不至、免船奉行禁錮、時仁十郎不及奉命自刃謝罪、
○右同年
十二月、野間村鎌田十蔵坐竊盜、放道之嶋、時死牢中、
○右同年
十二月、官放西之村佐治六于喜界嶋、坐為正建寺僧壽傳坊弟子號寛順、憂有負債而不能贖、出奔詐為山伏或稱官吏謬惑人也、

○享和二年（一八〇二）
十二月、流坂井村彌平太于大嶋、（後略）
○文化元年（一八〇四）
十日（正月）、官放吾地之喜右衛門于大嶋、
○文化九年（一八一二）
十三日（十二月）、官命請使家臣越山休右衛門遠流于徳之嶋其子平助繋于官舍、開事于左、

一二　北条守道申渡書

種子島佐渡家頼
越山休右衛門

右、不聞得之趣有之ニ付、遠島之頼申出テ、便船有之迄の間、揚屋之願申出遣シ置候様可申渡候、

休右衛門子
越山平助

右、不聞得之趣有之ニ付、借揚屋又ハ借牢之頼申出（マヽ）召入より届可申渡候、

十二月　右門（北条守道）

○文化十年（一八一三）
十四日（三月）、木原甚左衛門寺入于本善寺三年、甚左衛門為人凶悪無頼、為懲之親作兵衛請而放于大島、頃日以親戚請得赦而皈、而與弟長左衛門交情甚薄、數争論、或毀器材、或焼穀種、或以刀背撃長左衛門、擧動不異禽獣、今宥恕及茲、（これ以前に大島より赦免帰島する）
○天保元年（一八三〇）
（十二月）、頴娃信濃久喬傳レ命、以下廿人荒木拙之助在二麑府一竊盗上、没二収家財一流二于徳之島一、

○天保二年（一八三一）
（十月）、榎本甚五郎有二不正之事一、文化五年辰四月、親戚請レ流二之于沖永良部嶋一、申歳於二彼地一受二宗門手札一、后得レ赦歸、今歳當レ受二宗門手札一、而不レ知二其處置一、故家老上疎請レ命、事開二于左一、

二二二　種子島時雍口上覚

口上覚

種子嶋伊勢名跡家来

榎本甚五郎

右、不行跡有之、一往為折檻、文化五年辰四月、依頼沖永良部嶋江遠嶋被仰付置候處、申年札御改後赦免被仰付罷登り候付、此節手札御改ニ付而者何様可被仰付哉、奉得御指圖候、此等之趣被仰上被下度奉願上候、以上（文政七年赦免）

但

嶋手札相添差上申候、

種子嶋伊勢名跡役人

種子嶋郷兵衛（時雍）

○天保五年（一八三四）
八月二十五日、御用人北郷勘解由傳二大嶋代官之言一、告三種子島流人櫻井善太右衛門四月四日病二死于彼地一、
（病死記事）

○右同年
十月、官流二波見浦之紋太郎船三幾丸水手種子島之善吉・太吉于徳之島、市次郎・彌次郎于大島、宗次郎于沖永良部島一、以レ盗二官所一レ載之昆布一也、仁平太者於二牢中一死、（天保十年五月十八日、市次郎・弥次

郎・宗次郎赦免。但市次郎・弥次郎は赦免記事に沖永良部島とあり）

〇天保六年（一八三五）

三月二十九日、官流二樋口六郎左衛門船三神丸船長足軽宇多津善太郎于沖永良部島一、載二大坂流人一到二于種子島一之日、與二水主壹岐之利兵衛一共盗二流人之銭貨一、故罪レ之也、

〇天保八年（一八三七）

十日（七月）、鬼界島流人藩御小姓與徳田喜右衛門及重富人一人・指宿人一人乗二小舟一漂二到于安城村一、舟中載二桶一・鍋一・衣裳一包一、村吏問二其由一及レ飢言語不レ通、作レ粥食レ之、締方横目源五右衛門・鎌田納右衛門、吾横目西村七郎・種子島五郎衛門至二彼地一鞫二問之一、其言甚胡乱也、竟謂二盗レ舟出奔一、即召二于赤尾木一、徳田氏居二于西之表假屋一使二足軽護レ之二人者囚レ牢促二飛船一告二于官一、（島抜記事）

〇天保九年（一八三八）

二十七日（七月）、以二林玄泰有レ罪流二之于鬼界島一、（嘉永二年十月二十四日赦免）

〇天保十年（一八三九）

十八日（五月）、以三太守公轉二任宰相一、國老島津安房傳レ命、見レ赦二沖永良部島流人島間浦宗次郎・市次郎・弥次郎、大島流人西之村之庄吉、且島津新五郎家来圖師七郎右衛門種子島居住一、又見レ赦レ葬二現和村百姓和助骸一、（庄吉・図師七郎右衛門に種子島居住許可）

〇右同年

二十七日（十一月）、国老島津但馬傳下流二池田浦之甚吉于喜界島一命上事記二于左一、

三四二　島津久風達書

喜界島江遠島　　池田浦之　甚吉

宇多津傳次郎船江主人米六拾石積入御當地江致廻船候付、水主として差越、於山川傳次郎并同水主周左衛門致博奕打負候付、右米之内七石買払其後指宿十二町村之三蔵外ニ壱人より、真赤米五拾石代金七拾八両餘買払、拾両逢配分、歸帆之折難船之筋取繕、積荷都而打捨候旨役〻江申出置、金子仕捨且於山川致博奕候儀問付之上申出、別而不届之仕形ニ付、右之通被仰付候、

右申渡、便船無之内者本之通入牢可申付置候、

十一月廿七日　但馬（島津久風）

○天保十三年（一八四二）

四月七日、国老島津登傳レ書　命下流二楢原覺七于鬼界島一、下西之表百姓岩吉妻名袈裟納中科銭二百文上、事記二于左一、（文久三年七月十七日死亡）

○三五〇　島津久備満久達書

喜界嶋遠島　楢原覚七

養子覚次を手強致打擲、夫故相果候、不審有之及問付候処、去戌十二月廿六日覚次江薪伐ニ差越候様申付候処、不埒いたし不差越、翌日馬屋之脇江臥居候を見當、不埒之義共相叱、其邊江有之竹ニ而致打擲、薪伐ニ馬引越候様、自身ニ者先ニ差越相待候得共、不参付罷帰見申候処、近所明家棟木江自縊候を見當、解卸申候、死体藪中江抱行召置候処、西之表村之岩野妻けさ見當為知候付、蜜柑之木致自縊候筋申出可呉旨、竊ニ相頼候段申出候、致自縊候場所為致見分候処、梁木等煤之相積縄ニ而茂引渡候跡無之、横目糺方之節者右通不埒いたし候付、竹又者棒ニ而致打擲、過言申ニ付立腹之餘胸腹之辺踏候處相果候付、縄ニ而首をしめ近邊蜜柑下江召置候をけさしらせ候付、前文通相頼候旨申出一區さし候付、度〻水問迄茂申付稠敷問詰候得共、色〻口を替申通白状不致候得共、旁之次第を以手強打擲いたし相果候を、自縊之筋取繕候不審難遁者ニ付遠島申付候、

右申渡、便船無之内者、本之通入牢可申付置候

四月七日　登（島津久備）

○天保十五年（一八四四）

十日（八月）、喜界島流人濱田喜七得レ赦歸、（赦免記事）

○嘉永六年（一八五三）

五月廿七日、本府有馬紀右衛門臣満留傳助・谷山郷士福嶋金助乗二小舟一漂二到坂井村一、締方横目・我横目往問レ之、答曰、嚮有レ罪被レ謫二于大島一、彼地飢饉不レ堪二艱難一、故盗レ舟欲レ帰レ郷遇レ颶漂到駕云、

○安政二年（一八五五）

六月十九日、吉田村之百姓兵太郎死二于配所喜界島一、始有二汚行一、親族請而流レ之者也、（死亡記事）

○安政六年（一八五九）

五日（十二月）、島間村漁人十太郎、嚮有レ罪流二沖永良部一、頃日以下　又次郎君重富公子立為中　太守公上赦之而歸島、（恩赦による赦免記事）

○文久三年（一八六三）

六月、官赦二吾臣上妻増五郎一令レ帰、先レ是有レ罪流二于鬼界島者一也、（赦免記事）

○元治元年（一八六四）

二十九日（三月）、官告三我流人長野次郎死二于喜界嶋一、（死亡記事）

以上が『種子島家譜』に記された種子島から奄美諸島への流罪記事のすべてである。もちろん文脈上筆者の判断で省略した文面もあった。また筆者の不注意から見落とした記事部分もあるかもしれない。その際は訂正をさせて頂きたい。

まとめてみると、延宝八年（一六八〇）から元治元年（一八六四）までのおよそ二世紀にわたる期間に、奄美大島に二十八人、喜界島に十四人、徳之島に十五人、沖永良部島に十二人、不明二人の合計七十一人が、種子島から奄美各島へ流人として渡島している。その中には赦免となって種子島に戻った者もいるし、配流先で死亡した者もいた。中には謫居地の飢饉の辛さに耐えかねて舟を盗んで島抜けして捕まった者もいた。この外にも配流の途中で護送船が破船し八人が鹿児島に送り返された記事もあった。興味を惹かれるのは、特に初期の頃であるが、遠島先に「琉球大嶋」という表現が散見されることである。十七世紀初頭から奄美諸島は薩摩藩の事実上の直轄地であったが、薩摩藩当局は琉球国と中国との朝貢関係を損ないたくないために、「琉球大嶋」と意図的に表現したのであろうか。あるいは藩内にはまだ道之島がいまだに「琉球の内」という意識があったのかもしれない。また、配流先を特定せず「道之島」とだけ書かれた記事もあった。配流される島の選定はどこの時点で、誰がどのように行ったのか興味があるところである。

さらに、この項の初めにも書いたが、『種子島家譜』には多くの「公儀流人」が配流された記事が記述されている。寛保二年（一七四二）に、「幕法」として「御定書百箇条」が制定されたことは、それ以後西国の島々が西国「公儀流人」の流刑地として公認されたわけであり、それにより、種子島も事実上「公儀流人」の配流先とされたのである。このような根拠をもとに奄美諸島にも種子島同様「公儀流人」が流されていた蓋然性は高い。しかしながら「公儀流人」の奄美諸島配流に関する史料は僅かなものである。これらの不明事項の解明のためには今後とも粘り強い史料検索の努力が必要とされるであろう。

最後に、『種子島家譜』の記事の中から、天保元年（一八三〇）から実施された〝第二次砂糖惣買入制〟に伴い下達された〝通達文〟を特に示しておきたい。なんとなれば、この通達こそが幕末期奄美諸島民を〝黒糖地獄〟に陥れた恐怖政治の証拠の一つと考えられるからだ。そしてこの〝黒糖地獄〟はこの後徳之島における〝犬田布一揆〟への胚胎となっていくのである。

国老川上久馬久芳・島津但馬久風・島津丹波久長・頴娃信濃久喬傳レ命、私二砂糖一者處二死罪一、與党者處二于流罪一、事記二于左一、

二〇三　頴娃久喬外三名連署達書

抜砂糖取締之儀ニ付而者、先年以来追ミ申渡、殊更惣御買入之儀御趣法被召立候ニ付而者、別而厳密申渡之趣有之候得共、兎角利欲ニ迷候哉、不正之手筋不相止、別而不届之至ニ候、依之向後抜砂糖取企候本人者不依誰人死罪、本人任申同意之者ハ依軽重遠島可被仰付旨、屹与御規定依相居候条、若此後犯御法度候ハ、御用捨被仰付間敷候間、御仕置之期ニ至り後悔有之間敷候、人命ニも相掛不容易之事候得共、自然末ミに至り汲受薄、御制度を破候而ハ、乍罪人不便之至り候ニ付、前廣御制度之次第茂申聞置事候間、此旨奉承知、彌以御法令相守り、聊取違無之様頭人・主人より稠敷可被申付候、

右之通、組中支配中其外可承向ミ江茂不洩様可致通達候、

但琉球嶋ミ江茂可申渡旨御勝手方江相達、諸郷ニハ地頭・領主・大番頭より申付候、

十二月

久馬（川上久芳）
但馬（島津久風）
丹波（島津久長）
信濃（島津久喬）

（傍線筆者）

註

（1）喜界島永家墓所は先内にある。同家の「永家由緒記」によると、永家は平有盛の流れをくむ旧家で代々与人などを務め、当主は十九代の永東順氏である。「永家由緒記」には「代々永語と相唱へ、当語迄拾四代無欠代共大役勤来る事、家系に詳にして、誠に稀有の旧家といふべし」とあり、確かな永家の由緒が記されている。「実学朋党事件」で喜界島に流されてきた海老原庄蔵は、永家本家の敷地内に住まいを充て遠島の日々を送ったという。また、第六代「無心好」は同僚の讒言によって寛文三年（一六六三）与路島に流されている（出典、『喜界町誌』『奄美大島諸家系譜集』）。

（2）宗代儒学の要点を示した朱子学の重要な書。十四巻。南宋の朱熹（朱子）が呂祖謙とともに、北宋の周敦頤・程顥・程頤・張載の四人の言説からその精枠六百二十二条を選んで淳熙三年（一一七六）のころ編著したもの。規範や名分を重視することから、元代・明代・清代を通じて現行秩序を支える体制教学とされ、朝鮮王朝・ベトナムや江戸時代の日本にも導入された。日本では藤原惺窩・林羅山・木下順庵・室鳩巣らが朱子学派と呼ばれる（出典、『国史大辞典』阿部吉雄）。

三　奄美諸島間における流人

本節では、奄美諸島間で遠島に処せられた人々について記述する。奄美諸島には諸島外からの流人ばかりではなく、諸島内における各種の犯罪や、薩摩藩の苛政に対する抵抗運動によって罪を得て他の島へ追放される者も存在した。流された理由はさまざまである。ここでは南部奄美大島の東間切渡連方で発生し、奄美大島のすべての与人が罷免させられ、藩による奄美支配強化のターニングポイントともなった「文仁演事件」、および徳之島面縄間切伊仙噯犬田布村で発生した「犬田布一揆」、そして奄美大島住用間切金久村で発生した「徳田崩れ」についてそれぞれ記すこととする。

1　文仁演事件

享保十九年（一七三四）初春、東間切渡連方（現、瀬戸内町古仁屋を中心とする地域と加計呂麻島の諸鈍及び渡連を中心とする地域）（図3参照）の与人文仁演が、親類筋にあたる奄美大島北部の名門笠利家（註1）（図4参照）の佐富《さどん》一族三人から大量の米を借用し（理由は不明）、返済不能となったのを、佐富らが時の大島代官北郷伝太夫に賄賂を使って取り立てを依頼した。これを受けて北郷は文仁演に対して、「御物米を使ってでも返済しろ」と迫ったが、文仁演は「それはできない。御年貢米を使うのは即刻打ち首である」と拒否していた。佐富らは文仁演に対し、苦肉の策として「とりあえず返済して欲しい、上納米はその後なんとかする」と約束したことで、文仁演は意を決し上納米で返済することにした。しかし当然上納米の不足を来し、文仁演は約束通り佐富らに米の借り入れを申し込んだが、すげなく断られた。上納をあきらめた文仁演に対して代官北郷は、家財道具・下男下女までも取り上げ、それを佐富らに安く売りさばいたのである。あまりの仕打ちに文仁演は代官と佐富らの関係を疑い、探らせたところ、贈収賄があることを確認するに至り、このことを鹿児島に出向き藩庁に直接訴えたのである。取り調べの結果代官北郷傳太夫は徳之島遠島、附役東郷（註2）喜兵衛・税所十内・矢野宗兵衛らが喜界島遠島、文仁演親子兄弟四人は七島遠島、さらには奄美大島の与人全員罷免などの判決が下る大事件になったのであった。「大島代官記」享保十七年の項には概略として次のように書かれている。

一　享保十七壬子春

御代官本役物頭北郷傳太夫殿

（附役名等省略）

御代官本役物頭北郷傳太夫殿事卯年御上国之筈候処、度連方与人文仁演越訴一巻に付押代り、右は渡連方与人文仁演事、内々差支候ニ付、右親類佐富・佐喜美・稲里右三人方ヨリ米借入候處ニ、右返済

図3　奄美大島の間切図

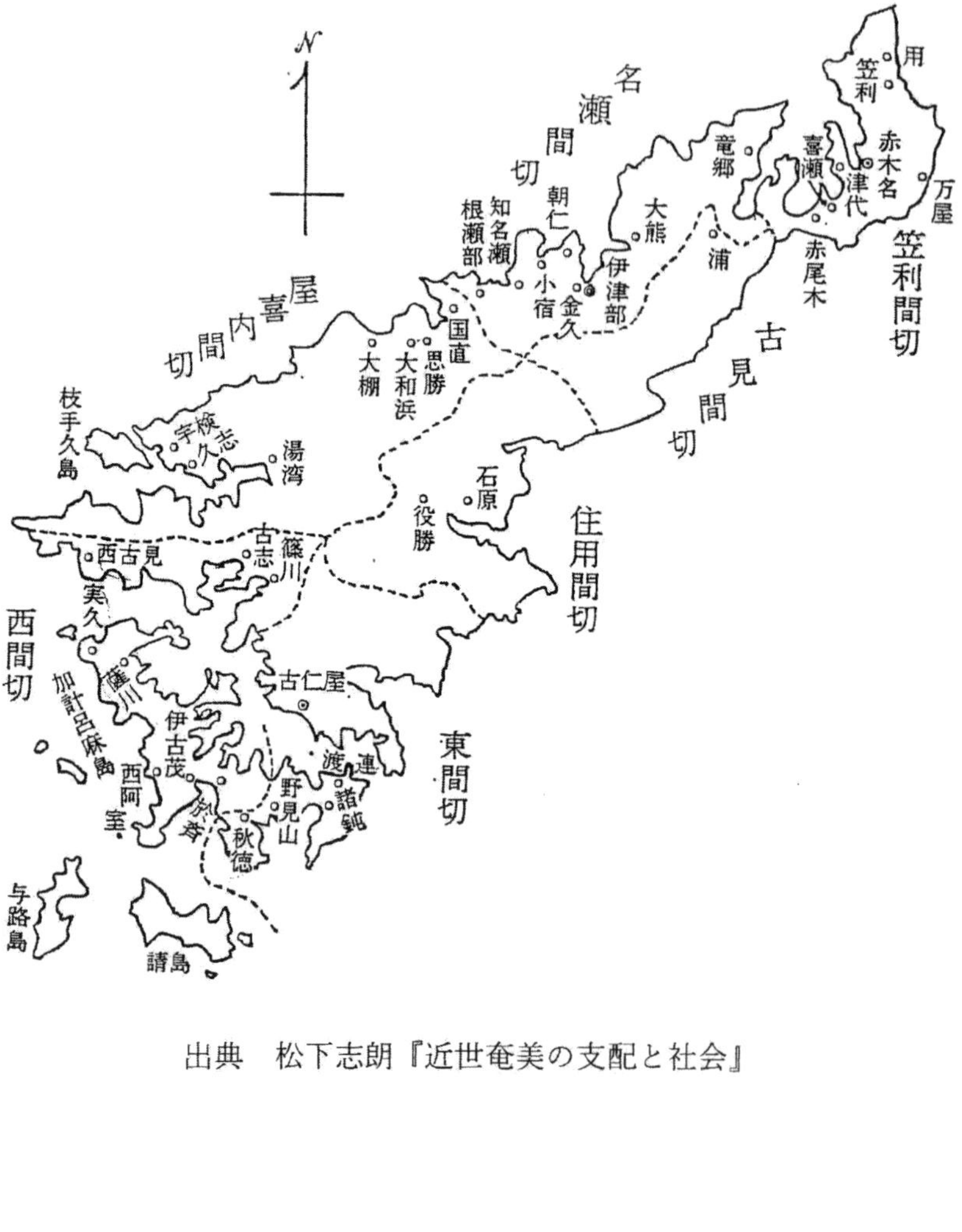

出典　松下志朗『近世奄美の支配と社会』

不相調段々催促ニ逢候ニ付、才覚相調迄延方之相談致シ候得共聞入無之上、御代官北郷傳太夫殿へ取入、米三拾石・金子三拾両目録賄賂イタシ、御内所妾迄モ御詰中ハ世話仕可差上旨伺御機嫌、文仁演方ヨリ右三人方へ取分利込千石餘相及候処、御代官北郷傳太夫殿御方ヨリ文仁演御用之由ニテ被仰渡候ハヽ、佐富・佐喜美・稲里方へ拂分之儀ハ、子（筆者註、享保十七年・一七三二年）冬勘定之節御物帳面之表ヨリ相拂候様稠敷被仰付候得共、文仁演納得不仕、（中略）子冬御勘定不相遂候、左候処北郷傳太夫殿ヨリ文仁演並弟、西間切横目文仁志・筆子文仁覇、家財迄も相禿文仁演上納致シ候様被仰付候ニ付、家財相禿諸道具小早ニテ東間切ヨリ赤木名迄積廻、道具之儀モ弐石位之物ハ壱石代付ニテ、佐富・佐喜美・稲里方へ買取脇方へハ不相拂候、尤一門中ヨリ差立候得共目成不申候、母介抱トシテ一門中ヨリ米差立下人下女迄拾人残置候処、右下人下女迄取揚候、（中略）其上佐富・佐喜美・稲里三人之入組之次第島中成行之次第、沙綾壱反ニ書ハミ桑宍料之口ヲ切ハナシ大和へ言上申上候処、（中略）北郷傳太夫殿御事ハ、卯（筆者註、享保二十年・一七三五年）冬徳之島へ遠島、御附役東郷喜兵衛殿・税所十内殿・矢野宗兵衛殿右三人ハ喜界島へ遠島、山元与惣兵衛殿御事ハ牢内ニテ病死、文仁演親子兄弟牢舎、佐富・佐喜美・稲里三人ハ出牢被仰付候、左候テ、文仁演親子兄弟七島へ遠島被仰付候、与人中役御免、諸横目御構無之、本役ニテ被召下候与人貫恪事与人中同断上国之筈候処、文仁演一巻ニ付与人中被召登筈之由風聞承、寅（筆者註、享保十九年・一七三四年）四月三日八ツ時分鉄砲ニテ自害イタシ候、尤文仁演事本役被仰付筈之處、北郷傳太夫殿御詰中佐富・佐喜美・稲里右三人ニテ御内所方迄モ世話仕差上可申旨書付之差出入候迄ニテ越訴之筋相成候、七島へ遠島被仰付候、

（傍線筆者）

このように、この「文仁演事件」は藩上層をも震撼させた事件であったようである。この事件の糾明は二年間にも及び、結局この事件による処分は「大島代官記」によれば次のようになった。

大島代官	北郷傳太夫	徳之島へ遠島
前任附役	税所十内	喜界島へ遠島
右同	東郷喜兵衛	右同
右同	矢野宗兵衛	右同
右同	山元与惣兵衛	牢内にて死亡
右同	鎌田藤左衛門	本人病気に付きお構いなし
渡連方与人	文仁演	七島遠島
	文仁演長子	右同
間切横目	文仁演弟文仁志	右同
間切筆子	文仁演弟文仁覇	右同
奄美大島十三ケ方与人全員（文仁演を除く十二名）		罷免（但し一人大和浜方与人貫悦は事前に鉄砲で自害）
右間切諸横目全員（人数は不明）		お構いなし
佐富		右同
佐喜美		右同
稲里		右同

以上が十八世紀初めに発生した贈収賄事件「文仁演事件」の壮絶な顛末である。それにしても疑問なのは、なぜ文仁演は大量の米を借りるに及んだのであろうか。そのことについて「大島代官記」は一切触れていない。考えられるのは、彼は与人として間切内の貧苦を見るに忍びなく義挙に及んだのであろうか。そして、この事件に

図４　笠利氏家譜

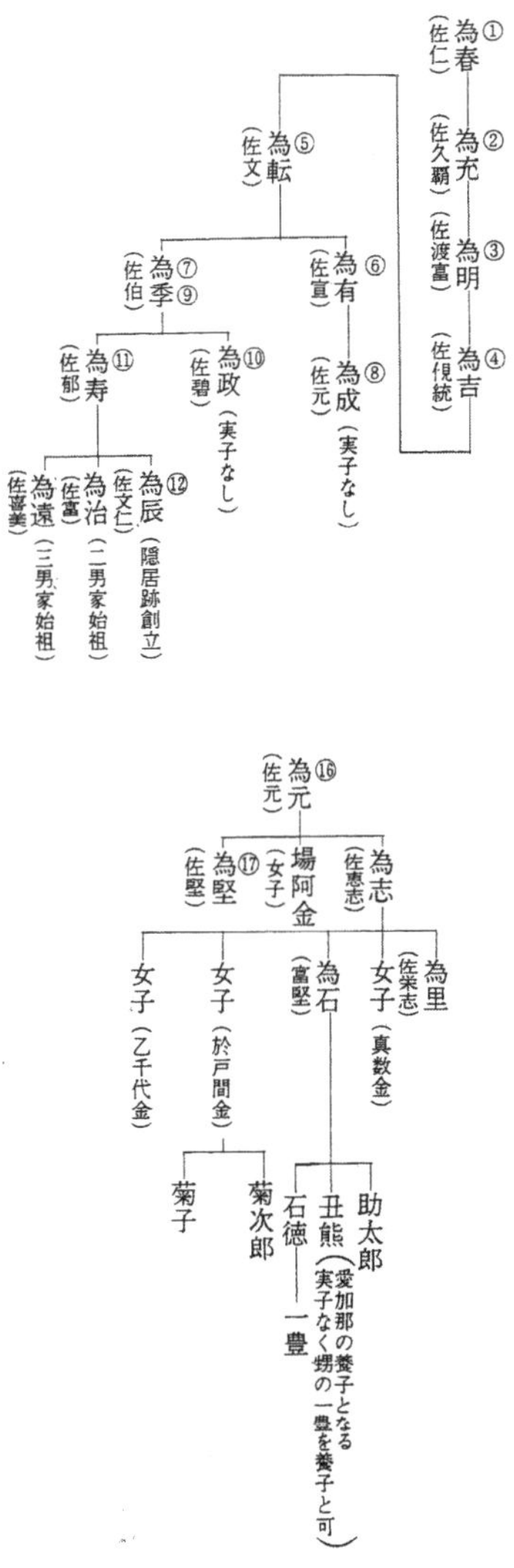

出典『龍郷町誌　歴史編』

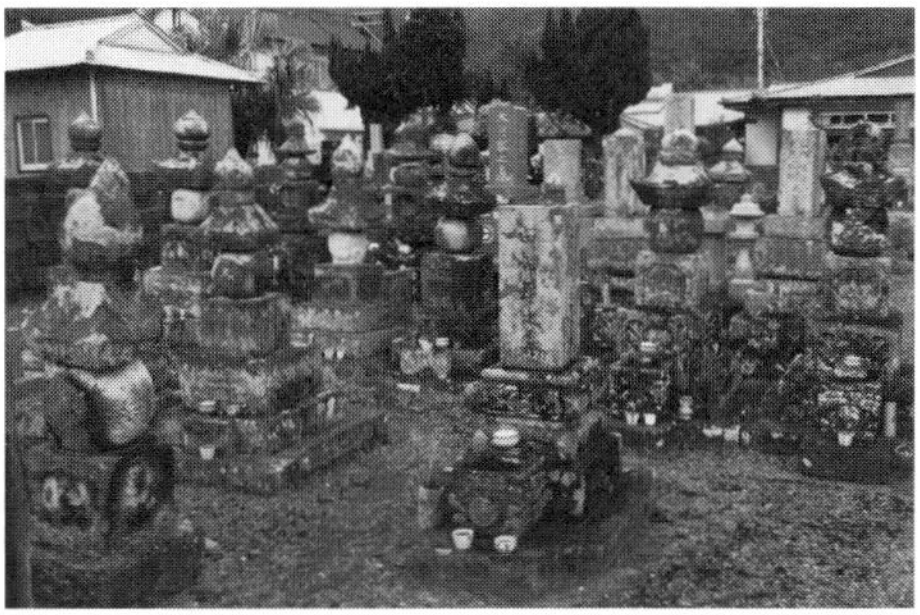

奄美大島龍郷・笠利氏・田畑（龍）家歴代の墓所
2017.2 筆者撮影

は余談がある。文中に「与人中役御免、諸横目御構無之」とある通り、藩はこの時、横目たちはお構い無しとしたが、文仁演以外の与人たち十二人については全員お役御免の処分を下している。これ以後、それまで世襲とされていた島の中間統治者である与人たちが、藩の方に目を向けるようになったことは疑いない。これによって藩としては奄美の上層島役人らの〝生殺与奪の権〟を握ったことになり、これ以後の統治が容易になったと考えられるのである。なお文仁演については本来元の役職に戻るべきであるが、代官と佐冨らとの内緒を記した書付を、直接藩庁に差し出した「越訴」の罪により七島へ遠島にしたとも書かれている。

2　犬田布一揆

この一揆の内容については、地元の徳之島伊仙町が編纂した『伊仙町誌』に詳しい。『伊仙町誌』には概略として次のように書かれている。

犬田布岬に行く前泊右手台地に「犬田布騒動記念碑」が建っている。これは犬田布騒動犠牲者九人の子孫や親戚などが、百年祭を記念して、昭和三十九年（一九六四）旧三月十八日に建立したもので、その裏には次のように刻まれている。

薩藩の過酷なる砂糖政策の犠牲となり、無実の罪で拷問を受ける為盛救出のため、犬田布農民百五十余名は、元治元年（一八六四）旧三月十八日、悲壮なる団結のもと、仮屋を包囲役人を追い、戦いの準備を整え積石（ツミイシ）付近に集結、遂になす所なく解散せるも、その首謀者と目された下記の内六人は、明治九年まで十三年間の遠島処分、残りの者は三年の体刑を受け、犬田布、阿権原、鹿浦、阿三間の農道労役を命ぜられた。これが世にいう犬田布騒動であり、事後徳之島の砂糖取締りは緩和されるに至った。今その当時をしのび、百年祭を挙行するに当たり、茲に記念碑を建て、その挙を思い冥福を祈る。

義佐美　六七歳
義仙　五二歳
為盛　三九歳
喜美武　三九歳
安寿盛　三六歳
実静　二二歳

義武　　二二歳
安寿珠　一三歳（筆者註、「義福」脱カ）
昭和三十九年（一九六四）旧暦三月十八日
犬田布騒動記念碑建設委員会
記念碑は年齢順になって、九名の名前が刻まれている
遠島先は次の通りである。
義佐美　沖永良部へ
義仙　大島へ
為盛　身代わり拷問を受けたが遠島なし
喜美武　大島へ
安寿盛　与論島へ
実静　捕らわれたが無罪
義武　沖永良部へ
安寿珠　代官所へ願い、父安寿盛と与論島へ（筆者註、「義福」脱カ）
義仙と義佐美は兄弟、安寿盛の三人は小舟で沖永良部へ逃げる途中、風に吹き戻され兼久下で捕らわれ、義福と義武は二従兄弟で、喜美武の三人は大島へ小舟で逃げる途中、風に吹き戻され、与名間下で捕らえられた。刑期はいずれも十三年。義仙は津口横目格、義武は砂糖方掛で役人側に立つべき人が農民の陣頭に立っている。拷問を受けた為盛は、遠島処分はなく病体となり、鳥島で養生。八人の子の父として明治四十一年、八十三歳で死亡。喜美武は明治四十四年、八十六歳で死亡している。この犠牲者の子孫や親戚などが犬田布騒動百年祭を記念して碑を建てた。

元治元年（一八六四）三月十八日、犬田布村の年取った農民福重（七十歳）の上納糖が見積もり高より不足したので、密売をしたとして、代官所の附役寺師次郎右衛門が下役人をつれて、犬田布仮屋で取り調べることになった。当時、薩摩藩では奄美三島の農家の作った砂糖を全部買い取り、残った砂糖についても他へ売買する脇売などを厳しく禁止していた。これに違反し罪状の重い者に対しては死罪をもって臨んでいた。

福重は老齢でとても取り調べには耐えられないので、福重の姪ナシリの夫、為盛という三十九歳の身体強健な男が身代わりとなって取り調べを受けた。寺師は白状しない為盛に対して、下役人に命じて、膝と太もの間に割り薪を入れ、その上にひき臼を載せさせ、下役人に六尺棒で前と後ろから打たせるなどの残酷な拷問を加えていた。その頃、犬田布ではこの噂を聞いた農民たちが取り調べの現場付近に集まって、為盛が鼻や口から血を出すほどのむごたらしい拷問を垣根越しに見ていた農民たちは、近くにあった棒を手にして、拷問現場を包囲しながら口々にその不法を叫んで、「役人を打ち殺せ」と方言で騒ぎ出した。その騒ぎに驚いた寺師ら役人は惣横目平福憲の計らいで裏門から馬に乗って一目散に逃げ出した。農民たちは「こうなれば全部死罪だ。代官ら役人と徹底的に戦うしかない」と一決、女は炊き出し、男はナタ、オノ、カマ、魚突き、鍬や三つ又をもって、手ごろの石を弾丸代わりに集めて集結。夫婦家族総出で戦闘態勢に入った。

一方、寺師の報告を受けた代官所では全島の横目以上の役人を非常招集して、阿権村に集結、区長以下役人を動員して木之香、阿権、糸木名、小島の各村に配置して犬田布村を包囲、アリ一匹も出さないようにするとともに、島外脱出を警戒して全島役人に舟の取り締まりを厳命、犬田布村へは、解散しなければ罪九属に及び家族ぐるみ死罪にすると宣伝した。農民側は、次第に一人去り二人去り、八日間頑張って首謀者となった五人が島外脱出に失敗、全員捕らえられ、九日目の三月二十六日手配が解除された。

次に、「犬田布騒動」の第一報を記した『仲為日記』の該当部分を、徳之島郷土資料館編『仲為日記』から紹介する。

（原文）

同十八日　晴天東風

一　今日西目様犬田布村江御越出来砂糖もの共御糺方被為在處候、作人中申合百五拾人程木刀越相携立向ひ已ニ大事場合成立、片時も難御留まり福世喜衆御先乗ニ而伊仙通り駆馬ニ而被御帰候處、右多人数声ヲ掛ヶ伊仙村入口迠追掛候由、大変之事ニ而三間切横目役以上壱人も無残今晩中亀津江御用之段御代官所ゟ被仰渡候処、拙者病気故平氏江相頼候事

（訳）

三月十八日　晴天東風

一　今日西目様（寺師次郎右衛門）が犬田布村へ行かれ、出来砂糖もの共（砂糖を製造した村人達）を御取り調べなされたところ、百五十人程の作人たちが申し合わせて、木刀を持って立ち向かい、すでに大変な事態に立ち至り、一刻もそこに留まることが難しくなったので、福世喜衆が先乗りとして伊仙を通って駆馬で帰られたところ、右の多人数が声をかけ、伊仙村の入口まで追いかけてきた由。大変な事になり、三間切の横目役以上は一人も残さず、今晩中に亀津に集まるよう代官所から仰せ渡しがあったが、私は病気のため、平氏にお願いした。

この『仲為日記』の元治元年三月廿五日付の記事には、（朱書）として「本文義仙、義佐美、義武、義福、安子森、喜美武六人は、大島ならびに沖永良部島へ借島を命じられた由」とある。

『仲為日記』の意義は、当時の徳之島における総横目（寄）という地位にあった「仲為」の残した日記が、

後々の関係者たちによってその内容が解読され、その中に描かれた「犬田布騒動」という薩摩藩政下においては極めて稀な農民一揆の実態が白日の下に晒され、現代の我々との邂逅を果たしたということではないか。この『仲為日記』の存在は奇跡としか言いようがない。「犬田布一揆」の歴史的な意義に関して次のようなことを挙げておきたい。

① 〝第二次砂糖惣買入制〟下における薩摩藩の過酷な収奪体制は奄美諸島を〝黒糖地獄〟と化したが、徳之島犬田布農民百五十人はそこに異議を唱え、身を挺して差遣役人や彼らに追従する島役人らに対する抵抗・反撃を行った。これにより、その後薩摩藩吏の島民に対する態度は著しく改められた。

② 逮捕された義仙は津口横目格、義武は砂糖方掛であり、薩摩藩吏の下にいて農民たちを取り締まる側に立つべき者たちであった。しかし彼らが騒動を主導しているところに「犬田布一揆」の深刻さ、複雑さ、そして意義深さが感じられる。犬田布村の運命共同体意識が藩の苛斂誅求を許すことができなかったということであろう。

徳之島犬田布・犬田布騒動記念碑　2013.2 筆者撮影

③ 「犬田布一揆」は僅か一週間足らずで鎮圧された。それは代官指揮のもと、徳之島各地の島役人たちが素早く忠実に代官の指示命令を実行したからであった。悲しいことに徳之島犬田布農民の抵抗運動は同じ徳之島の島役人らによって鎮圧されてしまった。薩摩藩の奄美支配の基本は島民の〝分断〟であった。藩の分断支配は見事に成功したのである。

④ 「加世田一揆」（註3）（安政五年・一八五八）を除けば、薩摩藩政二百六十年間における藩政に対する抵抗運動は僅かに二件のみである。その二件とも徳之島で発生している。それは文化十三年（一八一六）に惹起した「母

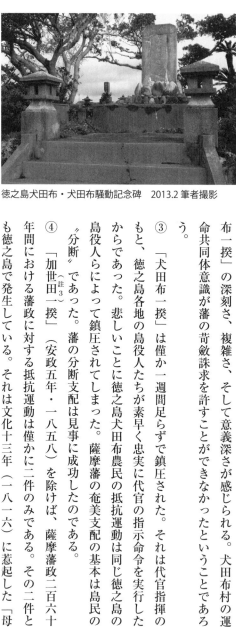

間一揆」と今回の「犬田布一揆」である。徳之島農民の圧政（権力の横暴）に対する抵抗力には敬服せざるを得ない。

身代わりとなって拷問を受けた為盛の墓のそばに建てられている、「歴史の見直し　犬田布義戦　由来書」には次のように書かれている。参考までに紹介しておきたい（抜粋）。

この事件は今日まで「犬田布騒動」の名称で伝えられてきたが、「義」を篤く愛するゆえの勇気ある島民の行為を「騒動」とすることは、公正さを欠く不適切な表現である。よって薩摩侵攻四百年の節目の年に、この歴史的事件の名称を「犬田布義戦」と改める。

二〇〇九年（薩摩侵攻四百年）六月吉日
民泊　歴史文化観光　伊仙町観光協会

3　徳田崩れ

「奄美郷土研究会報」（第九号、一九六七年刊行）には、大川内清栄氏の著になる「〃徳田崩れ〃伝聞録」が載せられている。この伝聞録の概要は次の通りである。

この埋もれた郷土史実は慶応三丁卯年（一八六七）の出来事であったと推定されている。翌慶応四年旧九月には明治と改元され大赦が行われた。遡って同年正月から〃明治元年〃ということに定められた。旧来の藩政が廃止され皇政が復古したので旧藩の代官は引き揚げることになっていた。明治新政の官員が赴任するまでの間の後事を与人達に委ねて間もなく薩藩の島役人は全員引き揚げてしまった。此の行政の断層期に首題の〃徳田崩れ別名杜喜実《トキザネ》崩れ〃事件が住用間切（註4）須垂方金久村で発生したのである。事件の性質は、〃反乱〃ではなくて、〃私刑《リンチ》〃事件であった。今日の言葉で言えば集団暴行殺人事件であった。当時の一件書類が新旧官庁間で引き継ぎも申し送りもなかったと見えて公的な記録は何も見当たらないようである。

慶応年間に薩藩の士族で徳田応兵衛という人が流刑に処せられ住用間切須垂方金久村字小和瀬に謫居している。当時須垂方を管轄していた島役人は代々附属士格長杜喜実《オサトキザネ》が与人役を務め川内村字牛舎《ウシャゴ》川に邸宅を構えて豪奢な生活を営んでいた。彼は行年二十五歳の美男子であったとのこと。杜喜実の父杜喜央《ときお》は大和浜の人で須垂方に居住し代々附属士格被仰付《おおせつけられ》長名字《おさみょうじ》であったが当時は既に物故して家督は杜喜実が相続していた。彼は須垂方最後の与人役で彼の死後は明治新政の夜明け期であった。

徳田応兵衛は村童たちに読・書・算を教えていたので村人は彼を「徳田先生」と呼んで尊敬していた。徳田は与人杜喜実を通じて何事か願い事があったので数キロの道をいとわず川内村に住む与人杜喜実のもとに赴いて請願を続けたが確答がなかった。ある日応兵衛が金久村の城《グスコ》から小和瀬に来てみると与人杜喜実が猪狩りの豊猟を祝って無礼講の祝宴を催していた。杜喜実のもとを訪れた徳田は予て願い事の件の成り行きをお聞きする良いチャンスだと思い与人にお目にかかりたい旨申し入れた。〃無礼講の酒盛りだ。良い折に来合わせた。貴公も一座に加わりなさい〃との勧めで徳田は喜んで上がり込み、〃無礼講〃で上座も下座もないということで気を許して誰もが遠慮して空席になっていた床の前の正座に着席した。そこは宴会の亭主役杜喜実の上座に当たる席であった。盃が回り始めてから徳田は杜喜実の前に進み出て〃予て出願の件は如何相成りましたろうか〃と伺った。それに対し杜喜実は〃何分にも公務多忙のためまだ手を着けていないが、いずれその内に取り計らってあげよう〃との返事であった。徳田は〃酒盛りをする時間はあっても公務を処理する暇はありませぬか〃と与人の怠慢と不親切さを責めた。これを杜喜実側近の金久村の青年たちが聞き咎めて〃失礼な事を申すな。引き摺り出して縄をかけて打ち殺してやるぞ〃と息巻いた。徳田は〃俺に打てる縄はお前達の手元にはあるまい〃と答えた。一座の者が総起ちになって徳田に襲い掛かった。そして先に声明した通りに「俵綱」で徳田を縛り割木で袋叩きにした。徳田は半死半生にされたうえ引き立てられて、金久村の中央浜寄りの高倉のある広場に連れていかれた。さらに高倉の角柱に縛り付けられ、村人や家人たちに代わる代わる打たれて息絶えてしまった。

ところが高倉で徳田が撲殺される状況の一伍一什（一部始終）を徳田の親しい女が見ていた。彼女は直ちに伊津部村に走り本仮屋にこのことを訴え出た。代官所から出頭を命ぜられた杜喜実は、出頭を拒否して役人たちが自宅に到着する前に屋根裏で切腹して果て家族により埋葬された。新墓所を聞きだした役人たちは杜喜実の家族に墓を掘り起こさせ首実検を命じた。役人は本人に相違ないことを見届けたうえで首を取って、須垂の「内海《うちうみ》」という湖の外海への流出口付近の「戸口《とぐち》」という所に、高さ一メートル程の梟首台を据えて首級を沖の方に向け罪状札を建て番人を置いて曝し首にした。しかし夜になってから首は盗み去られ墳墓の地に埋葬されたと伝えられている。

金久村では男という男はアリバイが成立しない限り皆処罰されたようである。当時の金久村の村役は殆ど全員が罷免されたうえに島流しされている。翌慶応四年九月には明治と改元され封建政治の終末が宣言され大赦が行われたので流罪者たちは弐年足らずで皆帰宅して家業に就いた。

一つの例を挙げると金久村の要喜栄定《かなめきえてい》は弘化二乙巳（一八四五）年生まれの青年で当時村役の一員であったらしいが罪を得て沖永良部島和泊へ流されて島役人土持正照《つちもちまさてる》（アンドン）の世話になり一年半程で許されて帰った。彼の未亡人ナツ刀自の談[註5]によると〝主人は徳田騒動には参加しなかったが村役のはしくれであったので責任を問われてエラブに流されたが苦労というほどの苦労は無かった。沖永良部の島役人や島民の親切に感謝すると言うていた〟とのことである。犠牲者徳田応兵衛の身元は薩藩流罪人名簿中にも見当たらず不詳である。遺体は何処に埋葬されたのやら村人たちに依って始末されたのであろうが代官所でどのように処置を命じたのか不明である。

以上が大川内清栄氏の〝徳田崩れ伝聞録〟のあらましである。この伝聞録を読む限りでは、与人杜喜実と流人徳田応兵衛との間でどのような約束があったかは伝わってこない。しかし流人である徳田応兵衛が、与人という島役人の長である杜喜実や周りにいる島役人たちのプライドをひどく傷つけたことが事件の発端であったことは理解できる。事件は豊猟を祝って無礼講の祝宴を催していた場所で発生した。何故流人である徳田応兵衛は祝宴の場で、無礼講とはいえ周りの者たちが与人杜喜実に遠慮して座らなかった上席に着座し、しかも場所柄もわきまえないような言動をしたのだろうか。やはりそこには流人とはいえ薩摩人の島民蔑視の悪感情があったのだろうと推察できる。当時は身分社会であり、奄美の人たちは植民地状態に置かれて、島役人といえども代官やその附役をはじめとする薩摩人たちには全く頭が上がらない状態であった。島の人々は薩摩人との関係においては少々のことがあっても我慢をするのが身を守る手段であった。しかも徳田応兵衛は流人とはいえ教養もあり、島の子弟たちに学問を教え〝先生〟と呼ばれるほど尊敬されていた人であった。その彼がどのような理由で死に至るほどのリンチを受けたのであろうか。この事件は今となってはミステリアスな事件である。恐らく徳田応兵衛の「予て出願の件は如何相成りましたろうか」「酒盛りをする時間はあっても公務を処理する暇はありませぬか」という発言は、島役人たちに対する、ある一線を越えた侮辱的な発言であったのだと思う。酒席であったことも災いしたであろう。常日ごろから抑えつけられていた我慢強い島人たちも、この時ばかりは徳田応兵衛の発言は許すことはできなかったのであろう。つまり島役人のプライドと、流人とはいえ薩摩武士の島人への蔑視という双方の確執がこの事件の本質であろうと考えられるのである。

この時の関係者はアリバイがない限り皆罷免された上に島流しにされている。この「〝徳田崩れ〟伝聞録」からは、住用間切金久村の要喜栄定も当時村役の一員であったので沖永良部島和泊へ流されたとある。同じ島役人で掟役の中実堅《あたりさねけん》も村役を罷免され他の島役らと共に流刑となっているが、しかし遠島先、人数とも不明である。この事件で島流しにあった人々は全員が一年半後の明治改元の恩赦により赦免になっている。

ところで、大川内氏はこの「〝徳田崩れ〟伝聞録」の冒頭で、「（前略）史実というものは善悪に拘わらず後世に真相を伝えて参考に資すべきで臭いものに蓋をするように包み隠して済むものではない。（中略）史実に誤りのある点は叱正を乞い本稿に無い資料を聞知の方のご協力を得て能う限り真相に近いものにして後年の郷土史愛好家の参考に役立てることができたら結構だと思います」と書いている。

この指摘を読む限り、大川内氏はこの〝徳田崩れ〟という伝聞の扱われ方を批判的に書いていることが分かる。大川内氏は、たとえ江戸から明治へと体制が変わる混乱期であったとしても、〝史実〟を後の時代のために公式に残そうとしなかった当時の代官やその附役たち、あるいはその下にいて文書事務を取り扱う島役人たちの意図的な怠慢ともとれる、うやむやな執務態度を厳しく指摘しているようにも見える。実に正鵠を得た意見であると思う。私たちは大川内氏のこの指摘に対し、謙虚に耳を傾けるべきではないか。何故なら、近世から近代の過渡期という、歴史の狭間に埋もれそうになっていた〝徳田崩れ〟という史実が、大川内氏によって奄美の歴史事実としてしっかり記録されたからである。

註

（1）奄美大島における琉球由来の名門七家のうち奄美大島北部の笠利間切に知行地を宛がわれた笠利氏をさす。笠利氏の始祖は為春（佐仁）と称した。藩政初期の士農分離政策で笠利から龍郷に移ってきた。第十二代為辰（佐文仁）の時に奄美最初の外城衆中格（郷士格）となり、田畑姓を許された。天明五年（一七八五）に藩の二字姓禁止で龍郷の龍を取って龍になり、明治になって田畑姓に復したが一部では大司姓を称した。田畑家は七家の中でただ一つ大屋子をついで与人を中断なく維持した家で、世に龍家七与人と称された。実際には七代ではなくもっと続いている。佐富・佐喜美は兄弟で佐文仁為辰の弟、稲里は佐文仁の妻真牛金の弟にあたる（出典、『龍郷町誌　歴史編』『道の島史論』）。

（2）いずれも前任の附役たちで、帰藩の船待ち中であった（出典、「大島代官記」『奄美史料集成』）。
（3）安政五年（一八五八）薩摩国川辺郡加世田郷で発生した。郷政を預かる郷士層内部の対立が表面化したものとされる。すなわち、郷政の核をなす麓郷士に対する、農村部に居住するようになった在村郷士の不満が原因だと考えられる。郷士層の中に、郷政に反発する人々が幕末期に存在したことは注目される（出典、『薩摩民衆支配の構造』）。
（4）すたるほう。住用間切須垂方は十八世紀中ごろ（享保年間）に同間切住用方に合併されたとされる（一説には十九世紀初め）（出典、『沖縄大百科事典（大島七間切の項）』亀井勝信）。
（5）奄美地方では「妻」「女史」のことを「とじ」という。戸主（とぬし）の意で、夫人が家内の事を司るところから（一）夫人の称。また一家の主婦。「あもとじも玉にもがもや」（万葉集）。（二）「宮々のとじ長女（をさめ）にても」（栄華物語）。（三）「台盤所の刀自といふ者の供なりけるを」（枕草子）。このような記紀万葉に現れる上代語が奄美方言には今なお数多く残っている（出典、『復刻　奄美に生きる日本古代文化』）。

四　琉球からの流人

琉球から奄美への流人については『琉球王国評定所文書』に詳しい。『琉球王国評定所文書』は、元和九年（一六二三）から明治十二年（一八七九）にかけて首里王府の最高機関である評定所で記録・作成されたもので、琉球王国の内実や徳川幕府、薩摩または諸外国（異国）と琉球との生々しい交流の様子を知ることができる。

評定所は、首里城内北殿にあって、上下に分かれ、上座には摂政・三司官、[註1]下座には、表十五人[註2]（平等所《ひら》の長官である平等之側と次官、申口方〈鎖之側・双紙庫理・泊地頭〉の長官三人と次官の吟味役二人、物奉行〈所帯方・給地方・用意方〉三人と次官の吟味役三人、日帳主取二人）が国事を評議した。このようにして評議・決議され、記録・保管されたものが「評定所文書」である。従って琉球王府の統治に関する最も基本的な文書である。この他に、薩摩の地には「琉球館」が設けられ、薩摩・琉球間の取次役を担っていた。「琉球館」には在番親方一、蔵役一、書役二、その他と、薩摩人の聞役二人がいた。

『琉球王国評定所文書』は、沖縄県浦添市教育委員会によって翻刻編集され、第一巻が昭和六十三年（一九八八）三月に刊行された。それ以降順次刊行されて、第十八巻が平成十三年（二〇〇一）三月に、そして最終の補遺別巻が翌年の平成十四年一月に刊行されて完結している。

内容的には、日記類、案書類、下状類、進貢船接貢船関係、江戸立方・上国関係、冠船関係、廻文関係、訴訟関係、御用物関係、その他などとなっている。このように『琉球王国評定所文書』は、琉球の政治、外交、経済、宗教、文化の全般にわたる資料であり、琉球史の研究にとって画期的な文書群といえる。

これらの中から、奄美への遠島に関する文書を抜粋して記す。なお傍線は筆者による。

（1）『琉球王国評定所文書』第二巻　140「百四十一」

去年飛船水主ニ而罷登候金城筑登之、竊ニ人参持登候を於山川改方之砌相顕、別而不届之仕形ニ付国法通咎目申付、御届申上候様、尤於其御地之御咎目候得者、遠島五ヵ年被仰付咎候間、道之島江可願出候。

（中略）

一右付道之島者何島ニ而も願越有之可相済哉。且我〻差扣之儀、天保二卯年・同六未年唐物致抜荷候者御咎目被仰付候節之振合通、慎を以差扣奉伺候而可然哉之旨、御家老座琉球掛書役衆迄、書役大久保次右衛門殿を以口達ニ而被相伺候処、都而申出通可宜段被致承知候由。右仰渡御書付御覚書取添被申越紙面令承達候。（中略）右付金城事、徳之島江遠島奉願、右不届之儀付而者、取締相掛候役〻差扣奉伺、我々共ニも御差図次第差扣奉伺度、別紙を以申越候。此旨及返答候。以上。

巳十月廿六日　国吉親方

小録親方
与那原親方
浦添王子

川上十郎兵衛殿
富島親方

（「二案書」道光二五年〈弘化二年・一八四五〉）から

（2）『琉球王国評定所文書』第二巻　142「百四十三」

巳十月廿五日、御書院当与那覇親雲上御取次、備
上覧、同廿六日日帳主取伊是名親雲上持下、附役橋口彦次殿取次、御在番所御届申上、産物方御目付衆江
者直ニ御届済。

東村
金城筑登之

徳之島江五年流刑

右者去夏琉球より之飛船水主之内ニ而罷登候節、竊ニ人参持登候を於山川改方之砌相顕、不届之仕形ニ付、国法通咎目申付御届可申上、於御国元之御咎目候得者、遠島五ヵ年被仰付候条、道之島江可願出旨、小笠原轍殿御取次を以被仰渡趣承知仕候。唐物御締方付而者、分而被仰渡置趣有之、毎度稠敷申渡事候処、件之次第不届之至候。依之右通遠島申付候様被仰付被下度奉願候。此旨可然様御披露頼存候。以上

巳十月廿六日　　国吉親方

島津源五郎殿

小録親方
与那原親方
浦添王子

（「二案書」道光廿五年〈弘化二年・一八四五〉）から

（3）『琉球王国評定所文書』第五巻　「百十三・百十四」（筆者註、目録のみ。従って、月日・差出人・宛名は不明）

一御国元江竊ニ人参持登、徳之島江遠島被仰付置候金城、御赦免ニ而致帰着候付、御届申上候儀并右金城遠島差渡候節御届書、月違相成候儀ニ付、問合之事。

（「十六案書」咸豊元年〈嘉永四年・一八五一〉）から

（4）『琉球王国評定所文書』第二巻　146「百四十七」

当春登越年夏運送船佐事金城筑登之、朱粉并爪密ゝ持登候儀付、於平等方相糺形行書付、御目付衆江差上候段者、別紙聞役連名宛を以申越候通ニ而、此節便御目付衆より被及御届筈候。然者金城事、御法度品持登候付而者、御咎目之程合難計儀ニ者候得共、道之島江遠島之方ニ茂御吟味可有御座哉。於其儀者御差図之趣私共承知仕候上、遠島願并我ゝ・懸役ゝ差扣等も奉伺筈之儀候処、其通ニ而者来夏右之願等申上、秋便御差図到来可有之、夫より道之島江之渡海冬向南風少、おのつから来ゝ年四五月にも押移、長ゝ相滞可申、天保七年申年御法度品可致抜売考ニ而忍置候者共遠島被仰付候節、館内方ニ而配所致吟味願出候ハ、、願出通可被仰付与之趣、高田尚五郎殿御内沙汰等為有之事候間、自然道之島江遠島願出候様被仰渡儀茂候ハヽ、極御内分御構之衆江御都合向之所被相伺候上、各より遠島願被申上、（中略）猶又前文天保七年抜荷一件往復之書留等被見合、何分ニ茂取計被致度候。此段申越候。以上。

附、遠島被仰付儀ニ候ハヽ、配所之儀、本文天保七申年ニ者道之島〻江多人数遠島被仰付置候間、右見合を以、御都合向旁致吟味可被取究候。

巳十一月三日

国吉親方

小禄親方

与那原親方

浦添王子

富島親方

（「二案書」道光廿五年〈弘化二年・一八四五〉）から

（5）『琉球王国評定所文書』第五巻「百十六」（筆者註、目録のみ）

一喜界島江遠島被仰付置候金城、来年正月迄年数筈合候ニ付、彼島御代官衆江赦免問合差遣置候段、問合之事。

（「十六案書」咸豊元年〈嘉永四年・一八五一〉）から

（6）『琉球王国評定所文書』第十七巻 82-4

大島江五年流刑

泊村三男本位黄八巻

照屋

右者去夏春運送船より朱墨等持登於前之浜改方之砌相顕別而不届之儀付、国法通咎目申付御届申上候様被仰渡、咎目之程合聞役・在番親方より奉伺候処、道之島江遠島五ヶ年申付御届可申上旨被仰渡、且道之島江差渡方詰御代官衆江付状差向島次飛船ニ而差渡、且赦免年月賦方等を以年数筈合候節問合差遣次第詰御代官より被差帰候儀共、是又聞役・在番親方より奉伺候処、先例之通被仰付候段、駿河殿御張紙を以被仰渡趣承知仕国王江相達、当三月当地法様之通位取揚島次飛船を以付状取添差渡、尤赦免年月等閏月相込年々十二ケ月之賦を以、年数筈合候節赦免問合差遣候ハヽ、右同様島次飛船より御付状を以被差帰候様、大島詰御代官衆江申越置候。此段御届申上候間可然様御披露頼存候。以上

卯四月十五日

池城親方

座喜味親方

大里王子

福崎助八殿

（「二案書」咸豊五年〈安政二年〉一八五五年）から

以上（1）～（6）の文書は、すべて『琉球王国評定所文書』の内の「案書《あんしょ》」からのものである。「案書」とは琉球王府評定所から薩摩藩宛の文書である。文書の大半は摂政・三司官から在鹿児島「琉球館」の在番親方および薩摩人である琉球館聞役に宛てられたものであるが、摂政・三司官から直接薩摩藩家老への重要文書や、また琉球内部の連絡文書として日帳主取から在番親方へ宛てられたものもある（図5参照）。

（1）及び（2）の文書は、飛船水主の金城筑登之が、薩摩藩内に唐物の人参を密かに持ち込もうとして薩摩半島の山川湊で露見・摘発された事例である。

（3）の文書は、評定所から琉球館在番に対して、刑期を終えた金城が帰着したこと、並びに金城を徳之島に

遠島処分した際の「遠島差渡候節御届書」に疑義があるので確認し報告するよう指示をしている文書である。

（4）の文書は、御物運送船の佐事金城筑登之（前述の水主金城とは別人）が、同じく唐物で御法度の朱粉ならびに爪を塩豚中壺に隠し持って、鹿児島に密かに持ち込もうとして摘発された事例である。

（5）の文書は、評定所から琉球館在番に対して、喜界島に遠島になった金城の刑期が来年の正月までに満了となる筈だから、彼島（喜界島）の代官へ赦免の際の段取り等について問い合わせるよう依頼している文書である。

（6）の文書は、泊村の黄八巻照屋[注3]が運送船でやはり御法度品である朱墨等を持ち込もうとして前之浜（鹿児島）で改めの際に露見して摘発され、徳之島へ五カ年の遠島処分を受けた事例である。

いずれの事例も摘発後に、琉球から奄美の島々へ遠島になった事例である。これらの事例を検討しながら、これまであまり知られていなかった、薩摩・奄美・琉球間における遠島に関しての関係性などを見てみることにしよう。

（1）及び（2）の場合、弘化元年（一八四四）飛船水主の金城筑登之が「抜け荷」の罪に問われて、翌弘化二年（一八四五）十月末から嘉永三年（一八五〇）までの五年間徳之島に遠島処分となった事件であるが、処分が決定するまでの流れとしては、①鹿児島から通報を受けた琉球王府「評定所」は、量刑を「尤於其御地之御咎目候得者、遠島五ヵ年被仰付咎候間、道之島江可願出候」として、②在鹿児島「琉球館」の「在番親方」に対して、「御家老座琉球掛書役衆」へ「琉球館聞役」の書役大久保次右衛門を通じて問い合わせをしたところ、③「都而申出通可宜段被致承知候」であった。なお④「評定所」における量刑基準は、「天保二卯年・同六未年唐物致抜荷候者御咎目被仰付候節之振合通」である。この流れによって藩から許可が下りた。つまり、「唐物致抜荷候」で「遠島五ヵ年」という処分を科す際には、天保二年（一八三一）と同六年の事例で対応している訳である。結局、唐物の抜け荷の場合の判例はある程度流れができていたことになる。

図5 「琉球王府」「道之島代官」「琉球館」「薩摩藩庁」関係図

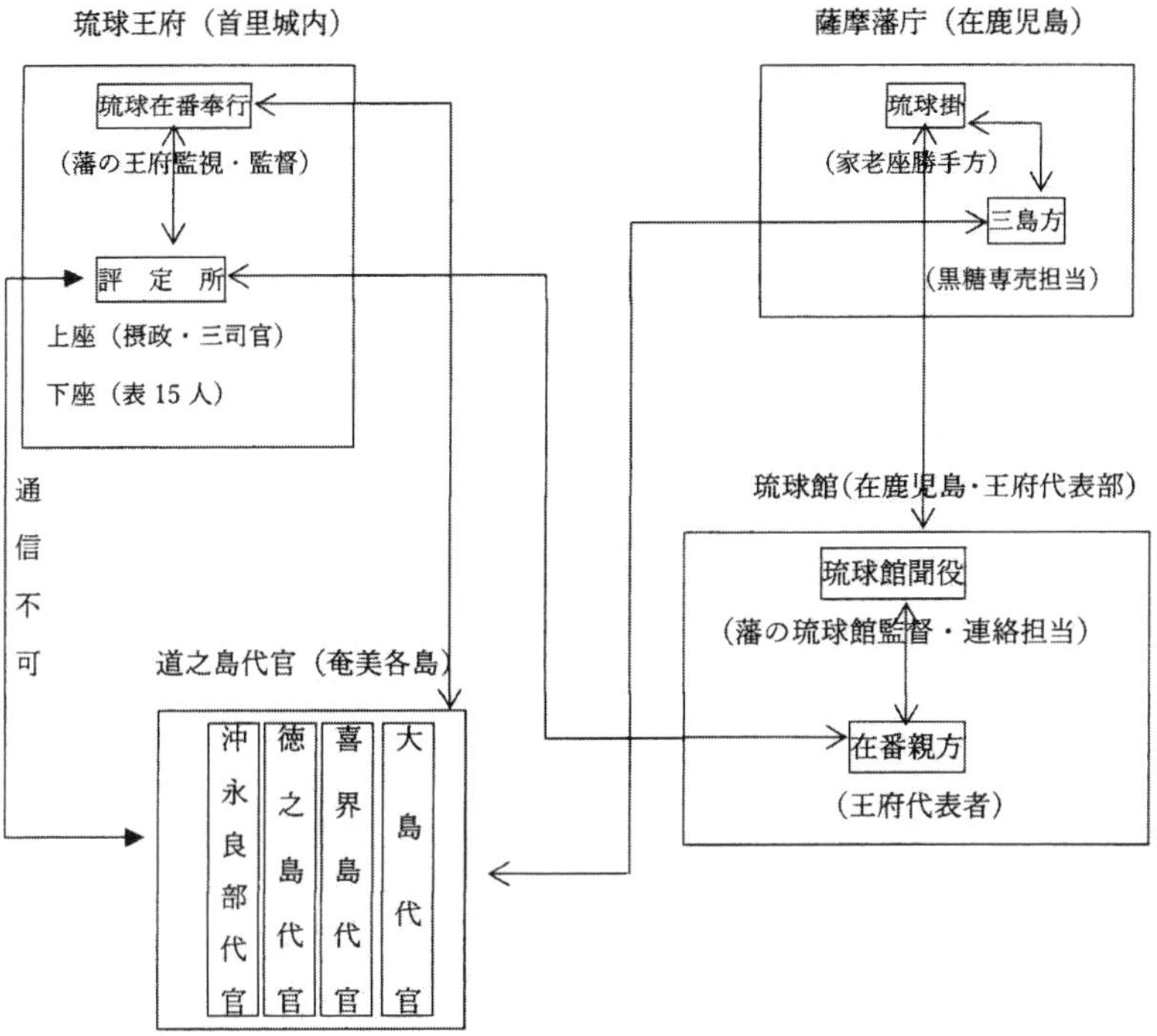

出典,『喜界町誌』(表記については筆者により大幅に見直した)。

（3）の文書は、表題（目録）のみの文書であるが、嘉永四年（一八五一）王府「評定所」は、飛船水主の金城が、徳之島への五カ年の流刑が満了して嘉永四年琉球へ帰着した旨を、鹿児島の「琉球館・在番親方」に通報するとともに、薩摩側の「琉球館聞役」を通じて藩庁に報告させた。なお赦免時期について「月違」があるので「家老座」へ問い合わせするようにも指令をしている文書である。この文書から読み取れることは、「琉球館・在番親方」が琉球王府の鹿児島における「代表部」としての働きをするとともに、薩摩藩の琉球支配の拠点となっていたことがよく分かるということである。さらには金城が徳之島に流されているにも関わらず王府側と徳之島（代官）との直接的な連絡体制はとられていない。このことは道之島各島が、藩の直轄地であるにも関わらず、対外的に「琉球之内」として処遇されており、道之島が「対外隠蔽工作」体制の中にあったことを示している。

（4）の「抜け荷」事件は、取り調べから遠島まで二年を要している。琉球王府は慣例に従い藩と連絡を取りながら取り調べをし、遠島を決定した。王府は「其通ニ而者来夏右之願等申上」として、翌弘化三年（一八四六）の夏に喜界島へ配流するよう願い出たが、藩からは「秋便御差図到来可有之」として同年秋に配流するとの藩の指図があった。しかし、「夫より道之島江之渡海冬向南風少、おのつから来〻年四五月にも押移」であり、それからでは南風が少ない冬になり、配流は困難となるので、結局金城の喜界島配流は翌々年の弘化四年（一八四七）五月となった。なお、遠島先については、天保七年（一八三六）の事例があるので、王府は藩の意向を伺いながら遠島先とその期間を決めている。

このやり取りの中で特筆すべき点は、文書（4）の最後にある「附」（つけたり）の内容である。そこには三司官から琉球館の富島在番親方に対して、天保七年（一八三六）は道之島への遠島人が多かったのでどこの島にするかは見合（みあい、つりあい）を取り、藩と相談しながら決めてほしいと伝えていることである。このことは、道之島の中にあってもこの当時喜界島への遠島人が少なかったことを意味している。

（5）の「喜界島江遠島被仰付置候金城、来年正月迄年数筈合候ニ付、彼島御代官衆江赦免問合差遣置候段、問合之事」という王府側の文書は、嘉永四年（一八五一）に出されたものであるが、その心配は現実のものとなった。というのは嘉永五〜六年に記録された『琉球王国評定所文書　第六巻』によれば、王府側は「琉球館在番親方」に対して、「御国許江竊ニ朱粉幷爪持登、喜界島江遠島被仰付置候金城、御赦免年数筈合候得共帰着無之ニ付催促可差遣段、且致帰着候付御届幷問合之事」（四四頁、「百七十四、百九十、百九十一」）という文書を発信しているからである。これは赦免年の嘉永五年になっても金城の行方が知れない状況となっているということである。喜界島代官の事務処理上のミスか、あるいは釈放されたにも関わらずその後行方知れずとなっているのか、この文書は目録のみであり詳細は不明である。

（6）の文書は、泊村の黄八巻照屋が前之浜（鹿児島）で御禁制の「唐物」（とうぶつ・からもの）の朱墨を持ち込もうとして藩当局に摘発され、奄美大島へ五年の遠島刑が決定した内容であるが、その経緯はこの文書のみからでは把握できない。しかし刑の決定経緯については、藩の摘発・藩から琉球側への取り調べ要請→琉球側の遠島先及び量刑の程度についての決定→藩への伺い→藩の了解→刑の執行という流れになっており、前二例と全く同じである。

以上の事例検討を通して次のことが推論できる。

① 薩藩では天保度以降調所広郷を司令塔にして、藩財政回復のための「天保の改革」を推進していくが、その中の大きな柱が「贋金作り」と「密貿易の推進」及び奄美における「砂糖惣買入制」であった。事例（1）の中で「天保二卯年・同六未年唐物致抜荷候者御咎目被仰付候節之振合通」とあるように、天保年間の頃から「抜け荷」つまり「私貿易」も活発化し、摘発事例も多くなっているのは、藩の「密貿易」の影響も考えられるのではないか。

② 藩から摘発される事例は「抜け荷」の中身が、人参・朱粉・朱墨等の「唐物」の場合であった。ほとんどが琉球経由の対中国（唐・清）密貿易であることを伺わせる。

③ 「抜け荷」をして摘発された者は、飛船（ひせん、緊急用の飛脚船）や運送船（藩の御物搬送船）の水主や佐事達であった。つまり彼らは御用船に乗り込む役人たちであり、立場を利用して「抜け荷」をしていた可能性がある。

④ 藩は「抜け荷」犯を摘発した場合、取り調べ及び量刑を琉球側に命令し、琉球側（王府評定所の摂政・

三司官たち及びその配下の表十五人等）は過去の事例を参考にして遠島先や刑期を「琉球館」の在番親方を通じて藩に報告することになっていた。そして、藩は「抜け荷」の中身が「唐物」であった場合は例外なく「道之島」への遠島を命じていた。

⑤（4）に「附、遠島被仰付儀ニ候ハ、、配所之儀、本文天保七申年ニ者道之島々江多人数遠島被仰付置候間」とあることから、今回の事例に限らず、過去にも琉球から奄美諸島への遠島例が多数あったことが伺われる。

⑥ 薩摩藩と琉球国との間には、「抜け荷」に関する何らかの取り決めがあった可能性をうかがわせる。つまり、「唐物」に係わる「抜け荷犯」の処分に関しては、薩摩と琉球王府との高度な政治的判断がなされていたことが分かる。

⑦ 今回、『琉球王国評定所文書』の検討を通して、薩摩藩治世下の奄美諸島に琉球王府を通じて琉球からも流人が流されて来ていたことが判明した。これは驚くべきことであった。慶長十四年（一六〇九）の薩摩藩による琉球王国からの奄美諸島割譲以来、琉球と奄美の関係は完全に断絶させられていたかに見えた。その中にあって従来琉球王冊封時の奄美からの支援体制は確認されていたが、それだけではないことが確認された。今回のような琉球から奄美への遠島事例は氷山の一角であろう。これらのことから多くの琉球人が東シナ海を股にかけて合法・非合法の貿易活動をしていたことであろう。先田光演氏が「奄美諸島の遠島人について」（『奄美の歴史とシマの民俗』所収）の中で、「我々は鹿児島の方にばかり目を向けて歴史を見てきたきらいがある。もっと琉球との関係史を学ぶべきではないか。そうすれば新しい奄美の歴史が見えてくるかもしれない」と書いている。まったくその通りであると思う。

註

（1）せっせい（せっしょう）・さんしかん。国政を統括する。重要政務は表十五人に諮問し、その答申を得て之を決し政治に表す。日々の記録は、筆者主取一・筆者八・同相附五・寄、足筆者若干が当たり、日帳主取が総裁する（出典、『沖縄大百科事典』宮里朝光・『沖縄歴史地図〈歴史編〉』）。

（2）表十五人については左の通り

・平等之側、ひらのそば。三司官に属して司法一般を司り、また首里の事を管す。司法長官。

・鎖之側、さすのそば。取次職であり、文教・外務を司り、また、那覇・久米村の事を管す。

・双紙庫理、そうしくり。取次職であり、また、宮内の事を掌り、諸細工の事を管す。

・泊地頭、とまりじとう。取次職であり、建設・治安の事を管す。

・給地方、きゅうちかた。知行・役地の事を掌り、旅費未銭出納を管す。

・用意方、よういかた。非常臨時の用度、及び山川堤防予備のことを掌る。

・所帯方、しょたいかた。会計一切のこと、及び地方産物出納のことを掌る。

・物奉行、ものぶぎょう。物奉行所長官。物奉行所は王府の財政を執行する。所帯方・給地方・用意方の三局に分かれる。それぞれに物奉行（長官）を置く。

・吟味役、ぎんみやく。物奉行所の所帯方・給地方・用意方、申口方の双紙庫理・泊地頭および平等方の次官で各一人の計六人。

・日帳主取、ひちょうぬしどり。申口方鎖之側の次官で二人いた。吟味役と同役で表十五人を構成する。評定所日記及び区政に関することを担った。また、鎖之側を補佐して、外交・教育・国史・家譜の編纂を掌った。正四位の位階。親雲上（ペークミー）と称する。なお親雲上（ペーチン）は従七品~従四品の地頭職でない士族が称し、位階名ではない。里之子《サトヌシ》親雲上や筑登之《チクドゥン》親雲上を略したもの（出典、『沖縄大百科事典』崎浜秀明・『沖縄歴史地図〈歴史編〉』）。

（3）琉球王府時代の冠服制度の一つ。位階に応じて帕（八巻・冠）の色を規定した。この制度は尚真王の代に始まった。王子は赤地金入五色浮織冠、按司は黄地金入五色浮織冠、親方《ウエーカタ》は紫、親雲上は黄、里之子・筑登之・子《シー》は赤、仁屋《ニャー》は青であった（出典、『沖縄大百科事典』富島壮英）。

第二章　各種資料等に記された流人

前章では、主として公的な性格を有した近世史に関する史料、例えば「島津国史」「各県史料」「琉球王国評定所文書」「代官記」等々から奄美諸島への流人に関する部分を拾い上げてきた。本章では、「奄美流人」に関する事柄をさらに私的な範囲まで広げて渉猟し、史（資）料中の印象的な文章なども紹介しながら探訪を進めていくこととする。なおそれぞれの史（資）料の中で同一人物を記述している場合も多々ある。その場合は筆者の判断により取捨選択をして取り上げさせて頂いたのでご了解願いたい。

一　「郷土研究会報」等に記された流人

奄美諸島の文化史研究について、諸島民自らがその必要性に覚醒し、主体的かつ本格的に研究活動を始めたのは、奄美諸島が昭和二十八年（一九五三）末に日本復帰してから以後のことではないか、と筆者は考えている。日本復帰後、例えば「奄美郷土研究会」を先駆けとして、各島ごとに「郷土研究会」が立ち上がっていった。そして、これらの研究成果はもっぱら各郷土研究会の機関誌「郷土研究会報」の中で発表されている。そのなかには、奄美諸島の流人史研究にとって看過できない貴重な研究も散見される。まず各研究会報から参考となる記事を見てみよう。

1　「奄美郷土研究会報」から

ア　第五号（昭和三十八年一月）

永吉　毅「徳之島における犬神信仰について」

極めて数は少ないが、徳之島における「犬神信仰」の状況について書かれている。薩摩藩の宗教政策（流罪）と関係があるか。

イ　第九号（昭和四十二年）

大川内　清栄「〝徳田崩れ〟伝聞録」

歴史に埋もれようとしていた薩摩流人徳田応兵衛に対するリンチ殺人に関する壮絶な事件の記録。江戸から明治への転換期の慶応三年に住用間切金久（城）村で発生したミステリアスな事件である。

ウ　第十六号（昭和五十年十二月）

平　和人「塩田甚太夫伝」

塩田甚太夫は幕末の頃赤木名に流されてきた武術家である。塩田は甑島里村の人で塩田家は代々鈴木流という甑島に伝わる「やわら」の修行をしてきた。十六歳の時酒癖の悪い下島役人を懲らしめた罪で流された。赦免後、彼は島妻との子甚七に武術を教えた。その子甚一郎は、和泊出身で鹿児島県警柔道師範の北畠清教に「やわら」の術を指南、この術が県警をはじめ全国警察の武技となったといわれる。

エ　右同

亀井　勝信「徳田邑興の島の子孫」

薩摩流人軍学者徳田邑興が加計呂麻島実久でもうけた子孫の系図について、ならびに、徳田邑興が加計呂麻島芝の地に建立した藤原為矩の顕彰碑（為矩は、邑興と同じ薩摩藩軍学者で加計呂麻島芝に流されて当地で没している）について書かれている。

オ　第二十二号（昭和五十七年二月）

山田　尚二「薩摩藩の奄美支配―享保十三年大島規模帳―」

薩摩藩の奄美支配の画期となった、享保十三年施行の法令集「大島規模帳」百四十九箇条を逐条翻刻した貴重な資料。

カ　第二十六号（昭和六十一年二月）

牧野　哲郎「赤木名周辺の流人の子孫たち」

「文化朋党事件」などで奄美大島笠利間切赤木名方に流された流人やその子孫たちについて克明に描かれている。

キ　第二十九号（平成元年十月）

東　健一郎「永井竜一氏に関する資料」

名越左源太が『南島雑話』の作者であることを突き止めた奄美大島出身の教育者永井竜一について、詳しい経歴が写真付きで紹介されている。

以上であるが、いずれも奄美流人史研究に貴重な一石を投じる内容である。特に大川内清栄氏の「徳田崩れ伝聞録」は、本書でも第一章に取り上げたように多くの刊本等に引用されてきた。また山田尚二氏の「薩摩藩の奄美支配―享保十三年大島規模帳―」は、後に抜き刷り出版され奄美諸島の各自治体が発行した「市町村誌」等に大きな示唆を与えた。

喜界島湾・流人村田新八修養之地碑
2013.1 筆者撮影

2　「喜界島郷土研究会会報」（いしづみ）から

第四号（平成二十二年四月）

書中、「四、喜界島における庶民の教育」に以下の記述がある。「島の教育に係わった上級武士から下級武士までの活動を見ると、ある者は個人で、ある者は塾を開いて子弟の教育に取り組み、その中身は、読み書きを中心に四書五経や歴史物語であったろうと思われる。教育に貢献した人物を列挙してみると、

● 大久保次右衛門（お由羅騒動で刑）

●村田新八（写真参照）
●内田塾（内田次右衛門）
●個人で、川南習（日向藩士《ママ》）
他に海老原庄蔵・竹内二角などの名が残る」

3 「徳之島郷土研究会報」から

ア 第一号（昭和四十二年十月）

書中、興味ある投稿文があった。それは徳之島の郷土史家で、当時「徳之島郷土研究会」の会長をしておられた小林正秀氏が投稿した『安田佐和人御用日記（抄）』である。この日記には、「敬老の賞十銭也」「遠島人・居住人のいろいろ」「散髪・銀笄・夫役のこと」「抜乗（密出国）処分顛末」等々のタイトルで記事が収められている。これらの記事は、明治九年（一八七六）当時徳之島面南和間切喜念噯《きねんあつかい》（噯は奄美諸島内の「方」と同じ意味であるが、徳之島のみに称せられた独特の呼称である）の一等副戸長であった安田佐和人の日記を、小林正秀氏が校訂し投稿したものである。それぞれ貴重な史料記事であるが、このうちの「遠島人・居住人のいろいろ」(註1)は、江戸期から明治期へと日本の遠島刑が大きく変換するなかにあって、徳之島流人十一人についての具体的な状況が書かれている。これは奄美流人史上において看過できない貴重な文献記録ではないかと筆者は考えている。ついては左にその全文を掲げ、それぞれ内容をよく吟味してみよう。

遠島人・居住人のいろいろ

二月一日　晴天西風　正月七日

●一、喜念村配所　下新町　宮元　十助

右は親類の願により、安政三辰二月居住伝え付けられ差下り候。

●一、同　谷山衆中菊田直之助　嫡子　菊田　覚之助

右は慶応三卯十二月居住伝え付けられ候（虫食）明治三年三月御赦免伝え付けられ候えども、病気滞島同七年居住願い出で御ゆるし伝え付けられ候。

●一、同　恒吉長瀬村柳田子門　弟　袈裟二郎

右は親類願により文久二戌十月居住伝え付けられ差下り候。

●一、目手久村配所　真繰元丸家来　鎌田太平治　弟　鎌田　嘉平治

右は弘化二巳八月遠島伝え付けられ、明治二戌三月御赦免伝え付けられ候えども、明治六酉十一月、島に居付き願出御ゆるし相成候。

●一、同　下城村居住平民　市兵衛二男　竹下　乾一郎

右親類の願に依り、明治六酉一月居住伝え付けられ、差下り候処、明治八年九月十五日御赦免伝え付けられ、便船待ちにて滞島。

●一、面南和村配所　島津出雲家来　黒木　善左衛門

右主人の願により、天保十五辰三月居住伝え付けられ、安政三年十一月御赦免伝え付けられ候えども、病気に相成り一応滞島願い出で候処、明治八年三月御ゆるし滞島伝え付けられ候。

●一、同　坂元六兵衛家来米本村主士族　亡市来清右衛（門脱カ）嫡子　本市来名字　清次郎

右は以下（虫食破損）遠流伝え付けられ差下り候処、同五年御赦免伝え付けられ候えども、同六年七月より来る十年迄滞島願い出で御ゆるし仰せ付けられ候。

●一、同　第三大区小拾弐区　平民　検見崎　吉太郎

右は親類の願により、明治七甲戌一月居住伝え付けられ候。

●一、検福村配所　御小姓与　田中　常郎左衛門
右は親類の願により、弘化三年十一月居住伝え付けられ候処、文久二戌十一月御赦免伝えつけられ候えども、病気にて明治七年甲戌五月一応滞島願出御ゆるし相成り候。
●一、白井村配所　□向築地花行立山次多従弟　萬次郎
右は嘉永五子七月遠島伝え付けられ候えども、病気これあり明治七甲戌来夏まで滞島願い出、御ゆるし伝え付けられ候。
●一、同　蔵方目附助　伊集院正家来の下人　達助
右は親類の願により、嘉永七・三月居住伝え付けられ候。
右拾壱人見分御届候。
遠島人
居住人
右容体見分仕り候処、不正当な月代等仕り候者居り申さず候。
尚亦御取締迄申し渡し候間、此段御届申し上げ候。以上。
二月
一等副戸長　安田佐和人
戸　長　時　直政
支　庁　御中
以上であるが、この日記の内容は明治九年（一八七六）当時の、徳之島面南和間切喜念曖の副戸長が、管轄区域（喜念・佐弁・目出久・面南和・中山・馬根・白井の七部落）に住む流人たちについて調査を行い、その調査

内容を亀津村にあった鹿児島県の支庁[註2]に報告したものである。内容は、流人十一人の遠島あるいは居住年・その理由・赦免年等が書かれている、これら日記の中の記述自体が、日本の流刑制度の転換期における徳之島流人の遠島実態を書き表していて、極めて貴重な文献資料となっている。

この「徳之島郷土研究会報第一号」には、また直島秀良氏の「教育の歩み―旧東天城村を中心とした―」という記事もあり、明治以前の旧東天城村（現徳之島町）において左のような流人たちによる読み書き指導が行われていたことが書かれている。

● 永田佐一郎、藤原良覚（花徳、同一人ヵ）―読み書きを指導

● 青山利右衛門（花徳ヵ）―手工芸を指導

イ　第八号（昭和五十五年八月）

第一章の「文化朋党事件」の項でも若干触れたが、「徳之島郷土研究会報第八号」には徳之島の郷土史家前田長英氏が「木藤七左衛門貞長の墓」というタイトルで研究記事を投稿している。内容は「文化朋党事件」で徳之島に流されて、同地で没した木藤市右衛門の墓について分析したものである。この記事によれば、この事件で徳之島に流された者は次の四人とある。

● 御小納戸役　永田佐一郎

● 御近習役　宇宿十次郎

● 奥医師　森元高見

● 御広敷番頭　木藤市右衛門武清

ウ　第二十二号（平成八年十二月）

この「徳之島郷土研究会報第二十二号」に、沖永良部島和《わ》集落にお住まいであった梶原源齋氏の投稿文「沖永良部で塾を開いた遠島人―紀平右衛門―」という記事が掲載されている。内容は、沖永良部島へ流された紀平右

衛門他四人（曽木藤太郎・染川四郎左衛門・平瀬市助《ママ》・小田善兵衛）に関する解説である。内容・趣旨を簡単に箇条書きにすると、

① 沖永良部島にお住いの染川實磨氏が所蔵する「染川家文書」から、五人は沖永良部島配流の前に、加計呂麻島諸鈍に一、二年は留まっていた。その間に紀平右衛門は諸鈍の大富豪林家の娘スエと結婚し、沖永良部島配流の時は同女を連れてきている。

② 五人は同じ罪で沖永良部島へ流罪になっているが、その罪状について確実な資料は見当たらない。

③ 沖永良部島出身本部廣哲氏（学校法人南京都学園理事長）著『偉大な教育者西郷隆盛』の中には、「紀平右衛門等五人の遠島は薩摩藩のお家騒動である「お由羅騒動」に巻き込まれてのことではないか」と書かれている。年代から見ると、「お由羅騒動」は文政十年頃から始まっており、この五人が諸鈍に流されたのは天保五～六年（推定）で、その頃は「お由羅騒動」はずっと続いているはずであるから、関連しての流罪だったことも推定できる。

④ また、別の言い伝えによると、島津藩別邸内の重要物品収納倉庫が一夜、盗賊に侵入されて重要物品を盗まれてしまい、五人はその責を負って流罪になったとも言われている。

⑤ 紀平右衛門は沖永良部島瀬利覚に流された染川四郎左衛門（染川安實）とは親しい間柄で、染川四郎左衛門の長女鶴を三男純彦の妻に貰い受け、以後両家は親戚として親密に付き合い、現在も親交が続いている。

⑥ 紀平右衛門は慶応元、二年頃赦免になっている。明治元年頃沖永良部島へ帰り、島に残っていた妻子と暮らした。明治三年、七十五歳で没した。

以上のような内容となっている。しかし若干の疑問が残る、筆者の感じる疑問点は次の通りである。

① 沖永良部島流人五人のうち曽木藤太郎については、『鹿児島県史料』等により「文化朋党事件」で沖永良

部島に流されていることが判明している。

②　梶原氏自身も書いている通り、五人の罪状について確実な資料は見当たらないので、五人がどのような事件で沖永良部島に流されたのか、史実の確認ができない。

③　沖永良部島へ流された五人について、「染川家文書」では「文化朋党事件」で流されたとし、また『偉大な教育者西郷隆盛』では「嘉永朋党事件」で流されたことになっており、どちらが正しいのか整合性が取れていない。

④　「島津藩別邸内の重要物品収納倉庫が一夜、盗賊に侵入されて重要物品を盗まれてしまい、五人はその責を負って流罪になったとも言われている」ということについて、梶原氏自身が、前段で「別の言い伝えによると」と断っており、この流罪理由に関しても史実の確認が取れていない。

⑤　「紀平右衛門は慶応元、二年頃赦免になった」と書かれているが、『鹿児島県史料　斉彬公史料』（第二巻・第四巻）によれば「嘉永朋党事件」の処分者らは嘉永七年七月斉彬の恩赦により名越左源太らをはじめとして十二人が赦免となっているが、紀平右衛門ら五人の名はないことから、「嘉永朋党事件」で流されたという説は疑問が残る。

4　松田清編「島興し通信　第48号（平成二年）」から

「墓碑探訪記―流人丸野織之助―」

この記事には、薩摩藩士で徳之島阿権に流され、明治の初め、阿権で私塾を開設し阿権の人材教育に貢献したとされる丸野織之助の墓碑を探訪したことが、次のように紹介されている。

●丸野織之助（阿権）―丸野織之助に関する記録はほとんど存在しない。二十代の若さで、この地に流されてきた織之助は、四十数年間、この地で毎日ご赦免船を待ち続けたのだろうか。数十年間も訪ねる人もなく屋敷は雑木林の森と化していた。墓には、明治八年八月六日。行年七十一歳。武士□□□之墓と正面に刻まれていた。この墓は二十三回忌に当たる明治二十五年に建立されたものとすれば、文化二年（一八〇五）生まれということになる。織之助には五人の男子がいた。

徳之島鹿浦・流人丸野織之助墓地
2013.2 筆者撮影

筆者は、平成二十五年（二〇一三）二月にこの丸野織之助の墓を訪ねたことがある。墓の所在については、織之助の旧宅近く（徳之島周回道路阿権小入口交差点を海側に向かって入ったところ）で商店を営み、織之助とは親戚であるという女主人に教えて頂いた。徳之島周回道路を伊仙から犬田布方向へ向かい、鹿浦橋を過ぎて五百メートルくらい行った所の右手崖を斜めに上り、約百メートル行った所の鬱蒼とした藪の中にあった（写真参照）。県道から墓まではハブの恐怖に慄きながらの道行であった。二月のまだハブが活発化する前であったから咬まれずに済んだのかもしれない。織之助の墓所は単独墓であり、珊瑚石で円形に囲まれたこじんまりとした墓所であった。墓石の上質さから建立当初は相当の荘厳さがあったことが感じられる。しかし中心の石柱を除きその他の墓石は散乱しており哀愁漂う墓所であった。墓石正面の文字は判読不能で裏側の文字の一部が僅かに「行年七十一歳」と読めた。

註

（1）「遠島・居住・借島」など流罪の形態も各種あったようである。「居住」「借島」「滞島」「居付」などという呼称は他には見られない薩摩藩独特のものである。左に各史料に頻出する流罪の形態について若干の説明をする。

①「遠島」―何らかの罪を犯して藩権力によって罪を認定された者が、藩の名において奄美諸島など藩内の島々に流されることをいう。単に流刑・流罪・遠流・島流しなどとも。

②「居住」―実態は「遠島」と同じであるが、何らかの罪を犯して藩権力に摘発されたのではなく、日頃の不行跡などがあって、家族もしくは親類などがその者の更生あるいは折檻のために藩の許しを得て島流しにすることをいう。私遠流とも。

③「借島」―「遠島」や「居住」によって島流しにされた者が、再び罪を犯したり不行跡があったりして、当該島代官の裁量で他の島に流されることをいう。島出身者が何らかの罪を犯したり不行跡があったりして流される場合も同じく「借島」と呼ばれる。しかし同様に島から島への流刑の場合であっても「文仁演事件」の文仁演一家の七島への流刑などのように薩摩藩本藩によって裁かれた場合は「借島」ではなく「遠島」と記録されている。つまり「借島」とは、「島地間の流刑に際して、藩主名代である各島代官の裁量で互いの島地を融通しあう」ことと解釈することができる。島替えとも。

④「滞島」―赦免されたが、病気や船便待ちで一定期間その島に留まることをいう。この場合、島役人の横目役等を通じて代官所に「滞島願」を提出する必要があった。

⑤「居付」―赦免されたものの、妻子がいたりしてそのままその島に住み付く人のことを言った。もちろんこの場合も代官所の許可が必要であった（出典、「安田佐和人明治九年の御用日記（抄）」・『和泊町誌　歴史編』・先田光演編著『仲為日記』）。

（2）　明治八年（一八七五）六月十二日、在番所を廃止し、奄美大島名瀬に「大支庁」、喜界島・徳之島・沖永良部島・与論島の各島にそれぞれ「支庁」が設置された（出典、『平成二十七年度　奄美群島の概況』）。

二　「市町村誌」等に記された流人

奄美諸島内の各自治体のほとんどは、当該地域における地誌や歴史、あるいは民俗等を詳記した「自治体誌」を刊行している。それらの「市町村誌」の中には、当該地に流されてきた流人たちのことを詳述している場合も多く、興味深いものとなっている。本書を書くに際しては、これら「市町村誌」に記述された流人関係記事を数多く引用させて頂いた。以下その要点を箇記する。

1 『改訂名瀬市誌 1巻 歴史編』から

● 新納次郎九郎時升（花徳《けどく》）―元沖永良部島代官新納悠右衛門の子。文化八～九年（一八一一～一二）大島横目、同十年から十二年まで大島代官。嘉永四年（一八五一）「高崎崩れ」に連座して徳之島へ遠島。ここで彼の自伝ともいうべき『九郎談』を著す。安政元年（一八五四）七十七歳で赦免。

● 名越左源太（小宿《こしゅく》）―家格は寄合。代々藩の要職に当たっていた。「高崎崩れ」により物頭の職を免じられて奄美大島へ遠島。嘉永三年四月名瀬着。小宿村の藤由気《とうゆき》という人の家を借りて住んだ。安政二年（一八五五）六月赦免。足掛け六年間在島。その間『南島雑話』『遠島日記』を著す。名越左源太と共に流されて、『遠島日記』に名の出てくる人物として、吉井七郎右衛門（久慈）、近藤七郎左衛門（赤木名）、白尾伝右衛門（赤木名）等がいる。

● 重野安繹（阿木名《あぎな》）―二十二歳にして造士館の教師となり、後に江戸の昌平黌に学んだが罪を得て奄美大島阿木名村に流された。七年間にわたって島の子弟らを教育した。文久三年（一八六三）赦免。維新後に東京帝国大学名誉教授。明治四十三年（一九一〇）東京で没。

2 『笠利町誌』から

● 海江田忠左衛門（用《よう》）―学事に詳しきのみならず、また武芸にも長じ、内密に道場を作り武術の師範もした。

● 中山四郎太（用）―子弟に教育を施す。

● 赤崎角衛門《ママ》（用）―右同。

●小山田定次郎（用）―右同。

●奥の山（ママ）半蔵（須野）―流刑人にして宇宿より妻帯し、同所において子弟を教育した。

●高野遊心（佐仁《さに》）―明治五年一月、龍郷村安木屋場《あんきゃば》に流謫されていた薩摩の士族高野遊心氏を年謝二百斤（玄米六斗）で招請して、初等算、童士教、実話教、大島庭訓、落花の雪、四書五経、孟子、論語、大学、十八史略の読み方及び日用文、珠算の教授を授けた。

3 『龍郷町誌　歴史編』から

●伊勢九郎八（龍郷）―文化朋党事件「近思録崩れ」で流される。学者であり、同事件で喜界島に流された伊地知季安の兄でもある。

●西郷隆盛（龍郷）―鹿児島城下加治屋町に生まれる。平士小姓与西郷吉兵衛の長男。安政の大獄で追われる身となり、京都清水寺の僧月照と鹿児島へ逃げる。安政五年（一八五八）月照と共に鹿児島湾に入水するも一人生き残った。藩は幕府をはばかり、表向き死亡したことにし、菊池源吾と改名したうえで奄美大島に潜居させた。翌安政六年（一八五九）一月龍郷村阿丹崎着、この時三十三歳であった。同年十月、島の名家龍《りゅう》家出身の愛加那（註1）と結婚。二人の間には文久元年（一八六一）一月に菊次郎、翌文久二年八月には菊子が生まれた。後、西郷は明治十年二月（一八七七）に我が国の最後にして最大の内戦といわれた西南戦争を引き起こし、同年九月これに敗北、故郷鹿児島城山の洞窟の中で自決した。享年四十九。明治二十九年（一八九六）大島島司を辞した笹森儀助の奔走により龍郷流謫地に建てられた顕彰碑には、勝海舟の追悼文が書かれている。

●松崎中兵衛門（ママ）（番屋）―龍郷村番屋の三州墓（薩州流人墓地）の中に彼の墓がある。揖宿郡喜入村出身。「太郎どん」と呼ばれていた。

●三五郎（安木屋場）―西郷宅に出入りしていた流人。
●美玉新行（龍郷）―流人西郷を大島代官所の木場伝内・津口横目佐嘉仁らと共に迎える。幕末の勤王の志士美玉三平の弟と言われている。
●奥元安（秋名）―明治七年（一八七四）秋名にて八十二歳で没。薩摩新刀の名鍛冶師。奥家二代目。

4 『瀬戸内町誌　歴史編』から

●藤原為矩（芝）―鹿児島城下士。藩の軍学師で砲術家。藩の軍学を批判し明和八年（一七七一）加計呂麻島芝へ遠島。安永三年（一七七四）赦免となるも病のため帰藩できず、翌安永四年芝の地で没した。
●徳田邑興（実久）―砲術家。少年時代に甲州流軍学を学び、二十二歳の時江戸に出て山形大弐から兵法を学んだという。帰藩後は島津の旧制軍学を称揚し、甲州流軍学を強く攻撃した、これにより安永五年（一七七六）加計呂麻島実久へ遠島。後奄美大島小宿村への配所替えも含めて足掛け十二年在島し、天明七年（一七八七）に帰鹿。文化元年（一八〇四）六十七歳で没した。なお、邑興は為矩の死を悼んで加計呂麻島芝に墓を建てている。墓石には藤原為矩への追悼文（註2）とともに多くの島の有識者たちの名が刻まれていて、地元の東方、西方のみでなく、遠く龍郷方の有力者も名を連ねている。島で藤原・徳田の両学者からいろいろと啓発を受けた人々であろう。『瀬戸内町誌』に書かれた原文及び訳文を示す。

加計呂麻島芝・流人藤原為矩墓地
2013.2 筆者撮影

藤原為矩先生之墓
時任君諱為矩稱半助世世薩州麑府之士也。嘗従川崎先生傳赤井流之蘊奥故国朝賜禄命巨銃火術之師矣性質直而好古不反趨栄利恒言不學孫呉則發砲火攻不得其機節是以可知其所覩大而切要十軍闘術愈盡精微焉苟且有犯小過分磴小人告之於監司故上不能寛免之明和八年卯春流刑此島安永三甲午春到恩赦之書師病痾不能帰府止而頻如鑿療無効験安永四年乙未應鐘十七日卒此壽五鳥雩哀哉噫天如何使諸生之業未半而喪其志耶惟非諸生喪志巳邦家亦闕戒我備之一鳴呼惜哉追慟日重越僅刻其徳之萬一傳之於無窮爾告

安永五丙申夏徳邑興謹書

當瑗

西縣　東縣　統仲子　實貞

實統　覇為統　統覇　實庸

喜美運　清郷　龍郷縣　統矩香　清友

實基　喜次衝　喜志昌　覇真

桃於喜　安吏純

訳

藤原先生は諱を為矩、通称を半助といい、代々薩摩藩の城下士であった。川崎先生から赤井流の奥義を学び、砲術の指南役を命ぜられた。性質は実直で歴史を好み、名誉や利益にはとらわれない高潔の士であった。先生は、孫武や呉起の兵法に学ぶのではなく、攻撃とはその時期を得ることが最も大切であり、また、視野は広く持ち、十軍を指揮して戦うには戦術は精細を尽くさねばならないといつも言っておられた。ところがふとした事で小さな過ちを犯し、融通のきかない小人がこれを訴えたので監司も許すことができなくなり、明和八年春この島に流刑となった。安永三年春に許しが出たが、先生は病気に犯され、帰藩することができなかった。その後治療を続けておられたが薬石の効なく、ついに安永四年十月十七日この地で亡くなられた。この時、飛んでいる鳥もなげき悲しむようであった。ああ天はどうして志なかばのその命を絶たれてしまったのであろう。尊い志だけでなく国の備えともいえる貴重な戦力を失ってしまった。ああ誠に惜しいことである。悲しみを追ううちに日を重ねてきたが、わずかにその人徳の万分の一をここに刻み記して、これを永久に伝える。安永五年丙申夏、徳邑興謹んで書す。

（「二　瀬戸内に来た流人」『瀬戸内町誌　歴史編』）から

●重野安繹（阿木名）―ある罪を得て奄美大島に流される。七年間にわたって島の子弟を教育した（写真参照）。文久三年（一八六三）赦免。維新後に東京帝国大学名誉教授。明治四十三年（一九一〇）東京で没。

●吉井七郎右衛門（久慈）―種子島奉行であったが、「お由羅騒動」で西間切西方の久慈村に流された。この時彼の弟村野傳之丞も徳之島亀津に流されている。二人とも同時に赦免されたが、弟は長患いの末、帰鹿の途中奄美大島久慈の兄宅で亡くなった。

奄美大島阿木名・重野安繹寺子屋跡
2013.2 筆者撮影

●松元兵治（古仁屋）―「一向宗」の事で罰せられ、士分を剝がされたうえ家禄も没収されて古仁屋に遠島になった。寛保二年（一七四二）知覧に生まれる。知覧領主近習。

●平瀬新左衛門（西古見）―「お由羅騒動」で西古見に流されたとされるがはっきりしない。五人の子供の内男子二人を連れてきている。兄は西古見に弟は管鈍に移り住んだといわれている。新左衛門は島の子供や青年に学問を教えたので信望が厚かったという。明治十年（一八七七）二月、西古見において六十七歳の生涯を終えた。

●森僧八（与路島）―はじめ徳之島に流され、後に与路島へ流されて与路島で生涯を終えたといわれている。「幕府隠密」として薩摩藩の黒糖の状況を調べるために入国したが、三年目に捕らえられ拷問に付されて流されたという。

●河野彦左衛門（呑之浦）―無実の罪を着せられ、文化十一年（一八一四）加計呂麻島呑之浦に流されてきたという。彼は八歳の女子と下人を伴ってきたという。彼は無人の地を開拓し定着した。後土地の有力者の子弟を集めて読み書きを教えたという。文久元年（一八六一）七十五歳で没している。

5 『瀬戸内町立図書館・郷土館紀要　創刊号』から

徳永茂二「瀬戸内教育の源流を訪ねて」

●三原壮一（諸鈍・金久）―寺子屋式教場で指導。

●平蔵（姓不明・渡連）―森（渡）百太郎氏等を教えた。

●宇野佐一郎（諸数《しょかず》）―寺子屋式教場で指導。

●甚兵衛（久根津《くねつ》）―『わきゃあ島久根津』によると、久根津には明治初期島流しと思われる「トビオカカイスケ」（島では甚兵衛さんと呼ぶ）といわれる人物が前田原にいて、読み書きを教えていた。

6 『喜界町誌』から

「実学党崩れ」によるもの

●長崎付人海老原庄蔵爲輿（先内《さきない》）

●側小姓若松官太左衛門長登

●竹内二角実資（大朝戸）

「文化朋党事件」によるもの
●伊地知季安（志戸桶《しとおけ》）
●奈良原助左衛門
「鳴之口騒動」によるもの
●内田次右衛門（小野津）
●中野弘（伊実久《いさねく》、写真参照）
●竹下伊右衛門（志戸桶ヵ）
「嘉永朋党事件」によるもの
●大久保次右衛門利世（小野津）―大久保一蔵（利通）の実父。大久保次右衛門は、文政十年（一八二七）五月〜文政十二年（一八二九）二月沖永良部島代官附役、天保八年（一八三七）四月〜天保十年（一八三九）四月沖永良部島代官附役の任にあった。喜界島遠島は十一年後の琉球館蔵役時代のことであった。大久保次右衛門は、生活苦のため自ら代官附役を望んだといわれている。

喜界島伊実久・鳴之口騒動流人中野弘墓所
2013.1 筆者撮影

「島津久光の勘気によるもの」
●村田新八（湾《わん》）―文久二年（一八六二）、西郷に従って行動し、喜界島遠島。元治元年（一八六四）赦免となり西郷と共に鹿児島へ帰る。明治元年（一八六八）戊辰戦争に参戦し戦功をたてる。明治四年（一八七一）上京して宮内大丞となり岩倉大使らと欧米を巡遊する。明治七年（一八七四）欧米より帰国。鹿児島に帰って私学校創立にかかわり、自らは砲兵学校を監督する。明治十年（一八七七）西南戦争に参加し、二番大隊長として奮戦するも九月二十四日、城山岩崎谷にて戦死。長男岩熊も熊本植木で戦死している。

「伊作御仮屋文書」から

- 郷士重信郷左衛門下人善四郎―明和元年（一七六四）「様子有之、被召込置候処」により喜界島へ遠島。
- 郷士浜田七左衛門嫡子浜田丞左衛門―文化十二年（一八一五）「依科」右同。
- 与倉村前原屋敷源左衛門―文政五年（一八二二）「不宜聞得之趣有之」右同。

7 「遠島人今村翁助の書状」（喜界町立図書館蔵、複写版）から

- 今村翁助（塩道）―この書状の内容は、薩摩藩の喜界島流人である今村翁助が、①身内が乗船している「永楽丸」という飛船が、翁助の旅宿の前（喜界島塩道湊ヵ）に汐懸かりしたが、風に流され上陸できず琉球近くまで流された。その後は順風によって加計呂麻島の芝にたどり着いた。その無事を喜び、翁助がその内容を鹿児島に住む母や親族等に無事を知らせるため、上り便の「恵泰丸」に書簡を託したという内容。②翁助が鹿児島（場所は不明）の親類宛てに細々とした日用品を送り届けてくれるよう依頼している内容の二つの書状で構成されている。ここでは、当時の武士階級流人の生活状況等が伝わってくる②の書状を以下記載する。なお、この文書の原本は所在が不明となっており、手書きで複写され喜界島図書館に保存されている文書をコピーさせて頂いた。

今村翁助の書状

（前葉紛失）

一、湯手帯　壱筋

但　当分いたし候のふは惣而相病ミ申候

一、下帯弐筋
但　同断ニ而
一、書状　書筆　四本
一、すき櫛　壱本　三本物
但　上通
一、三行書　四本　三本物
一、弓弦　五ツ掛
多ハ宜敷候　爰元ニて誰そ持居人無之候ニ付　切れ候節ハ殆と手つかへに相成申候　先度差遣被成弦ハ悪敷有之候ニ付上手ニ御頼御遣可被成候
一、的矢、弐手
右ハ内壱手半ハ此方ゟ篦差遣申候付羽之儀は御見合可被成候　左候而壱本右篦ニ相応し出来方御頼ハ可被成候　左候而はち之儀は加治木はちか又ハ高麗はちか壱手ニ三ツ当にして御遣可被給候　相病ミ又ハふんシツいたし候用心ニ而御座候
一、平壺　去年之通ニ御遣之事
一、孟竹杓柄　大小弐百計も
先ハ去年も申遣候得共　不差遣
一、ふきのふ　壱ツ
但　同断　一　やろふ竹筒三ツ
是　白砂糖貰候節入物

一、苧頭
　但　是ハ座ふき用　是も去年も申遣候得共不遣候
一、数之子　弐三斤
　但　是ハ私朝晩ニ皿用
一、そふち　魚ニても寒中ニ取入塩いたし御遣被成候得仕合ニ存候
一、ふし小刀　壱本
　但　是も去年申遣候得共不差遣不自由千萬也
一、布かせ　弐反分
至極上通　是ハ私之着用之考ニて取寄申候　然共段々聞合人有之候ニ付直段も為御知可被給候
一、こより桃灯　私作置申候付御遣可被給候
一、打綿　弐反分　くたこして
右は先度差遣候莚代之内ゟ取入ひき方いたし御遣可被給候　私先度持下候クタハ　奥辺殿借用被成
候而返済無之哀入次第ニ御座候
一、茶家　弐ツ
　つる御遣ニ不及
右注文之外ニも御気を被付候
可入丈之品ニ御遣可被給候
右之通注文申進儀候付　冬便ゟ御下し可被給候

五月十五日

以上

今村翁助

本田季靖　殿

今村佐藤次殿

以上である。書簡は翁助の生活状況が垣間見える手紙の内容となっている。驚くのは、流人である翁助のこのような私文書が鹿児島と頻繁にやり取りされていたという事実である。流人の行動については享保十三年の「大島規模帳」以来厳しく規制されている筈であるが、時代が下り空文化したのであろうか。あるいは武士の特権として事実上黙認されていたのであろうか。喜界島では、「鳴之口騒動」で流された内田次右衛門・中野弘・竹下伊右衛門らが、お互いの配流先を頻繁に行き来し、鹿児島の親類と文書交通も行っていたことが判明している。また西郷隆盛と同時期に喜界島に流された村田新八が鹿児島へ出した手紙も現存している。武士階級流人とその他の庶民階級流人とは待遇が違っていたのかもしれない。今後の研究が必要とされるところである。さらに、手紙の中に記載された注文品の種類と数量の多さには驚くばかりである。これまでの流人観を覆す内容でもある。

図６　喜界島六間切

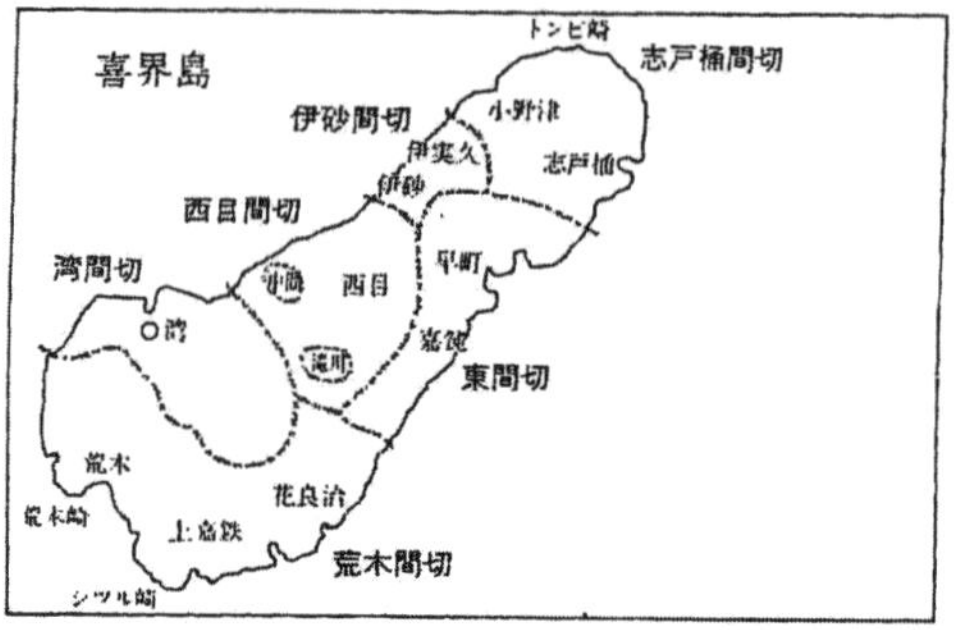

出典　『沖縄大百科事典』（沖縄タイムス社）

なお、この複写文書については、筆者が平成二十五年（二〇一三）一月三十日、喜界町立図書館を訪ねた際、休館中にも関わらず館長の積山泰夫氏及び図書館司書の米田真由美氏お二人のご厚意により複写させて頂いたものである。業務大変お忙しい中、私のような一介の旅人の申し出に、快くお付き合い頂いたことを、記して心より厚く御礼を申し上げます。

8 『天城町誌』から

岡前小学校概要

「流罪に処せられた次の者たちが、岡前・前野などに流寓し、各々その得意とする平仮名、日用文、実語教、初登山、琉球国掟書ならびに庭訓より高きは四書類の購読をなし来たりしに、明治四年（一八七一）はじめて徳之島一円を組織して亀津に一の学校を創立して、講師及び授読若干名を配し、専ら読書及び習字の二科のみを教授させた」

- 尾久磨直―文政十一年（一八二八）頃
- 東郷吉次郎―天保元年（一八三〇）頃
- 木脇彦右衛門―慶応元年（一八六五）頃
- 脇田織之丞―同二年（一八六六）頃
- 山下善兵衛―同三年（一八六七）頃

9 『和泊町誌　歴史編』から

- 曽木藤太郎（内城）―鹿児島の人で、子孫は根折に移住。藤円の祖父。明治以前に配所において私塾を開く。
- 西郷隆盛（和泊《わどまり》）―明治以前に配所において私塾を開く。
- 紀平右衛門（和《わ》）―右同。

●川口雪蓬（西原《にしばる》）―右同。
●児玉万兵衛（喜美留《きびる》）―右同。
●竹の内《（ママ）》助市（皆川《みなかわ》）―右同。
●平富里（皆川）―右同。
●村田某（黒貫）―右同。
●五郎左衛門（玉城《たまじろ》）―右同。
●萩原藤七（畦布《あぜふ》）―右同。

書中、衛藤助治編『沖永良部誌』からとして次のような文章が見える。

「遠島人の多かりし時は百二十三人を数へ少き時は四十六人なりき。かくも遠島人の多きはその数少かるべし、遠島人中には西郷南洲あり、川口雪蓬あり。佐土原藩士三名の如きは佩刀を許され意気揚々として罪跡のある人の如くは見受けられざりしと聞く。流罪人中罪状の獰悪なりしものあるを聞かず、藩侯の嫌忌にふれ配謫せられたるもの多きが如し。」（後略）

註

（1）奄美大島笠利家（田畑家）十二代当主為辰（長男佐文仁《さぶんじ》）の弟為治（佐富・次男家始祖）から十六代目の為元（佐元）に為志、場阿金、為堅の三人の子がいるが、その長男為志（佐恵志）の子が愛加那である。為志には為里（佐栄志）、女子真数金、為石（富堅）、女子於戸間金、女子乙千代金の二男三女があり於戸間金が愛加那で為志の次女になる。於戸間金は天保八年（一八三七）に生まれている。文久元年（一八六一）男子菊次郎が生まれ、同二年女子菊草が生まれている。愛加那は十五歳のころから芭蕉布などの織物に従事し、性格は温和でしとやかで上品、女らしいところがあったが、一面気の長けた男勝りな面と、女ながら義侠心に富んだところがあったという（出典、『龍郷町誌　歴史編』）。

（2）　この徳田邕興の書いた藤原為矩のための墓碑「追悼文」が世に出るきっかけとなったのは次のとおりである。「この碑のあることを教示くださったのは今から七、八年前、名瀬市役所勤務の徳勲氏である。徳田邕興が大島に残した子孫の系図作成にあたり、その一端として碑文の確認をするため、鹿児島県立大島工業高校教諭・押勇一氏の拓本とりの協力を得て七月十二、三日の両日同伴で芝の現地調査をしたら、その墓碑は苔がひどく墓石を磨くのが先決になり、大変なものであった。押先生と愚妻三人で半日がかりの作業で、やっと判読ができるまでになったので、拓本が取れたものである。押先生の労に深く感謝申し上げます。昭和五十年七月十五日記す」（出典、『奄美大島諸家系譜集』）。

三　「郷土誌」に記された流人

奄美諸島内の各集落には多くの「集落誌」「字誌」などの「郷土誌」が存在する。なぜならその集落（シマ）ごとに生え抜きの郷土史家たちが必ず存在するからだ。幸いなことに彼らは現地に根差した「郷土誌」を残してくれている。その中に当該集落に流されてきた流人に関する記事が書かれている場合も多い。今回、筆者は各島を巡り主として図書館等において情報収集を行った。決して十分であったという気持ちは持っていないが、それでも多くの貴重な「郷土誌」と出会うことができたと思っている。その際筆者は多くの関係者の皆様方のお手を煩わせてしまった。関係者の皆様方には衷心より感謝申し上げたい。

1　奄美大島（含、与路島）

ア　『西古見集落誌』から

● 藤原常時（西古見）―俗名田畑仲多衛門

●平瀬新左衛門（西古見）―一生を西古見で終える。自分のもてる知識を子供たちに教えた。実子二人と共に来島。

イ『与路島（奄美大島）誌』から

●森　僧八（与路島）―初めは徳之島に流されていたが、後に与路島に移された。与路島で生涯を終えるが、その間にツユマツを妻に迎え、ゴスコの森朝太郎宅地の南側に住み子供はできず、明治初期八十歳くらいで死去したと伝えられている。僧八は、幕府隠密として薩摩藩の黒糖の生産や出荷の状況を調べるため日向を経て薩摩へ虚無僧姿で入国したが、三年目に捕らえられ拷問に付された後、大島に流されたと語っていたと伝えられている（拷問のとき親指の一本は切れ、一本は付け根の方が枯れていたようである）。当時、苗字のつけ方、徴兵制度の免除の方法等の手ほどきや、子弟の読み書きを教えていたという。森家の森姓はツユマツの縁で僧八の森をとったと伝えられている。遠島人で生涯を終えた僧八は、島づくりに貢献したものと考えられる。また明治末期頃、鹿児島から身内と称する人々が来島して僧八の遺骨を持ち帰ったという言い伝えがある。（森朝太郎氏より）

2　喜界島

ア『志戸桶誌』から（概略）

志戸桶に骨を埋めた流人達

我が志戸桶にも多くの遠島人が居た。此の人達のことを島の人々は「サンチューヤマトッチュー」と呼んでいた。

●平田平六貞兼（平田勇三氏先祖）

安政十三《ママ》年二月八日没・行年五十一歳

姓名から判断して武士であることは明白で、同家の話によると、殿様の意見に逆らったという、ただそれだけの罪で遠島になったとのことである。翁は家族と此の島をこよなく愛され、赦免になった時、早く国元に帰還するようにと、親元から送られてきた旅支度用品を、「自分は此の志戸桶の土になるのだ。こんな物はいらない」と、悉く焼き捨ててしまったという事である。

● 末野幸富（末野チエ氏先祖）

安政六年十月二十三日没・行年六十一歳

姓を名乗っておられることから、武家の出であると思われるが、山川方面の出身ではないかという、漠然としたことしか分かっておらず、下島の経緯、身分等は全く不明である。

● 竹下シューイム（竹下軍陸氏先祖）

姓を名乗っていることから、此の人も武家の出であると考えられるが、残念ながら、位牌もなく、正確な名前・身分・年代等全く不明である（筆者註、鳴之口騒動で喜界島に流された、竹下伊右衛門カ）。

● 橋口甚九郎伴兼篤（子孫なし）

姓名からして、武士であることは明白であるが、身寄りがいないため、出身地等定かでない。

墓石には、「明治六年癸酉六月三十日卒。行年　四十九歳」とある。

● 工藤世戸（子孫の有無も定かでない）

此の人も武士であると思われる。翁は稀にみる怪力の持ち主で、それにまつわる伝説も、いくつか残っている。

● ジロー（子孫なし）

藩政末期、操家（喜美隆氏）に寄寓していたが、正確な名前も分からず、「ジロードン」と呼ばれていた。

● テツゾー

菅原神社前の駐車場奥の雑木林の中の岩に「テッジョーガマー」と呼ばれる、自然の穴がある。此処は昔は「テッゾー」という流刑人が、住み家としていたところだと伝えられている。

●イ　**吉塚廣次『吉塚廣次雑論伝承集』から**

赤崎萬蔵（喜界島・前金久）―「お由羅騒動」の頃、この地に住む流人の医師であった。この地で没している。墓は現在赤崎家に守られている。なお、この伝承集は、喜界島小野津にお住いの郷土史家（喜界島郷土研究会会員）吉塚廣次氏が、喜界島の伝承をご自身で纏められ自費出版したものである。喜界島の歴史と民俗のあれこれが書かれている。

3　沖永良部島

ア　『畦布誌　ふるさとあぜふ』から（概要）

沖永良部島への遠島人は、明和九年（一七七二年）から明治二年（一八六九年）までの九十七年間に九百二十九人が配流されている。多い時は一年間に百二十三人、少ないときでも四十六人となっている。沖永良部島三十六村（部落）に平均二・一四人が、常時配流されていたことになる。野間吉夫著『シマの生活誌』によると、「遠島人の中で重いものは畦布と古里に送られた。このシマの者が気が荒かったためで、でなければ躾ができなかった」と述べられているが、これから考えてみても畦布や古里は他のシマジマよりも、気の荒い遠島人が配流されていたことであろうと思われる。安政（一八五四）萬延（一八六〇）の頃、

●川口雪蓬（西原）

●紀の平右衛門《ママ》（和）

●児玉万兵衛（喜美留）

●竹之内助市（皆川）

●平　冨里（皆川）

●萩原藤七（畦布）

以上の人々が遠島人として私塾を開いていたという。

●住　政直（畦布）―文久（一八六一～六四）の頃、喜界島の人であるが、なんの罪でかは分からないが畦布に配流されていた。住政直に学識あることが分かり、塾を設けて一族の子弟及び有志の子弟を集め教授させた。

●森吉兵衛（和）―幕末の頃最初和村に配流されていたが、いかなる理由でか、後に畦布に転配になった。後の竹之下吉兵衛である。間もなく明治維新になり、藩命による遠島人罰は赦免となって、郷里鹿児島へ帰ってもよいことになったであろうに何故畦布に永住したのであろうか。また、森姓を竹之下姓に改姓した理由はどうしてであろうか。不明な点が多い。

四　「刊行本」に記された流人

奄美史に関する多くの本がこれまで出版されてきた。その出版方法についても自家出版本、全国出版本などがある。ジャンルについても一般書・通史・史料集・地域史・民俗・言語等々多種多彩である。これら諸本は奄美の出身者によって書かれている書も多いので、故郷に対する熱い思いがこもっている。同じ奄美出身者であっても〝よそシマ〟のことは余り知らない場合が多いので、驚かされる場合も多い。これらの諸本の中から「奄美流人」および関連する文章を拾い集めてみた。

1　昇　曙夢著『大奄美史』から（概略）

第五編　十九、遠島人と文化開発

大島の文化開発の上からいって遠島人の功績を忘れてはならぬ。記録によれば、薩摩藩が大島諸島を流刑地に定めたのは光格天皇の寛政（一七八九）からということであるが、事実はもっと遡るかもしれない。遠島に処せられる者は主として今日の国事犯のような重罪人で、中には知名の人々も少なくなかった。そして罪の軽重に応じて、大島・喜界島・沖永良部島とだんだん遠隔の島に流したことは西郷の例をみてもわかる。この島流しを称して遠島と言い、遠島される罪人を遠島人と呼んだのである。

さていかなる人々がいかなる罪名によっていつどのくらい遠島されたかということは、記録の根拠にすべきものが無いのではっきりしない。『南島雑話』には文化二年（一八〇五）現在の人口を数えた中に、遠島人およそ三百五十人、滞島人およそ六十人、都合人数三万五千四百七十人とあり、また（大島脱カ）代官記には嘉永五年（一八五二）の人口三万九千五百四十九人の内三百四十六人は遠島人とある。これはもちろん大島本島だけの数であろうが、各離島における二百数十年間にわたる流人の数を通算したらよほど多数に上るだろうと思われる。沖永良部島の記録によれば、同島に流された遠島人で、寛永年間の流罪員数は詳らかではないが、第二回（ママ）は文化十二年に六十四人、内赦免後の島居付の者十一人、第三回は文政七年に五十四人、第四回は天保二年に七十六人、第五回は天保九年に百人、第六回は弘化二年に百二十四人、第七回は文久二年八月流謫の西郷南洲を以って沖永良部遠島人の記録は終わりを告げている（筆者註、「沖永良部島代官記」の記録によれば、第一回は明和九年（一七七二）であり、以後第二回が天明六年（一七八六）、第三回が寛政十二年（一八〇〇）、第四回が文化十二年（一八一五）、第五回が文政七年（一八二四）と続く、従って引用文の第二回は第四回の誤りと思われる）。

国事犯で遠島された人々には当時の志士や識者が多かったので、その感化影響は西郷の場合に見る如く、大島の文化に寄与するところが少なくなかった。この種の遠島人で多少事績の分かっている人々を挙げる

と、

秩父事件によるもの

●田代清太（奄美大島・赤木名）

●伊地知季安（喜界島・志戸桶）

お由羅騒動によるもの

●名越左源太（奄美大島・小宿）

●大久保次右衛門（喜界島・小野津）

●吉井七郎右衛門（奄美大島・久慈）

●近藤七郎左衛門（奄美大島・赤木名）

●白尾伝右衛門（奄美大島・右同）

●村野伝之丞（徳之島・亀津）

●高崎正太郎（奄美大島・金久）―首謀者高崎五郎右衛門の子。十五歳を待って奄美大島に三年間流された。後の宮中御歌所々長。

これらの遠島人はいずれもその流謫中に各居住地において土地の人々から子弟の教育を頼まれて、読書習字の教育に当たり島民の指揮啓発に貢献するところが多かった。

その他

●海老原庄蔵（喜界島・先内）―実学朋党事件による。

●種子島城助（奄美大島）―本文なし（筆者註、種子島城助については名のみの記述であり、種子島城助の事蹟に関する記事は全く記されていない。しかし『鹿児島県史料　新納久仰雑譜一』の嘉永七年十二月四日の項に、「夜前遅方柿本寺通居住之川上十左衛門・種子嶋城助新上橋先キ苗木場近辺ニ而及刃傷云々」とあることから、刃傷沙汰で種子島城助は奄美大島に流罪になったのではないだろうかと推測する）。

● 重野安繹（奄美大島・阿木名）―某罪による。

● 川口雪蓬（沖永良部島・西原）―沖永良部島で西郷と肝胆相照らす仲となり、西郷に書や漢詩を教える。

● 紀平右衛門（沖永良部島・和）―島の子弟を集め教育する。門弟に学者今栄民直がいる。

● 村田新八（喜界島・湾）―文久二年西郷が久光公の不興を買って徳之島に流謫の身になった時、彼と行動を共にした同志の一人。子弟を教育した。和歌を好んだという。西郷が元治元年二月に赦免されて帰藩の途中に喜界島に寄せて一緒に連れて帰った。

● 伊地知清左衛門（奄美大島）―赦免となり帰鹿したが、明治に入ると再び奄美大島に戻り、奴隷解放に尽力した。

彼らが謹慎中の身でありながら、大島の文化向上と島民の知識啓発とに尽くした功績は、多くの不逞無頼の流人が風教上に及ぼした悪影響を償って余りある。大島の島民が、どんなに貧しい家庭でも子弟教育にかけてはどこにも見られない熱意を持っているのも、一つはこうした奇特な国事犯達の刺激がそのもとをなしているのではないかと思われる。この点からすれば、薩摩藩が大島諸島を罪人の流刑地として、永く未開蒙昧の域に押し込めんとした植民地的政策は、かえって逆効果を来したともいわれよう。

2 亀井勝信編『奄美大島諸家系譜集』から

『名瀬市誌』の編集責任者であった原口虎雄は、『奄美大島諸家系譜集』の「序文」の中で、「この『奄美大島諸家系譜集』は先に出版された『名瀬市誌』の延長であり、南島研究史上の一進歩である」と書いている。また、著者の亀井勝信は、「はしがき」に、「痛切に感じたことは、奄美が歴史資料の乏しいところだということである。その中で奄美の由緒ある家「与人、郷士格」の諸家に、宝物にされて門外不出の系図が遺されていたことがわかったので、その系図を集められるだけ集めて、一冊の資料集にしたい念願から、ようやくにして、これだけが収拾できたので、一段落のものとして編集したものである」と書いている。

●東郷藤十郎實勝（沖永良部島・内城）―藩主指南役の時、禁猟区で雉を射って流される。和泊在住の宗武庸家に保存されている古文書によると、元禄十二年（一六九九）八月十四日生。宝暦六年（一七五六）四月二日没。行年五十八。五十代で帰藩（赦免）か。

●東郷位照（油井・嘉鉄カ）―東郷位照は藤左衛門のことか。示現流の相伝書を売買して流される。「喜志統親方系譜」によれば、「都城の時、示現流の師藤左衛門が流されてきたので、与人ら六人を嘉鉄村に集め、三年間昼夜にわたって教えを乞うたとある。そして四段の極意を授与されて、示現流秘書三十三巻を保持している」と書かれている。

●肝付兼命（阿室）―肝付家第二十六代当主。文政九年六月十三日没。遠島理由は不明。

●無心好（与路島）―寛文三年（一六六三）喜界島志戸桶間切与人の時、同僚の讒言により遠島。同じく、西目与人（名不明・与路島）―無心好の帰島後、自身の讒言が判明し遠島となる。この二人が与路島へ遠島になるまでの経過を（「13勘樽金一流系図」『奄美大島諸家系譜集』）の中から関連部分を見てみる。

13勘樽金一流系図

嚮《サキ》レ是《コレヨリ》富山九右衛門御代官之《ノ》時無心好依《テ》二同僚西目與人之《ノ》讒言《ニ》一被《ラルコト》レ配二流《セ》大島《ノ》與路島《ニ》一二年也《ナリ》續《イテ》
至《ツテ》二鎌田後大夫御代官之《ノ》時《ニ》一同僚之《ノ》奸謀既《ニ》露顕《シ》無心好者《ハ》歸島而《シテ》復《カヘリ》二本職《ニ》一同僚者《ハ》又被《ラル》レ配二流《セ》與路
島《ニ》一是《レ》可《キ》レ謂《イフ》二天《ノ》鑑《カガミ》明《カナリト》一者也《ノナリ》

この文章から、讒言した同僚西目与人も入れ替わりに与路島に遠島になっていることが分かる。

図7　喜界島永家系図

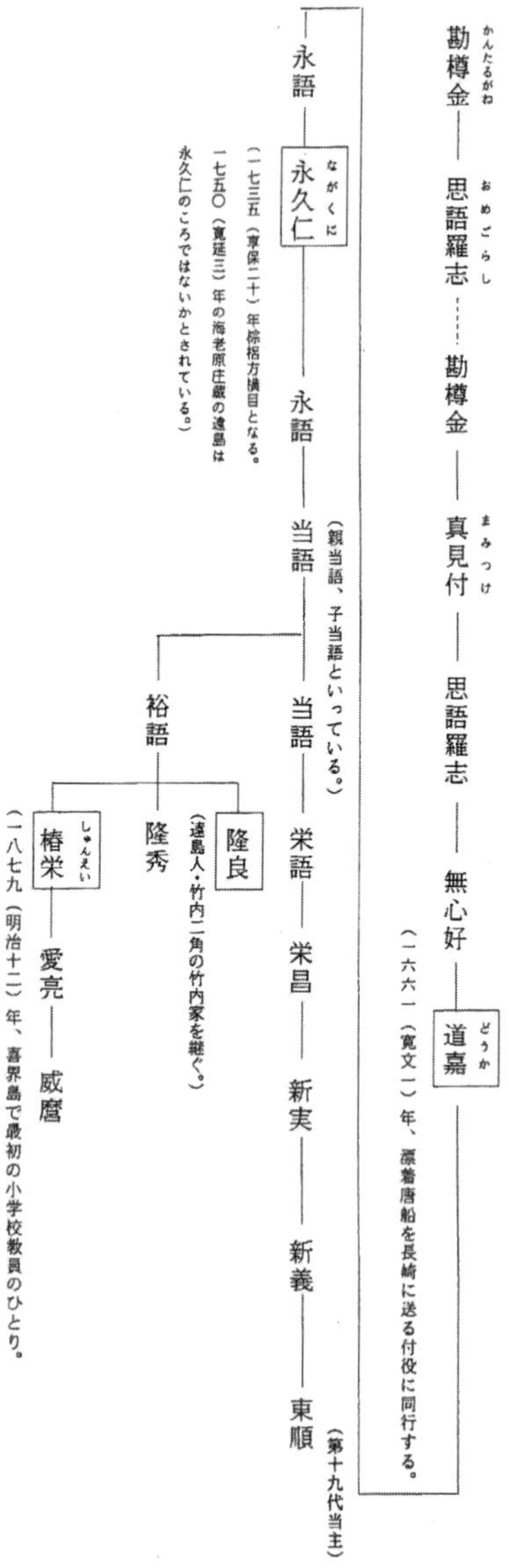

出典　『喜界町誌』

● 米村銀輔（小宿）―絵師。罪名・流罪年等は不明。

3　籾　芳晴『碑のある風景』から

● 西郷隆盛（奄美大島龍郷・徳之島岡前・沖永良部島和泊）

● 川口雪蓬（量次郎・沖永良部島・西原）

● 村田新八（喜界島・湾）

● 重野安繹（奄美大島・阿木名）

● 肝付兼命（奄美大島・阿室）

● 藤原為矩（加計呂麻島・芝）

● 徳田邑興（小藤次・加計呂麻島実久から小宿）―実久の女を島刀自とし一女をもうける。加計呂麻島芝に藤原為矩の顕彰碑を建立する。十一年の流人生活を終え、天明七年（一七八七）赦免。文化元年（一八〇四）没。享年六十七。

● 名越左源太（奄美大島・小宿）

● 和田半蔵（奄美大島）―寛政元年（一七八九）大島代官付役として下島したが、乱気となり帰鹿したうえで、翌年改めて奄美大島に遠島となっている。奄美大島のどこかは不明。「大島代官記」に次のような経緯が書かれている。

一　寛政元酉年　　　　　代官　　武　清太

先年長沼加兵衛殿附役ニテ是迄二度、

右代ヨリ亦々前之通龍郷方江御隠居假屋

但、若殿様始テ御入国、御祝儀宇検方與人芝實統上國、

右附役　　岩城休八殿

和田半蔵殿

右半蔵殿事、乱気ニ相成舌喰切候故、外金久天中宅へ座圍ニ御入、御国許へ御伺被成候處、御親類之内壹人御下リ、龍郷方へ御移脇宿ニテ阿丹崎ヨリ上國、寛政十一當島遠島被仰付候、

●徳田応兵衛（奄美大島・住用）

（以下省略）

4　竹内　譲『趣味の喜界島史』から

ア【内田塾】小野津の内田塾は師匠屋の代表的なもので、日向佐土原の流人、内田次右衛門に始まり、彼の死後は同じ流人らが後を継いだ。

●内田次右衛門—文政七年（一八二四）に発生した「鳴之口騒動」に連座、喜界島小野津に流された。小野津の地で終生「内田塾」を主宰し、同地の子弟を教育、地域の文化を高めた。

●大浦大輔—小野津流人、内田の死後、内田塾を継承した。

●羽田祐輔—右同

●有馬新太郎—右同

●有馬孫之丞—右同

イ　先内墓地の一画に、「源為興之墓」というのが建っており、側面には海老原庄蔵と刻んである。「喜界島代官記」によると

●一海老原庄蔵

●一若松官太左衛門

●一竹内二角

●一山田彌市右衛門

●一市來衆中高崎平右衛門

●一下大買町名頭東太郎左衛門婿養子次右衛門
●一牛根衆中、長濱次郎左衛門
●一串良柏原名頭松兵衛
●一谷山下福元□、次郎
●一小林○兵衛組甚左衛門下男、藤内
●一下町之次右衛門
右拾壱人が寛延三年十二月二十五日喜界島へ遠流と書かれている。

ウ　その他

●大久保次右衛門―大久保利通の父、次右衛門は当時琉球館蔵役の職にあったが、「お由羅騒動」に連座し、斉彬派の一人として、謹慎を命ぜられた。その後、二回目の処分で喜界島流罪を言い渡されて、便船があるまで親類預けとなり、二、三カ月を座敷牢で過ごし、嘉永三年（一八五〇）四月、喜界島に護送された。島では、最初、小野津の静悦の家に預けられたが、後、同村の実要の家に移った。安政元年（一八五四）七月赦免。なお、帰国の際、静悦と兼生の二人を同伴した。また、滞在中島で使っていた吸物椀、菓子皿、甕などは世話になった小野津の人たちに残していったという。

●村田新八―村田は西郷・森山（新蔵）とともに、上意に逆らう者として、久光の激怒を被り、文久二年（一八六二）四月十一日、出先の大坂から、舟で薩州山川の港に送り帰され、そこで村田は喜界島へ、西郷は徳之島へ差遣（島流し）の追命を受けた。森山は何の沙汰もなかったので、彼はこれを恥じて自刃したという。村田は西郷と同船して、六月上旬山川の港を発し、喜界島で西郷と別れて下船し、ひとまず湾村の柳勇健の家に預けられたが、後、貴島桃山の屋敷に移された。文久四年（一八六四）赦免。元治と改まった二月二十六日藩の汽船胡蝶丸にて西郷と共に島を去り、二日後の二十八日満二年ぶりに帰鹿した。

●坂田省之助―先内の与人陽貞部美の四男片倉鄭龍に漢学を教える。

●上原源五左衛門―片倉鄭龍に剣術を教える。

5　三井喜禎『喜界島古今物語』から

●川南習《かわみなみならい》（塩道）―川南は日向佐土原藩士であったが、寛延の頃、キリシタン禁制に触れて遠島された。城久川に居を構え、島娘と結婚して五女を挙げた。遠近から慕い集った門下生に、読み書き、算盤等を教えた。

6　盛山末吉「続しつる村物語」から

●安藤善之亟《ママ》―上嘉鉄小学校が開校したのは明治十年であり、それまでは師匠の宿で塾教育が行われていた。上嘉鉄では遠島人として、本土から来た半助殿・西之原殿・安藤善之亟殿が学問や武芸に通じていたので師匠として塾教育にあたっていた。安藤善之亟は薩摩の差遣役人として徳之島に来ていたが、部下の失策による罪により喜界島に遠島され、上嘉鉄の武美宅にお世話になり謹慎していた。村人の頼みに応じてわずかの子弟を教育していたが、天保八年十一月三日上嘉鉄で死去、墓は金久原ムヤにあり、立派な墓塔に薩陽士、行年七十四歳、安藤善之亟、天保八年十一月三日と明記され、墓塔の側面には天保九年十一月建立之、田地横目西幸とある。西幸は子の黍横目武美と共に安藤善之亟の教えを受け、死後西幸は師を敬慕し、立派な墓塔を建て霊を弔った。武美の子孫は安藤殿の徳を慕い、明治になって安藤姓を名乗って霊を祭っている。

7　先田光演編著『仲為日記』から

平成二十四年（二〇一二）三月に徳之島町教育委員会から『仲為日記』が、そして、平成二十七年（二〇一五）五月には先田光演編著『仲為日記―犬田布一揆を記した唯一の文書、薩摩藩砂糖政策の第一級史料―』が南方新社から刊行されるなど、『仲為日記』の刊行が相次いだ。それぞれ発行の趣旨は異なるが、薩摩藩政時代にあって、差遣役人の下で砂糖隠匿犯の取り締まりや摘発、あるいは遠島人の受け入れ・赦免事務などを担った惣横目（寄）職の琉仲為が残した「日記」は、薩摩藩の過酷な砂糖収奪の実態や、それらを実際に担った島役人らの仕事ぶり、さらには流罪人（遠島人・居住人・借島人）たちの配流状況や赦免の状況などが伺われて大変に興味深いものになっている。特に第一章でも紹介した通り、「犬田布一揆」の状況が原文で確認できる唯一のもので貴重である。

図８　徳之島間切図

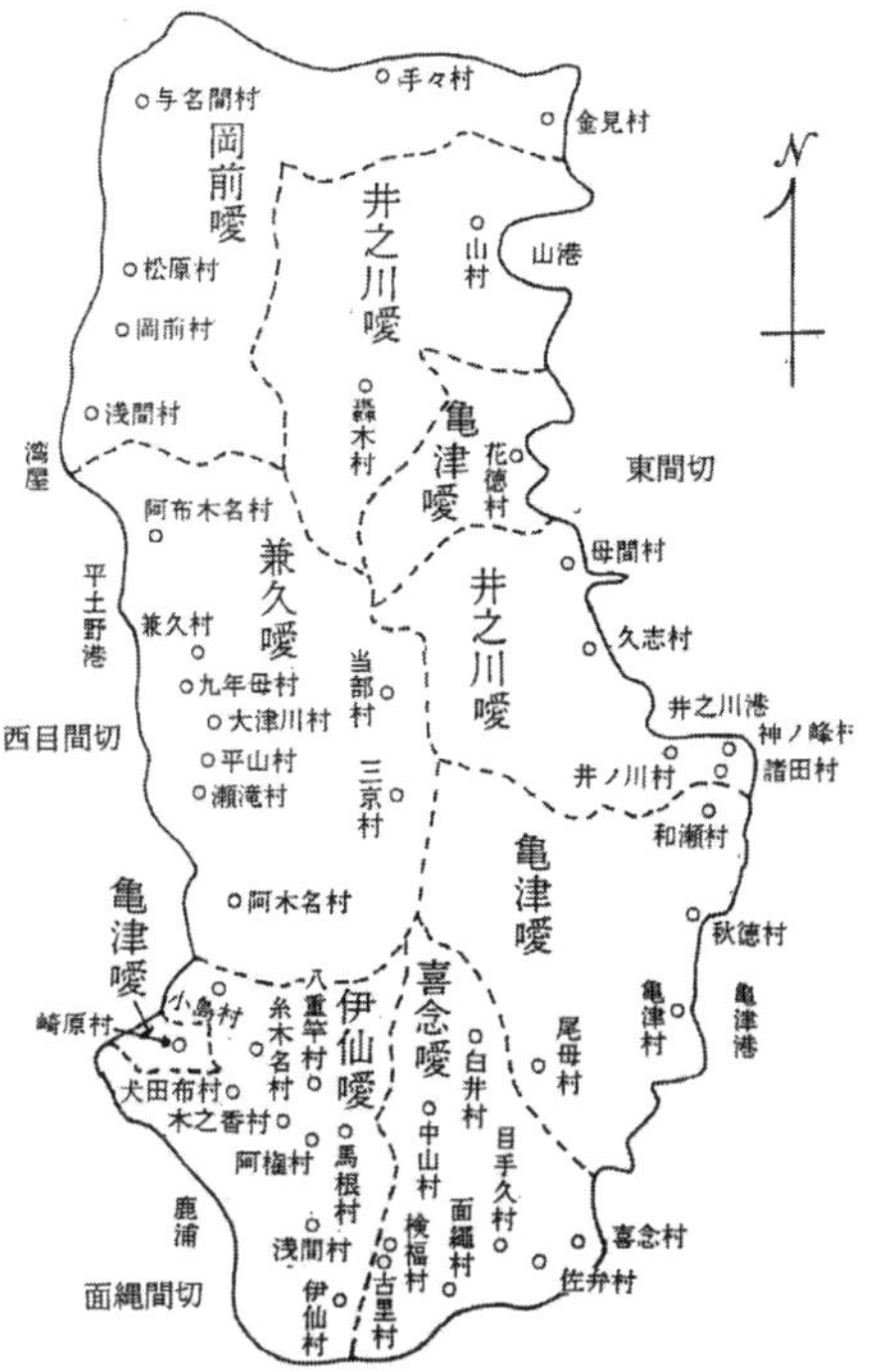

出典　松下志朗『近世奄美の支配と社会』

『仲為日記』は、徳之島代官管轄下における琉仲為の担当区域（井之川噯・伊仙噯・兼久噯）内における事柄を記したものであるが、筆者が特に興味を持ったのは流罪人に関する書付の多さである。「犬田布一揆」による奄美諸島間の借島も含めてその数は延べ五十一人にも上っている。徳之島にはこの三噯の他にも亀津噯・喜念噯・岡前噯などがあり、『仲為日記』が書かれた区域は徳之島の約半分の地域であるから、単純に見積もっても徳之島における流罪人の数は、この時期この倍位の人数であったと推定できる。藩政下の流罪人に関する史料がほとんどなきに等しい中、『仲為日記』は『種子島家譜』同様奄美流人に関する大変に貴重な一次史料であるといわねばならない。

本項では、文久三年（一八六三）九月二十一日から、明治元年（一八六八）正月十三日までの間の徳之島における遠島人や居住人あるいは借島人たちの状況に関する記事内容を、先田光演編著『仲為日記』に基づき以下に記述することにする。なお、配流年等については「別表」を、配流先（配所）の位置については「図8」を参考にして頂きたい。（傍線筆者）

奄美大島へ

● 九良賀野六郎―小番九良賀野亘三男。小島村に配流されていたが、住民とトラブルになり文久三年十月奄美大島へ島替え。なお、元治元年四月天皇（孝明）より、太守（島津忠義）が御拝領（御馬）並びに少将（島津久光）が宣下（官位）及び御拝領（御鞍置御馬）を受けたことの御慶事による恩赦で赦免。

● 義仙―犬田布村。津口横目格。「犬田布騒動」による。

● 義福―同村。砂糖方掛。同右。

● 喜美武―同村。百姓。同右。

● 為清―阿布木名村。評判が悪く村役の願いによる奄美大島への借島。

● 喜生―同村。砂糖樽の斤数をごまかした廉で奄美大島へ借島。

喜界島から

● 傳次郎―小番の下人。文久元年（一八六一）理由不明なるも喜界島から徳之島へ島替え。

徳之島

● 江川十右衛門―御小姓與。当部村配所。元治二年（一八六五）赦免なるも病気のため滞島願提出。

● 勘左衛門―本山門名子。嘉永二年（一八四九）赦免なるも嘉永六年（一八五三）島居付。慶応二年（一八六六）帰鹿願提出。

● 次良右衛門―名頭甚吉召仕。文久三年（一八六三）赦免。

● 藤崎直助―小番家来。主人の願いによる居住。慶応二年（一八六六）七月病死。

● 仁八（伊助）―種子島弾正家臣の下人。神之嶺配所。文久三年（一八六三）十一月病死。

● 袈裟市―指宿十町村名子。兼久村。元治元年（一八六四）赦免なるも病気のため島居付願を提出。

● 時吉納助―川辺穢多村名子。兼久村。以下右同。

● 新保金七―島津安芸家来。元治元年四月恩赦で赦免。

● 検見崎吉太郎―安政七年島居付。慶応元年（一八六五）赦免。なお、明治七年（一八七四）一月に面縄村に流された平民検見崎吉太郎（『徳之島郷土研究会報第一号』「安田佐和人　御用日記（抄）　校訂小林光秀」に記載）と同一人物か、不詳。

● 傳次郎―小番諏訪甚兵衛の下人。天保十五年（一八四四）に喜界島に遠島になったが、文久元年に徳之島（伊仙噯）に島替え。慶応元年（一八六五）赦免。

● 白濱伊左衛門―名越左源太家来。主人（名越左源太）の依頼による借島。慶応二年（一八六六）十二月赦免。名越左源太自身も嘉永朋党事件で嘉永三年から五カ年間奄美大島小宿村に配流の身であったことは奄美流人史上余りにも著明なことであるが、この遠島はどのような理由によるものであったのか興味深い。『仲為日記』からは伺い知れないが、左源太の経験から家来の更生を願ったのだろうか。

● 九良賀野六郎―小番九良賀野亘三男。親類折檻の為小島村へ居住していたが、住民とのトラブルがあり、文久三年奄美大島へ島替え。

● 休太郎―串良上小原村上仮屋門名子。犬田布村配所。文久三年行路病死。推定年齢五十五歳。

●永嶺釜八―井之川。休太郎の病死について情報提供した。
●伊右衛門―右同。斧二丁と袷一枚を注文する。
●相良清熊―母間。赦免後、病気のため滞島を願出る。
●小山万右衛門―諸田。赦免なるも病気のため帰鹿出来ない旨の願出を出す。
●助左衛門―諸田。右同。
●小田吉次郎―山。右同。
●椨松正助―神之嶺。右同。

・四月十九日　晴天北風

覚

（前略）

一母間村配所　相良清熊

右御赦免被仰付置、是迄病気滞島いたし居、当夏罷登度津口通可願出承置候得ども、いまた不申出候間、掟方御糺可被成候、

一諸田村配所　小山万右衛門

一同　助左衛門

一神之嶺村右同　椨松正助

一山村右同　小田吉次郎

右四人御赦免被仰付置候得ども病気に有之、乗船難計段申出候間、尚亦掟方御糺方可被成候、

右此節勤場御くり替に付、諸帳面其外次渡差上候間、御改御請取可被成候、以上

（朱書）本文四月廿日井之川触番参候付帰便より為持遣候、同寄　仲　為

子四月廿一日

惣横目

義美屋衆

●佐土原嘉八―御小姓與元勘兵衛嫡子。伊仙嗳。元治元年四月五日付赦免。島津忠義と島津久光の孝明天皇からの御拝領に伴う恩赦。

●菱刈宇八郎―小番市兵衛嫡子。右同。

●宮原次良右衛門―御小姓與。右同。

●簗瀬利右衛門―高尾野郷士。右同（但しこの時既に死亡）。

●早助―御小姓與下人。右同。

・五月七日　晴天南風

写

（朱書）御張紙

御小姓與

本文引付には御小姓與勘兵衛嫡子佐土原　元勘兵衛嫡子

嘉八と有り、　佐土原嘉八

（朱書）

小番

本文引付には小番彦八郎嫡子菱刈宇八郎　市兵衛嫡子

と有り　菱刈宇八郎

御小姓與
宮原次良右衛門
小番
亘三男
九良賀野六郎
岩下佐次右衛門
地頭所高尾野郷士
簗瀬利右衛門
小番
諏訪甚兵衛下人
傳次郎
六番組小與一番
御小姓與
益満清右衛門下人
早助
（朱書）
本文九良賀野六郎依頼為折檻、大島へ借島差渡置候付、彼島代官方へ可問合越候、
（朱書）
本文簗瀬利右衛門事病死届相成居候、
（朱書）
本文早助事申渡節は川上右近付御小姓與益満清右衛門下人早助と有之候、
右七人伊仙噯　他噯略ス
右遠島幷居住申付置候得共、此節
従
天朝
太守様御事御馬被遊

御拝領且
少将様御儀茂
御官位被為蒙
宣下御鞍置御馬被遊
御拝領重畳之御慶事ニ付
出格之以
思召大赦被
仰出御赦被仰付候条難有可奉承知候、
但島居付願ニ付候ものハ其訳可申出候、
右可申渡候、
四月五日　丹波（註・家老島津久徴）
右之通被仰渡候間、海上故同案を以此段申越候、以上
（筆者註、右の大赦申渡書は、行を改めて前の行と同じ高さに書く「平出」の書法で書かれている。）
子四月五日　川上正十郎
徳之島代官
別紙御本文写之通被仰渡候間可申渡候、
代官勤　上村笑之丞
子五月四日
亀津噯

（朱書）右御本文御赦免状の儀は今月十四日相届　面縄間切　与人
便舟次第津口通願出候様申渡候事　　　　　　　　惣横目

右の通被仰渡候間、早々便舟相究津口通願出候様可申渡、此旨申渡候、以上
　　　　　　　　　　　　　　　　　惣横目寄　仲　為
子五月七日
伊仙阿権両村
　　掟

この五月七日の「写」は、遠島人に対する赦免通知である。赦免が出されたのは四月五日。その申渡書が徳之島に到着し、徳之島代官が与人宛に通知したのは一カ月後の五月四日になっている。「写」については舟の漂流や難破を考えて、同文二通を別々の便で送っている。

● 遠島人八人―左の文の通り氏名が省略されている。元治元年六月五日付で赦免となるが、病気のため滞島願いを提出している。

同（六月）六日　晴天東風
（二通の内、前一通を省略す）

遠島人幷居住人
八人　各名前略す

右者御赦免被仰渡置候付、罷登候様申渡候処、病気に有之乗船不相叶、来丑春限滞島の願申出、令免許候条可申

渡候、

子六月五日

代官勤　上村笑之丞

伊仙曖　与人

惣横目

右弐通申渡候事、

● 善太郎━秋徳村。赦免になり瀬滝村に仲宿（一時滞留）していた。村の妨げになっていると村役に申出があった。

● 斎藤直助━御小姓與。大津川配所。親の依頼による居住。

● 嘉吉━上井仲太夫嫡子。阿布木名配所。赦免になったが病気のため滞島願いを提出。

● 東富四郎━赦免になるも滞島願いが出ている。

沖永良部島へ

● 喜美徳━伊仙。不行跡により兄三人から借島願いが出された。

● 義武━犬田布村。島役人。「犬田布騒動」による。義福の従兄弟。

● 義佐美━右同村。百姓。「犬田布騒動」による。義仙の弟。

● 宮賢━百姓。砂糖積み込みが遅れたため流罪。

● 宮福━借島。評判が悪く村役の願いによる。

● 実禎━在瀬滝村。砂糖樽の斤数をごまかす。

与論島へ

● 安寿盛━犬田布村。百姓。「犬田布騒動」による。

●安寿珠―安寿盛の子。「犬田布騒動」による。願い出て安寿盛と共に与論島へ。

8 前田長英『道の島史論』から

●伊集院弥八郎（徳之島・面南和）―前田長英は『道の島史論』の中で次のように書いている。

徳之島伊集院家系図は、その始祖伊集院弥八郎について〈享保年中故在リテ国老以下重臣多ク職ヲ免ゼラレ或ハ流罪トナリ、弥八郎モマタコレニ連座シ、享保二十年御目付兼糾明奉行ヲ免ゼラレ、徳之島ニ流サレテ面南和村ニ居ヲ定ム。弥八郎島ニ在ルコト十三年、延享四年赦免トナリ帰国〉と記されているが、北郷傳太夫等の遠島と同年であり、しかも御目付兼糾明奉行であったから、弥八郎の流罪もこの文仁演事件と関連するものであるまいか。但し、「享保年中故在リテ国老以下重臣多ク職ヲ免ゼラレ或イハ流罪トナリ――」とあるが、鹿児島県史にはこのような記録はない。

9 玉起寿芳著『選《いら》で選《いら》ばらぬ沖永良部島《いらぶじま》』から（概略）

●西郷隆盛（和泊）―沖永良部島で西郷に師事した弟子は、操　担勁・沖　利経・矢野忠正・鎌田宗圓・市来惟信・町田順圓・沖　維賢ほか十三人であるが、これら二十人の弟子たちは、各々、当時和泊や手々知名《てでちな》に十余りもあった塾で学び、なお進んで大西郷に師事した俊才たちであった。

10 玉起寿芳著『教育の島・花の島沖永良部（増訂版）』から（概略）

次の五人は「お由羅騒動」に連座して、当時南大島の主邑であった諸鈍に流され、更《さら》に後、最重罪人流謫の島沖永良部島に流された。沖永良部島着島後は、代官役所で、各集落に一人ずつ割り当てて居住させたのだろうか。和・内城・余多《あまた》・瀬利覚《せりかく》・上城《かみしろ》の五集落に居住していた。それともまた、何の収入もなく、自力で生活費を稼ぎださなければならなかった関係上、島出身の学者たちが塾を開いている和泊・手々知名等の集落を避けて、生活の糧の得易い集落に行って塾を開き、習い覚えた学問を子弟に教えることによって、生活の資を得たのではないだろうか。これ等の人たちは、後赦免状を戴いたが、沖永良部島で妻を娶り、子孫も出来ていたので鹿児島に帰らず、そのまま沖永良部に骨を埋めた人が多かった。

● 紀平右衛門─島津家に仕えて御庭奉行格、江戸代官詰役をつとめたこともある。沖永良部島流謫後は、和集落で塾を開き、その門下には多くの塾生が集まっていた。余多の学者今栄民直もその弟子である。

● 曽木藤太郎─もと江戸代官詰役であった。鹿児島市の出身で内城で塾を開いて子弟を教育した。その墓はもと内城にあったが、後、子孫が根折に転任したため根折に改葬した。

● 染川四郎左衛門─もと、江戸代官詰役であった。諸鈍流謫中、平資盛の墓が雨風に浸食されて、あまりにもみすぼらしくなっているのを見て、同志と力をあわせて、新しく資盛の墓を建立した。染川家はもともと医師の家柄であり、沖永良部流謫後は瀬利覚字に住み、南山市から妻を娶り、医業の傍、塾を開いて、子弟を教育した。現在もイシャシュ家（医師の家）という屋号で呼ばれており、当主は染川實麿氏である。

● 平瀬礼助─鹿児島市の出身で、その生家は鹿児島市竹迫温泉の平瀬家で、当主はもと鹿児島市長平瀬実武氏である。礼助は余多に住み、塾を開いて、学問や柔術を指導し、余多平瀬家の祖となった。

● 小田善兵衛─新城《しんじょう》の小田為元宅に、薩州小番小田善兵衛、藤原為光の過去帳がある。出花《でぎ》の婦人と結婚して一男三女あり、和泊や上城に塾を開いて子弟を教育したらしい。

五　「個人所蔵文書」に記された流人

ここで紹介する「染川家文書」は、沖永良部島在住の郷土史家先田光演氏が、平成十四年七月に同島在住の染川實磨氏が所蔵する「染川家文書」を解読・翻刻したものである。この翻刻資料のうち、「系図・文書4の本文及び注」並びに「解説」の部分を次に示す。なお、ここに示した「染川家文書」の複写文は、筆者が平成二十五年（二〇一三）三月に沖永良部島へ出向き、先田光演氏に直接奄美の遠島人について色々とご教示して頂いた際に、先田氏自らが複写をされて筆者に手交して頂いたものである。非礼を謝し、記して厚く御礼を申し上げます。

「染川家文書」から

文書4

一代　藤原安親　通称四郎左衛門

　鹿児府昵近ノ士族高見馬場染川喜藤太ヨリ加治屋町へ

　分家立籍行年八十九歳

二代　安　章　通称八郎左衛門　後仲兵衛称

　行年其他不明　江戸詰ノ際死高輪葬

　安長二男分家通称源之進ト称

三代　安　實　通称四郎左衛門　寛政九年四月二十九日生

慶応元年丑四月二十八日逝去行年六十九歳
　安實ノ姉志賀家に嫁ス
文政ノ年江戸在勤中有故本島へ流罪　其同罪四十余名
本島ニ六名　上村正助根折、二一（ママ）礼正左衛門手々知名、曽
木藤太郎内城、平瀬礼助余多、紀平右衛門和、染川四郎
左衛門瀬利覚、其他三十余名大島喜徳へ永年ノ御罪モ
元治元年子四月五日御赦免帰麑準備中ニ　俄かに病シテ
遂ニ不果
元治元年忠義公ト久光ノ二公ニ国家ニ御功労ナサレ天皇
ヨリ御馬並ニ御鞍置馬御拝領ノ御慶事ニ依リ御赦免　手
舞足踏所不知程御喜ビ満悦無限モ　平常病休ノ御身且ツ
家財不如意勝ニテ　俄ニ病ニ罹リ惜哉遂ニ不帰嗚呼悲不
堪　（以下省略）

［註］

この文書には同種のものが他に二通あり、この文書の原本であったと考えられるものと、昭和三十年代に入って六代目が追加された文書とがある。（中略）この文書は本島に流罪となった藩士の氏名と居住地が記されていて貴重なものである。近思録崩れといわれるこの事件の本島への流罪人は、藩庁の記録によると曽木藤太郎一人が記録されているが、曽木の他五人の藩士も同罪で謫居していた史実がこの文書で初めて判明した。

解説

染川家文書は薩摩藩の御家騒動として知られる「近思録崩れ」（秩父崩れ・文化朋党事件ともいい、文化五年〈一八〇八〉年に起きた）に連座して、沖永良部島に遠島となった城下士染川安實に関わる書簡を中心とした文書である。安實本人が書いた自筆の文書は残されていないが、遠島人が島娘を娶り、その子孫が島人として一家を興し、時代の変遷を乗り越えて今日に至っている家系が相当数数えられるけれども、ほとんど鹿児島との直接的なつながりを伝える文書は保存されていない中で、染川文書は鹿児島の血族と島娘のもうけた子孫がどのように交流していたか知ることの出来る数少ない貴重な文書である。（中略）以下に染川家文書の概要と意義について私見を述べることにする。

① 近思録崩れによって本島へ送られた流罪人としては、曽木藤太郎が藩庁の記録に唯一記載されているが、その他の藩士については不明であった。藩庁の記録（「文化朋党実録」など）によれば、切腹十二人、遠島十九人、寺入り二十三人、慎十三人であった。この遠島人十九人の氏名と流罪地が記録されているが、この中には染川安實の名前は見当たらない。もちろん上村正助・二礼正左衛門・平瀬礼助・紀平右衛門の氏名も記録されていない。近思録崩れの藩士たちは改革派として学問と行動力を合一した政策を目指す見識の高い人たちであった。本島に配流された藩士も同様に高い学識を有していたであろう。彼らがなぜ記録から除外されたか、その理由を確かめることは出来ないが、地方の民家に残されているこのような古文書に出合うときに、資料の発掘解読の重要性を認識させられるのである。染川家文書によって曽木以外の藩士たちも、信念を貫き通していた近思録実学派の武士であったために、本島に流罪になってしまったことが明らかにされたのである。しかし、これ以上史実を掘り起こすための史料がほとんど現存しないことも確かである。

安實は赦免の報に接し、「手舞い足の踏むところを知らない」喜びようであったが、にわかに病に罹り鹿児島の地を踏むことなく沖永良部島にてその生涯を閉じている。残された島妻乙と一男一女の子供達はエラブにおいて染川家を立てて、子孫の繁栄を築く決意をしたことであろう。これが島妻の宿命であったと考える。（以下省略）

（傍線筆者）

図9　染川家系図

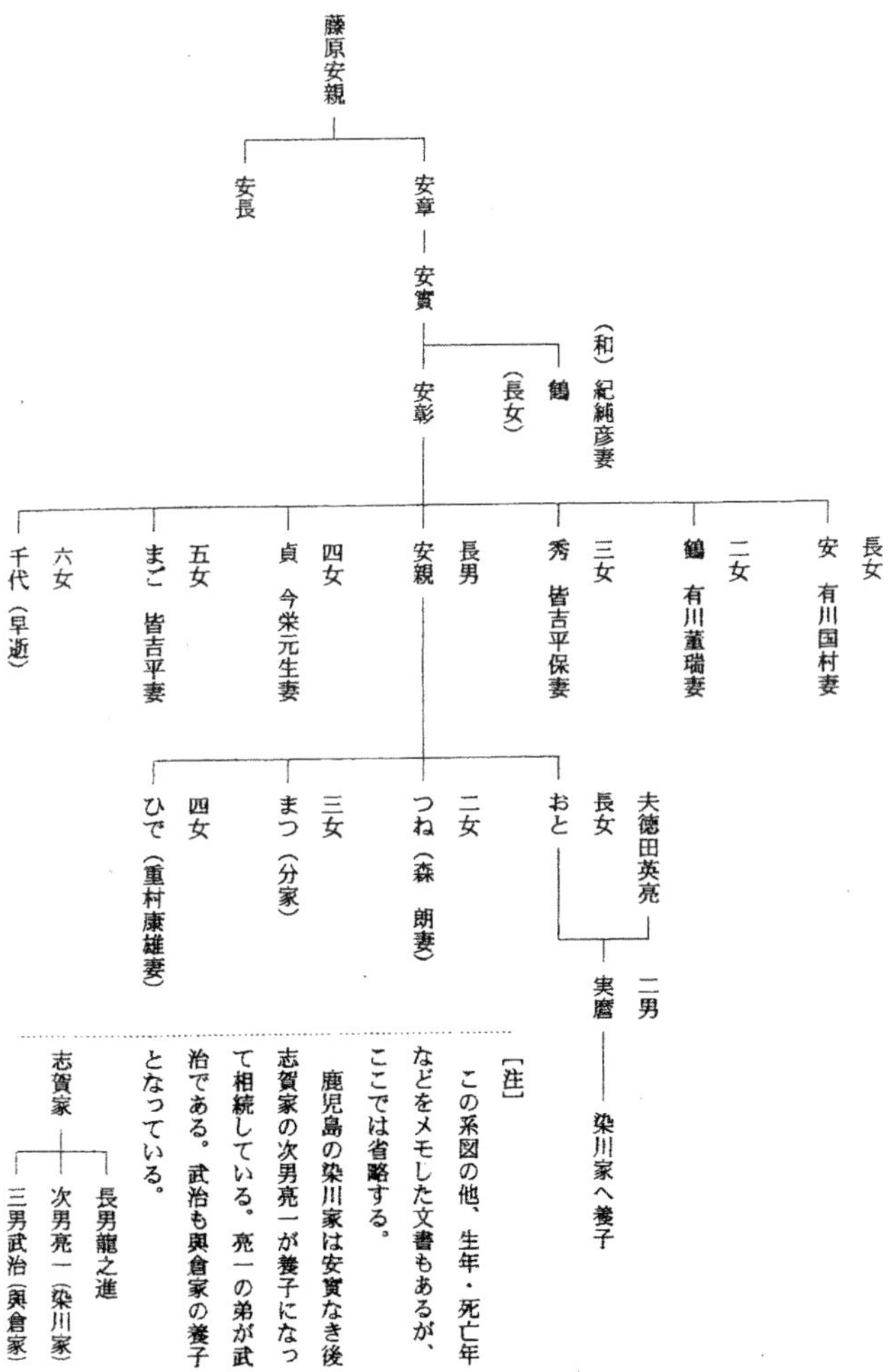

［注］

この系図の他、生年・死亡年などをメモした文書もあるが、ここでは省略する。

鹿児島の染川家は安實なき後志賀家の次男亮一が養子になって相続している。亮一の弟が武治である。武治も輿倉家の養子となっている。

志賀家
長男龍之進
次男亮一（染川家）
三男武治（輿倉家）

出典　「染川家文書」（沖永良部島　染川實麿氏所蔵）

以上であるが、一読してこの「染川家文書」が奄美に残された数少ない貴重な歴史史料であることが理解できる。ただ筆者としては、文中の傍線部分について次のような疑問点が残る。まずこの「染川家文書」に記された流人名を書き、次に疑問点を箇条書きにする。

●上村正助（根折）
●二（仁カ）礼正左衛門（手々知名）
●曽木藤太郎（内城）
●平瀬礼助（余多）
●紀平右衛門（和）
●染川四郎左衛門（瀬利覚）

①染川安實（染川四郎左衛門）の生年が、文書の通り寛政九年（一七九七）だとすると、「文化朋党事件」（文化五年〈一八〇八〉）の時はわずか十二歳である。染川安實の親族の誰かが事件に関係し、染川安實は十五歳になるのを待って沖永良部島に流されたのであろうか。外の五人の年齢はどうであろうか。

②「文政ノ年江戸在勤中有故本島へ流罪」となっているが、この〝有故〟とは「文化朋党事件」の事だろうか。また「文化朋党事件」として、この事件に関係し文政期（一八一八～一八三〇）に流罪にあったとすると、「文化朋党事件」は文化五年（一八〇八）の事であるから、時代が若干（十年間以上）ずれてしまう。ただし、先田氏も書かれておられる通り、曽木藤太郎については鹿児島県史料等により文化朋党事件で沖永良部島へ流されたことが判明しているので、染川安實も含めて曽木藤太郎以下六人が同罪で沖永良部島に流されたのであろうか。

③「其他三十余名大島喜徳へ永年ノ御罪モ」となっているが、鹿児島県史料等から判断すると、文化朋党事件

の処分者の内流罪人数はいずれの史料も「拾九人遠島外ニ木藤一人」等となっており、遠島人数について若干齟齬が生じる。

④ 先田氏も「これ以上史実を掘り起こすための史料がほとんど現存しないことも確かである。」と書かれておられる通り、紀平右衛門らが「文化朋党事件」で沖永良部島に流されてきたことが史料上完全には確認されているわけではない。

以上のように「染川家文書」を検討させていただいた。筆者としては、「染川家文書」が「文化朋党事件」を検討するうえでの重要な史料であると認識しつつも、その内容については引き続き検討を要する必要があるのではないかと考えている。

図10　沖永良部島三方略図

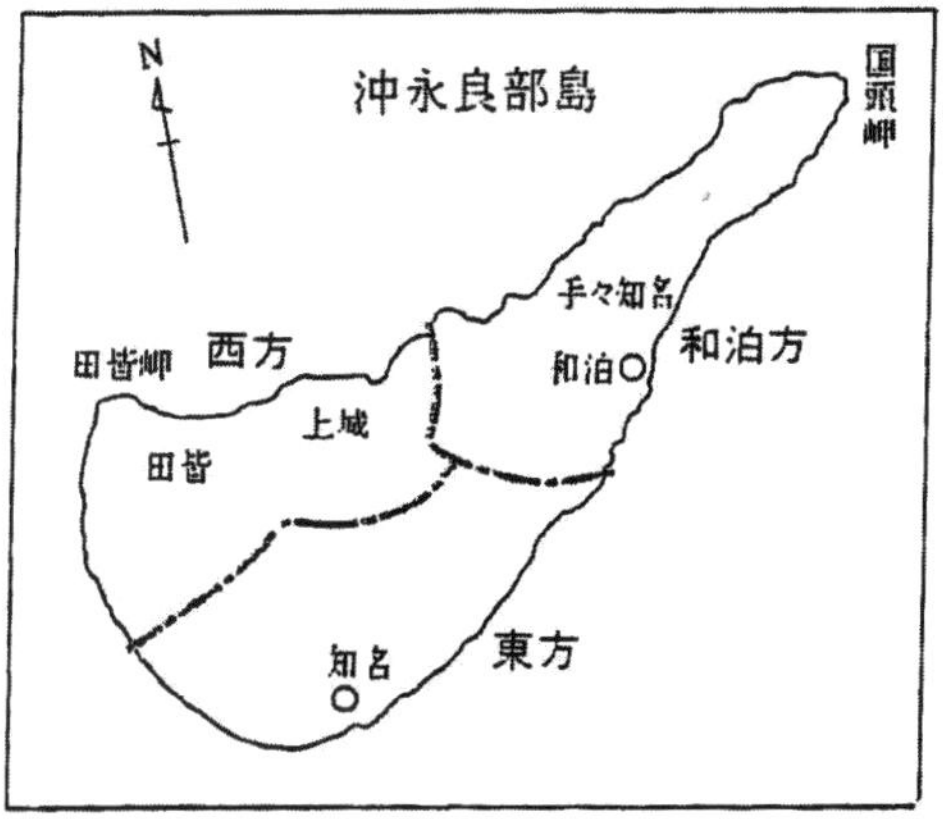

出典　『沖縄大百科事典』(沖縄タイムス社)

第三章　奄美流人概要

今回、小書で取り上げた流人数は延べ数で三百三十五人である。そしてこの流人すべてを小書末尾の「別表」に島ごとに記載した。この延べ人数三百三十五人という流人数は、実人数の氷山の一角のような数字であろう。このような人数でもって奄美遠島の全体像を把握することができるのだろうかと筆者自身随分と逡巡した。そしてこの「別表」のみの人数からでは、奄美諸島へ流された流人全体の概要を類推することは無理があると考えた。しかし、そうではあっても「別表」に掲げられた流人一人ひとりには、それぞれの生きざまと流されてきた深い理由があったのであり、それらを横断的にまとめ、まとめられたグループの概要や特徴を抽出し考察することは、それなりに意義あることではないかとも考えたのである。本章でまとめた流人概要はあくまでも「奄美流人」の〝断簡〟であって、「奄美流人」の真の〝実態〟を表しているとは思っていない。しかしそのような与えられた条件の中であっても、考えられるだけの検討を行い、「奄美流人」に共通する最大公約数的なものを提言できればと思っている。

本章では、第一節で「別表」に基づく「分類結果」を、第二節ではその「分類結果」に基づいた「分析及び筆者所見」を書くこととする。

一 「別表」に基づいた奄美流人の「分類結果」

本節においては、「別表」に基づいた「奄美流人」を、「島別」「身分別」「罪状別」「年代別」「藩主別」ごとにそれぞれ分類し、まとめた人数をそれぞれ出してみた。本節末には作表したものを収めている。なお計上した総人数は延べ人数であり、実人数はこれよりも減ることになる。例えば、西郷隆盛の場合は、奄美大島・徳之島・沖永良部島とそれぞれ流されていることから流刑人数は三と計上している。なお、西郷隆盛の奄美大島謫居について、西郷自身が「禄を支給されているので流人ではない」と書簡に書き残していることを理由として、西郷の奄美行きは「流刑」ではないととらえる一部識者もいる。しかし筆者としては、西郷が、理由は何であれ自身の意思に反して藩庁によって奄美大島龍郷へ移動を命じられていることから、明らかな「流刑」であるととらえている。徳之島・沖永良部島行きについては、「国父」である島津久光への「まつろわぬ罪」によるものであり、明らかな「流刑」であった。また、流人によっては資料の内容からだけでは「島別」「身分別」「罪状別」「年代別」等について特定することが困難な場合があり、その場合は全て「不明」として計上した。

1　島別及び身分別内訳

奄美大島　　計八十九人

武士六十四人・武士の子（男）二人・島役人二人・下人二人・百姓五人・水主三人・刀鍛冶一人・町人一人・琉球国黄帕一人・僧侶一人・不明七人

加計呂麻島　計十二人

武士十人・武士の子（女）一人・下人一人

請島　　なし

該当なし

与路島　　計三人（この他に徳之島から沖永良部島と合わせて七人のユタの分散配流あり）

武士一人・島役人二人

喜界島　　計七十一人

武士五十五人・下人六人・百姓一人・水主（佐事）二人・僧侶一人・不明六人

徳之島　　計九十二人

武士五十七人・下人四人・百姓十人・水主四人・医者一人・商人一人・大工一人・平民二人・不明十二人

沖永良部島　計四十五人（この他に徳之島から与路島と合わせて七人のユタの分散配流あり）
武士三十人・島役人二人・下人一人・百姓五人・水主一人・漁人一人・書家一人・不明四人
与論島　計三人
武士一人・百姓二人
島別不明　計十三人
武士二人・島役人一人・無宿人二人・不明八人
島別内訳合計三百三十五人
身分別内訳
武士二百二十人・武士の子三人・島役人七人・下人十四人・百姓二十三人・水主十人・刀鍛治一人・町人一人・医者一人・商人一人・大工一人・平民二人・僧侶二人・漁人一人・ユタ七人・琉球国黄帕（八巻）一人・書家一人・無宿人二人・不明三十七人
なお、島役人の内七人はいずれも諸島間の借島（島替え）である。平民二人は明治六年及び明治七年に徳之島へ居住になった者。沖永良部島の漁人とは恐らく漁師であると思うが表記のままとした。ユタ七人は、徳之島から与路島と沖永良部島の両島に流された者の合計数。

2　罪状別内訳

お家騒動　五十三人
（実学朋党事件十人・文化朋党事件十五人・嗚之口騒動十一人・嘉永朋党事件十七人）
居住（主人、親類の願いによるもの）　十七人
宗教弾圧　十五人

（犬神信仰四人・一向宗三人・キリシタン一人・ユタ七人）
圧政闘争　十四人
（犬田布一揆七人・文仁演事件四人・徳田崩れ二人・稲源事件〈越訴未遂〉一人）
窃盗（積載の官の昆布を盗む五人、流人の銭を盗む一人を含む）　十人
強暴　四人
抜荷・密輸　四人
島津久光の勘気による　三人
賄賂（汚行一人、不正一人を含む）　三人
讒言　三人
不孝（養母の葬式をせず喪に服さず一人を含む）　三人
藩兵法（甲州流）を批判　二人
政策の上言　二人
城壁破損　二人
他人の田畑を奪おうとした　二人
公儀隠密　二人
島民との喧嘩　二人
砂糖樽の斤数のごまかし　二人
不行跡　二人
以下、一人のみが関係した罪状を示す。
「安政の大獄（西郷隆盛）」「政争」「脅迫」「刃傷」「不義・密通」「示現流相伝書の売買（東郷位照）」

「船の積荷の売買及び賭博」「殺人（養子を折檻死させ自殺に偽装）」「身分詐称、借金」「他人の刈った稲を燃やす」「破損船に島主を乗せる」「穽を作り他人を死なす」「他人の畑の垣を破り馬を放牧して麦を食わす」「銘刀の偽作（奥元安）」「部下の失策」「逃亡幇助」「淫乱」「禁猟区で雉を射る（東郷藤十郎）」「下島役人を殴る（塩田甚太夫）」「砂糖の炊き上げが悪く砂糖樽の積込みが遅れる」

不明　百七十人
合計　三百三十五人

3　年代別内訳

寛文年間（一六六一〜一六七三）
六人（奄美大島三人・与路島二人・喜界島一人）
延宝年間（一六七三〜一六八一）
一人（奄美大島一人）
元禄年間（一六八八〜一七〇四）
二人（奄美大島二人）
享保年間（一七一六〜一七三六）
八人（奄美大島一人・喜界島三人・徳之島三人・沖永良部島一人）
寛保年間（一七四一〜一七四四）
四人（奄美大島一人・喜界島一人・徳之島一人・沖永良部島一人）
延享年間（一七四四〜一七四八）
五人（奄美大島一人・沖永良部島二人・不明二人）

寛延年間（一七四八〜一七五一）
　二十人（奄美大島一人・喜界島十七人・徳之島一人・沖永良部島一人）
宝暦年間（一七五一〜一七六四）
　十人（奄美大島二人・徳之島四人・沖永良部島四人）
明和年間（一七六四〜一七七二）
　四人（加計呂麻島一人・喜界島一人・徳之島二人）
安永年間（一七七二〜一七八一）
　十七人（奄美大島四人・加計呂麻島一人・喜界島一人・徳之島一人・沖永良部島一人・与論島一人・不明八人）
天明年間（一七八一〜一七八九）
　三人（奄美大島一人・喜界島一人・徳之島一人）
寛政年間（一七八九〜一八〇一）
　十一人（奄美大島八人・喜界島二人・徳之島一人）
享和年間（一八〇一〜一八〇四）
　一人（奄美大島一人）
文化年間（一八〇四〜一八一八）
　二十二人（奄美大島七人・加計呂麻島三人・喜界島五人・徳之島五人・沖永良部島二人）
文政年間（一八一八〜一八三〇）
　十五人（奄美大島三人・喜界島四人・徳之島五人・沖永良部島三人）
天保年間（一八三〇〜一八四四）

二十一人（奄美大島五人・喜界島七人・徳之島七人・沖永良部島二人）
弘化年間（一八四四〜一八四八）
八人（奄美大島一人・喜界島一人・徳之島六人）
嘉永年間（一八四八〜一八五四）
二十四人（奄美大島十一人・喜界島三人・徳之島八人・沖永良部島二人）
安政年間（一八五四〜一八六〇）
九人（奄美大島三人・喜界島一人・徳之島五人）
文久年間（一八六一〜一八六四）
十五人（奄美大島一人・与路島ユタα人・喜界島一人・徳之島四人・沖永良部島二人＋ユタα人）
註、ユタは与路島と沖永良部島合計で七人である
元治年間（一八六四〜一八六五）
八人（奄美大島三人・沖永良部島三人・与論島二人）
慶応年間（一八六五〜一八六八）
十三人（奄美大島三人・徳之島六人・沖永良部島三人・不明一人）
明治年間（一八六八〜一八七五・鹿児島県内流刑廃止通達まで）
三人（奄美大島一人・徳之島二人）
不明
百五人（奄美大島二十五人・加計呂麻島七人・与路島一人・喜界島二十二人・徳之島三十人・沖永良部島
十八人・不明二人）
合計　三百三十五人

奄美大島八十九人・加計呂麻島十二人・請島〇人・与路島三人＋ユタα人・喜界島七十一人・徳之島九十二人・沖永良部島四十五人＋ユタα人・与論島三人・不明十三人。

4　藩主別内訳

初代家久　慶長七年〜寛永十五年二月（一六〇二〜一六三八）三十七年間
〇人
二代光久　寛永十五年五月〜貞享四年七月（一六三八〜一六八七）五十年間
七人（奄美大島四人・与路島二人・喜界島一人）
三代綱貴　貞享四年七月〜宝永元年九月（一六八七〜一七〇四）十八年間
二人（奄美大島二人）
四代吉貴　宝永元年十月〜享保六年六月（一七〇四〜一七二一）十八年間
一人（沖永良部島一人）
五代継豊　享保六年六月〜延享三年十一月（一七二一〜一七四六）二十六年間
十一人（奄美大島二人・喜界島四人・徳之島四人・沖永良部島一人）
六代宗信　延享三年十一月〜寛延二年七月（一七四六〜一七四九）　四年間
五人（奄美大島一人・沖永良部島二人・不明二人）
七代重年　寛延二年九月〜宝暦五年六月（一七四九〜一七五五）　七年間
二十八人（奄美大島二人・喜界島十七人・徳之島五人・沖永良部島四人）
八代重豪　宝暦五年七月〜天明七年正月（一七五五〜一七八七）三十三年間
二十六人（奄美大島六人・加計呂麻島二人・喜界島三人・徳之島四人・沖永良部島二人・与論島一人・不明

八人）
九代斉宣　天明七年正月～文化六年六月（一七八七～一八〇九）二十三年間
二十九人（奄美大島十六人・喜界島六人・徳之島五人・沖永良部島二人）
十代斉興　文化六年六月～嘉永四年二月（一八〇九～一八五一）四十三年間
六十七人（奄美大島十七人・加計呂麻島三人・喜界島十六人・徳之島二十四人・沖永良部島七人　）
十一代斉彬　嘉永四年二月～安政五年七月（一八五一～一八五八）八年間
十人（奄美大島五人・喜界島一人・徳之島四人）
十二代忠義　安政五年十二月～明治二年六月（一八五八～一八六九）十二年間
三十四人＋ユタ七人計四十一人（奄美大島八人＋与路島ユタα人・喜界島一人・徳之島十四人・沖永良部島八人＋ユタα人・与論島二人・不明一人）
明治時代　明治二年六月～明治八年十月（一八六九～一八七五）七年間、ただし明治二年六月から明治四年七月までは、島津忠義が藩知事である。
三人（奄美大島一人・徳之島二人）
不明
百五人（奄美大島二十五人・加計呂麻島七人・与路島一人・喜界島二十二人・徳之島三十人・沖永良部島十八人・与論島〇人・不明二人）
合計　三百三十五人
（奄美大島八十九人・加計呂麻島十二人・与路島三人＋ユタα人・喜界島七十一人・徳之島九十二人・沖永良部島四十五人＋ユタα人・与論島三人・不明十三人）註、与路島ユタα人＋沖永良部島ユタα人で七人である。

表7　島別・身分別流人内訳表（請島は省略）

身分別＼島別	奄美大島	加計呂麻島	与路島	喜界島	徳之島	沖永良部島	与論島	不明	計
武士	64	10	1	55	57	30	1	2	220
武士の子	男2	女1							3
島役人	2		2			2		1	7
下人	2	1		6	4	1			14
百姓	5			1	10	5	2		23
水主	3			2（註1）	4（註2）	1			10
刀鍛冶	1								1
町人	1								1
医者					1				1
商人					1				1
大工					1				1
平民					2				2
漁人						1			1
ユタ			ユタ			ユタ			7
黄帕	1（註3）								1
書家						1			1
僧侶	1			1					2
無宿人								2	2
不明	7			6	12	4		8	37
計	89	12	3+ユタ	71	92	45+ユタ	3	13	335

（註1）内琉球国佐事1人　（註2）内琉球国飛船水主1人　（註3）琉球国人

表8　罪状別流人内訳表（請島は省略）

罪状等＼島別		奄美大島	加計呂麻島	与路島	喜界島	徳之島	沖永良部島	与論島	不明	計
お家騒動	実学朋党事件				9		1			10
	文化朋党事件	6			4	4	1			15
	鳴之口騒動	2			3	3	3			11
	嘉永朋党事件	8			3	4	2			17
居住（主人・親・親類等の願いによるもの）						17				17
宗教弾圧	犬神信仰	1			1	2				4
	一向宗	2			1					3
	キリシタン				1					1
	ユタ			○			○			7
窃盗（船の積荷を奪う等を含む）		3			1	4	2			10
圧政闘争	犬田布一揆	3					2	2		7
	文仁演事件				3	1				4
	徳田崩れ						1		1	2
	稲源事件(越訴未遂)							1		1
強暴		3					1			4
抜荷・密輸		2			1	1				4
久光の勘気による					1	1	1			3
賄賂・汚行・不正		1			1		1			3
讒言		1		2						3
不孝（養母の死に際し葬式をせず喪に服さず等）		1				1	1			3
藩兵法（甲州流軍学）を批判		1	1							2
政策の上言（殿様に逆らう等）		1			1					2
城壁破損		1				1				2
他人の田畑を奪おうとした		1			1					2
隠密（森僧八）				1		1				2
島民と喧嘩		2								2
砂糖樽の斤数のごまかし		1					1			2
不行跡による							2			2
安政の大獄（西郷隆盛）		1								1
政争			1							1
脅迫		1								1
刃傷						1				1
不義・密通		1								1
相伝書（示現流）の売買		1								1
船の積荷の売買					1					1
殺人（養子を折檻して死なす）					1					1
身分詐称					1					1
他人の稲を燃やす		1								1
種子島島主を破損船に乗せた		1								1
禁制の罠で百姓の子を死亡させた		1								1
馬を放牧し他人の畑の麦を食させた		1								1
銘刀（波平）を偽作		1								1
役人を殴る（甑島・塩田甚太夫）		1								1
部下の失策による		1								1
逃亡を助ける						1				1
淫乱							1			1
禁漁区の山で雉を射る							1			1
砂糖の炊き上げが悪く砂糖樽の積込みが遅れた							1			1
不　明		39	10	0	36	50	23	0	12	170
計		89	12	3+ユタ	71	92	45+ユタ	3	13	335

表9　年代別流人内訳表（請島は省略）

年代別＼島別		奄美大島	加計呂麻島	与路島	喜界島	徳之島	沖永良部島	与論島	不明	計
寛文	（1661年4月～1673年9月）	3		2	1					6
延宝	（1673年9月～1681年9月）	1								1
天和	（1681年9月～1684年2月）									
貞享	（1684年2月～1688年9月）									
元禄	（1688年9月～1704年3月）	2								2
宝永	（1704年3月～1711年4月）									
正徳	（1711年4月～1716年6月）									
享保	（1716年6月～1736年4月）	1			3	3	1			8
元文	（1736年4月～1741年2月）									
寛保	（1741年2月～1744年2月）	1			1	1	1			4
延享	（1744年2月～1748年7月）	1					2		2	5
寛延	（1748年7月～1751年10月）	1			17	1	1			20
宝暦	（1751年10月～1764年6月）	2				4	4			10
明和	（1764年6月～1772年11月）		1		1	2				4
安永	（1772年11月～1781年4月）	4	1		1	1	1	1	8	17
天明	（1781年4月～1789年1月）	1			1	1				3
寛政	（1789年1月～1801年2月）	8			2	1				11
享和	（1801年2月～1804年2月）	1								1
文化	（1804年2月～1818年4月）	7	3		5	5	2			22
文政	（1818年4月～1830年12月）	3			4	5	3			15
天保	（1830年12月～1844年12月）	5			7	7	2			21
弘化	（1844年12月～1848年2月）	1			1	6				8
嘉永	（1848年2月～1854年11月）	11			3	8	2			24
安政	（1854年11月～1860年3月）	3			1	5				9
万延	（1860年3月～1861年2月）									
文久	（1861年2月～1864年2月）	1		ユタ	1	4	2+ユタ			15
元治	（1864年2月～1865年4月）	3					3	2		8
慶応	（1865年4月～1868年9月）	3				6	3		1	13
明治	明治元年（1868）9月～8年（1875）10月まで（明治8年10月3日大山綱良県令より県内流刑廃止通達がでる）。	1				2				3
不明		25	7	1	22	30	18	0	2	105
計		89	12	3+ユタ	71	92	45+ユタ	3	13	335

表10　藩主別流人内訳表（請島は省略・初代家久の頃は該当者無し）

藩主別＼島別		奄美大島	加計呂麻島	与路島	喜界島	徳之島	沖永良部島	与論島	不明	計
2代光久	寛永15(1638)5～貞享4(1687)7	4		2	1					7
3代綱貴	貞享4(1687)7～宝永元(1704)9	2								2
4代吉貴	宝永元(1704)10～享保6(1721)6						1			1
5代継豊	享保6(1721)6～延享3(1746)11	2			4	4	1			11
6代宗信	延享3(1746)11～寛延2(1749)7	1					2		2	5
7代重年	寛延2(1749)9～宝暦5(1755)6	2			17	5	4			28
8代重豪	宝暦5(1755)7～天明7(1787)1	6	2		3	4	2	1	8	26
9代斉宣	天明7(1787)1～文化6(1809)6	16			6	5	2			29
10代斉興	文化6(1809)6～嘉永4(1851)2	17	3		16	24	7			67
11代斉彬	嘉永4(1851)2～安政5(1858)7	5			1	4				10
12代忠義	安政5(1858)12～明治2(1869)6	8		ユタ	1	14	8+ユタ	2	1	41
明治期	・明治2年(1869)6月～4年(1871)7月廃藩置県まで（島津忠義鹿児島藩知事時代)。 ・明治4年(1871)7月廃藩置県～8年(1875)10月3日県内流刑廃止まで(大山綱良鹿児島県令時代)。	1				2				3
不明		25	7	1	22	30	18	0	2	105
計		89	12	3+ユタ	71	92	45+ユタ	3	13	335

二　「分類結果」に基づいた「分析及び筆者所見」

1　島別流人数

ア　諸島全体の配流人数内訳は、奄美大島八十九人、加計呂麻島十二人、請島なし、与路島三人、喜界島七十一人、徳之島九十二人、沖永良部島四十五人、与論島三人、不明十三人、及び与路島と沖永良部島に合わせて七人の「ユタ」となっている。この「ユタ」については、文久二年（一六八二）十二月、徳之島の「ユタ」二十人（女四人・男十六人）が「種々浮説流言呪符祈祷を為して医薬を妨げ、甚だしきには牛豚類を屠殺せしむることあるを以て」徳之島代官所が逮捕して獄に入れ、内七人を与路島・沖永良部島へ借島（島ごとの配流人は不明）とし、他は「将来を戒め翌文久三年赦免出獄」したというものである。薩摩藩としては、「ユタ」は島民をたぶらかして中間搾取を行う許しがたい存在であり、「黒糖惣専売制」を遂行する上で排除すべき障害とみなしたのであろう。

イ　奄美大島の状況についてみると、奄美諸島最大の面積（七一二㎢）と人口（幕末の嘉永五年時点で三万九五四九人）を有する奄美大島に八十九人もの流人が流されている（約二七％）。奄美大島最大の属島である加計呂麻島十二人と与路島の三人（ユタを除く）との合計十五人も加えると百四人で、全流人数の約三一％に達する。

配流先に目を向けてみると、奄美大島北部の笠利間切や名瀬間切及び南部の西・東間切（ともに現在の瀬戸内町の区域）に集中しているのが分かる。一方中間部の古見間切・住用間切・焼内間切は閑散とした配流状況である。理由としては流人たちが自活していけるだけの経済的な余裕が村落に備わっているかどうかを藩庁が配慮したものと推測する（図4参照）。

ウ　加計呂麻島は、面積七七㎢で喜界島の五六㎢よりも広いが、流人数は喜界島の七十一人と比べて十二人と極端に少ない。これについて考えられる理由は、喜界島が平坦な島で流人たちが自活することが比較的容易であると考えられるのに対して、加計呂麻島は東西に細長く、しかも峻険な山並みによって島全体が南北に完全に分断されており極端に耕地面積の少ない島だからであろう。また猛毒を持つハブも多数生息しており、流人たちが自活するには厳しいことを考慮したものと推測される。

エ　請島には流人がいない。流人関係資料がほとんど見当たらないせいとも考えられるが、与路島に流人がいるにもかかわらず、面積や位置関係が近い請島に流人がいないのは不明である。考えられるのは、請島は与路島に比べて集落数が一つ多く人口も多いことから、住民と流人との接触が少ない与路島を優先させたのではないか。

オ　与路島は、一島一村で奄美大島の属島のうちでも最果ての感がある島である。そのことから「ユタ」や「公儀隠密」の「森僧八」などが流されたのかもしれない。

カ　喜界島は、徳之島などと比べて面積は小さいにも関わらず流人数が七十一人と多くなっている。総人口比からいっても比較的多めである。その理由として、「喜界島代官所」が、「文仁演事件」や「実学朋党事件」「文化朋党事件」「鳴之口騒動」「嘉永朋党事件」などの政治犯を比較的管理・統制しやすいという地勢的な有利性があったからかもしれない。

キ　『仲為日記』に記された三十七人の流人数もあって徳之島は流人総計九十二人と諸島中最大の流人数である。概略として徳之島には「お家騒動」による政治犯も多いが、「居住」による流刑者十七人が各地から流されてきており、特異な流人構成となっている。また徳之島の島役人によって記された『安田佐和人日記』の中には、幕末期の徳之島流人十一人が書かれており、江戸期から明治期への流刑制度変換期における貴重な資料となっている。

ク　沖永良部島は、西郷隆盛の例を引くまでもなく、与論島を除けば薩摩藩流刑地の最果ての地である。流人四十五人のほかに「ユタ」も流されてきている。しかし「ユタ」に関するその後の情報は皆無である。また沖永良部島においては、武士階級流人のほとんどが私塾を営んでおり、沖永良部島の文化発展に寄与したことも特徴的である。

ケ　与論島には三人のみである。与論島への流人数が極端に少ないのは、代官所が設置されず、沖永良部島代官の支配・監視が行き届かないことと、小さい島でもあり、流人たちの存在が島民へ影響を与えかねないことを考慮したからであろう。

コ　遠島先不明の十三人の内訳は、『大島要文集』記載の「公儀流人」二人、『種子島家譜』記載の二人、同じく『種子島家譜』記載で道之島に向かう途中の船が難破し鹿児島へ向かった者八人である。さらに「徳田崩れ」で処分された金久（城）村の島役人一人がいる。

2　身分的内訳

ア　奄美遠島人の身分的特徴は、圧倒的に武士階級が多数を占めているということである。武士数にその子までも含めると二百二十三人となり、流人全体の約六七%を占めている。考えられる理由の一つとして、薩摩藩内では「お家騒動」が数多く発生し、政治犯として武士階級の者たちが奄美諸島に流されてきていたということである。また奄美流人として史料等に表れてくる流人にはそもそも武士階級の者が多く、その他の階級が少ないからと考えられる。

　薩摩藩は、対外的には中央からの圧迫に備えるため、また対内的には藩内の治安維持のために、多数の半農半士である〝郷士〟を藩内各地の外城（百十三カ所にのぼる）周辺の「麓」と称する場所に住まわせるという薩摩藩独特の「外城制度」を作り上げ、武士による農民支配を行った。中村明蔵著『薩摩　民衆支配の構造』によれば、明治四年（一八七一）時点における鹿児島県の人口七七万二三五四人のうち、平民が五六万八六四三人（約七四%）であるのに対して、士卒が二〇万三七一一人（約二六%）を占めている。これを全国平均（明治六年）と比較してみると、全国平均では平民が三一一〇万六五一四人（約九四%）で、士卒は一八九万五二七八人（約六%）であることから、鹿児島県の士卒の占める割合は全国平均の四・三倍にも達していることが分かる（表11参照）。このように奄美流人に武士階級が非常に多いことの理由には、薩摩藩にはそもそも武士階級の割合が高かったことにもよると考えられる。

表11　族籍別人口表　明治4年7月14日現在「鹿児島県禄高調」

族籍	薩・隅・日三州	%	全国（明治6年）	%
平民	568,643人	73.62	31,106,514人	93.8
士卒	203,711人	26.38	1,895,278人	5.7
僧侶・神官	――――	――	146,494人	0.5
総計	772,354人	100	33,148,286人	100

出典『薩摩民衆支配の構造』（中村明蔵）
『薩摩郷士生活の経済的基礎』（原口虎雄）。

イ　次に不明三十七人を除いて多いのが、百姓の二十三人であるが、これは実数をあまり表していないと考えられる。つまりこの百姓二十三人については身分がはっきり表記されていた者のみをカウントしたからであり、身分不明三十七人の中には相当数の百姓階級の者が含まれているものと考えてもよいのではないか。

ウ　下人十四人が流されて来ている。島ごとの人数は略させて頂くが、ほとんどの者が武士の僕と解釈され、単独での渡島がほとんどである。特異な例として、文化十一年（一八一四）に加計呂麻島呑之浦に流されて来た河野彦左衛門と共に島に来た下人が一人いる。氏名不詳。なお、河野は死ぬまで無実を訴えた。

エ　水主十人については、十九世紀初頭から活発化した、薩摩藩による琉球を介した「密貿易」や「黒糖惣専売制」による奄美からの黒糖積み出しが増えたことが関係しているのではないか。極めて特異な事例として、この水主十人のうち二人は琉球王府関係の船乗りであり「唐物」の密輸により摘発され、喜界島と徳之島にそれぞれ流されたものである。

オ　身分内訳の特異なものとして、「琉球国黄帕（八巻）」（奄美大島へ流刑）が一人計上されているが、これは『琉球王国評定所文書』からのもので、安政二年（一八五五）運搬船によって「唐物」の「朱墨」等を持ち込もうとして鹿児島で捕らえられた「照屋」の一件である。しかしこの一件は氷山の一角であろう。このような琉球を介した密輸入によって捕縛され、奄美諸島へ流刑となった者は実際には相当数にのぼると考えられる。

3　罪状別内訳

ア　「罪状別内訳」を見ると、実に多種多様な犯罪種別があったことが分かる。不明の百七十人（約五一％）を除き、人数で突出しているのが「実学朋党事件」「文化朋党事件」「嗚之口騒動」「嘉永朋党事件」などの「お家騒動」である。この四つの「お家騒動」で流された武士たちは総数五十三人にものぼり、奄美諸島全体流人数の約一六％、武士階級全体の約二四％にも達している。これらの「お家騒動」では、罪の程度により「切腹」「遠島」「寺入」「逼塞」などの処分が下され、遠島処分者も多数の発生をみた。流刑先については、奄美諸島のみならずトカラ列島各島も対象地となっている。

イ　次に多いのは「居住」である。これは十七人が計上されている。この流罪の形態は、家族や親類が藩や代官の許可を得て素行や身持ちの悪い子弟を、教育あるいは折檻のため島流しにしたものと考えられる。徳之島の「居住」の例を見てみよう。

一、検福村配所

御小姓与　田中　常郎左衛門

右は親類の願により弘化三年十一月居住伝え付けられ候処、文久二戌十一月御赦免伝えつけられ候えども、病気にて明治七甲戌五月一応滞島願出御ゆるし相成り候。（傍線筆者）

『安田佐和人御用日記（抄）』から

右の史料は「居住」処分の例である。「居住」とは「遠島」と実態は変わらない。文中の滞島とは赦免になったが、病気や便船待ちなどの理由でしばらくの間島に留まることである。奄美諸島はこのような「居住」人の受け入れ先でもあった。

ウ　次に多い犯罪種別が、「犬神信仰」「一向宗」「キリシタン」「ユタ」などに対する「宗教弾圧」であり、十五人が処分されている。なお「宗教弾圧」については次章「奄美流人諸相」において詳述する。

エ　特徴的な罪状としては、奄美大島全域を巻き込んだ「文仁演事件」や、徳之島の「犬田布一揆」など、島民による薩摩藩の苛政に対する抵抗闘争があったということである。薩摩藩本藩における武士たちの在地支配で特徴的なことは、先述したとおり「外城制度」で多くの郷士たちを「麓」という共同地に住まわせ、戦時や一揆等の非常時に備えさせたことである。それにより薩摩藩本藩内では「加世田一揆」を除き抵抗運動はほとんど起きていない。しかし奄美地域は例外であり、「犬田布一揆」のほかにも徳之島では「母間一揆」(註1)が起きている。この島内抵抗運動の指導者の中には与人や横目などの島役人なども含まれており、事件の複雑さを垣間見せている。

オ　次に特徴的なことは、「窃盗」（十件）や「強暴」（四件）などの罪は散見されるが、「殺人」が一件（養子を折檻死させる）のみであることである。このことは薩摩藩本藩の治安維持がしっかりなされていたのか、はたまた史料がないからだけなのか、よく分からない。「御定書百箇条」は、寛保二年（一七四二）

幕府の権威が定まった後に定められた「幕法」であったが、古代の「律令法」や、鎌倉時代の「貞永式目」同様、見せしめや、懲らしめのため厳罰化の方針は変わってはおらず、有罪であれば原則死刑であった。各藩の「藩法」も基本的には「幕法」に準じたと思われるから、「殺人罪」や「反逆罪」などには原則「死罪」をもって対応したことであろう。従って人を殺して「島流し」になるのは罪一等を減じられた場合であり、恐らく「過失致死」による場合のみではなかったのではないか。「奄美流人」の中に「殺人罪」が極端に少ないのはそのような理由からかもしれない。

4　年代別内訳

ア　奄美諸島への流刑は、確認できる史料を見る限り十七世紀中葉の寛文年間から始まっており、明治初期までのおよそ二百年間にわたって連綿と続いている。流人数が増え始めるのは寛延年間（一七四八～一七五一）ごろからであり、文化年間（一八〇四～一八一八）及び嘉永年間（一八四八～一八五四）に二つの大きな山（ピーク）を形成し、次第に減少していき、明治期に入ってからは三人と大幅に減少して終わっている。

イ　特徴的なことの一つは、薩摩藩の「お家騒動」の時に大量の流人が発生していることである。例えば「実学朋党事件」が発生した寛延年間には喜界島などに十七人が流されている。その外、「文化朋党事件」が発生した文化年間には奄美諸島全体で二十二人が、文政年間の「鳴之口騒動」が発生した時代は奄美諸島全体で十五人が、また、「嘉永朋党事件」が発生した嘉永年間は奄美諸島全体で二十四人がそれぞれ流されている。

ウ　「不明」の百五人を除き、流人数の多い順に年代を書き出してみると、①嘉永年間（一八四八～一八五四・二十四人）②文化年間（一八〇四～一八一八・二十二人）③天保年間（一八三〇

〜一八四四・二十一人）④寛延年間（一七四八〜一七五一・二十人）⑤安永年間（一七七二〜一七八一・十七人）⑥文政年間（一八一八〜一八三〇・十五人）⑦文久年間（一八六一〜一八六四・十五人）となっている。

エ　「不明」の年代を除き、主要四島について最も流人数が多かった年代を見てみると、奄美大島が嘉永年間の十一人、喜界島が寛延年間の十七人、徳之島が嘉永年間の八人、沖永良部島は宝暦年間の四人となっている（ただし、文久二年に流されてきた「ユタ」は計上していない）。喜界島の寛延年間の十七人は「実学朋党事件」の影響によるものである。なお、奄美大島と徳之島には十八世紀以降間断なく流人がおり、結果的に奄美大島に八十九人、徳之島に九十二人となっている。徳之島が流人数のトップであるのは何といっても『仲為日記』の存在が大きい。

5　藩主別遠島人数

ア　初代家久（忠恒改め）の時代は一人も遠島人がいないが、これは、奄美が琉球王国領から薩摩藩領となって間もない時期であり、統治制度がまだ十分に整っていないか、あるいは記録がないなどの理由によるものであろう。

イ　時の藩主によって遠島人数に大きな違いがあることが分かる。不明（百五人）を除き、多い順に上位五人を上げてみると、十代斉興（在位四十三年間・六十七人）、十二代忠義（在位十二年間・四十一人）、九代斉宣（在位二十三年間・二十九人）、七代重年（在位七年間・二十八人）、八代重豪（在位三十三年間・二十六人）となる。遠島理由としては、藩財政改革や藩主の家督相続に伴うお家騒動による場合が突出して多い。

ウ　最も遠島人数の多い十代斉興の時代（六十七人）を見てみると、文政七年（一八二四）薩摩藩の支藩である日向佐土原藩内における「鳴之口騒動」と、嘉永二年（一八四九）「嘉永朋党事件」の二件のお家騒動が起きている。「鳴之口騒動」では主に武道派の内田次右衛門や中野弘ら十一人が奄美諸島各地に流され、「嘉永朋党事件」では、名越左源太や大久保次右衛門など斉彬側の十七人もの藩士が奄美各地に流された。なお、斉興時代は四十二年間の長きにわたっており、その長さ故流人数が多数であったとも考えられる。

エ　次に多い時代が十二代忠義の時代（四十一人）である。忠義は薩摩藩最後の藩主である。しかしこの時代忠義が幼少ということもあって藩の実権は、斉興と側室お由羅との子である実父島津久光が握っていた。久光は幕末期薩摩藩の最高権力者であり、〝国父〟とも呼ばれていた。久光とは性格的に合わず、久光の政策・行動にことごとく反発した西郷隆盛や、西郷を慕う村田新八らが久光の勘気に触れ奄美に遠島処分された。また〝黒糖惣専売下〟にあって、薩摩藩側にとって砂糖収奪の障害となる徳之島の男女のユタ二十人が摘発され、うち七人が、徳之島代官によって与路島や沖永良部島に借島の処分をされている。さらに徳之島では元治元年（一八六四）三月、藩吏の余りの苛斂誅求に耐えかねた犬田布農民百五十余人が〝犬田布一揆〟を引き起こし、結果七人が奄美大島・沖永良部島・与論島に借島処分されている。

オ　三番目に多いのが九代斉宣時代（二十九人）である。ただしこの時代は斉宣若年につき、前藩主の重豪が〝政務介助〟という名目で藩政を総攬している。文化五年（一八〇八）に発生した「文化朋党事件」で、急進的な藩経済改革を断行しようとした家老らが、面子を潰された重豪の怒りに触れ、伊地知小十郎季安や木藤市右衛門武清など十五人もの藩士が奄美各地に流された。

カ　四番目に多いのは七代重年時代（二十八人）である。この時代は、寛延三年（一七五〇）に発生した「実学朋党事件」で長崎附人海老原庄蔵ら多数が喜界島などに流された。「喜界島代官記」には、この年海老原庄蔵を始めとして十一人の流人が喜界島に流されてきたことが書かれている。

キ　五番目は八代重豪の時代（二十六人）である。重豪は天明七年（一七八七）四十四歳で隠居したが、八十九歳の高齢で没するまで子斉宣や孫斉興の介助名目で思うままに藩政を動かした。隠居後の重豪は数々の開化政策をとった。また三女茂姫を十一代将軍家斉の御台所とし、名実ともに将軍家の外戚となったために、外様大名であるにもかかわらず「下馬将軍」などと呼ばれ、江戸高輪の薩摩藩下屋敷（現、東京都港区高輪三丁目グランドプリンスホテル界隈）には出入りの者が引きも切らなかったという。結局そのような派手な彼の行動が藩財政を破局に追い込んでいる。重豪は、緊縮財政を目指した藩の若手幹部ら十三人を「切腹」、二十人を「遠島」（トカラ列島五人・奄美諸島十五人）、二十四人を「寺入り」、十六人を「逼塞」、十三人を「慎み」とするなどした。この大事件を「文化朋党事件」「秩父崩れ」「近思録崩れ」などと呼んでいる。

ク　六番目は五代継豊時代（十一人）である。この時代の特筆すべき事項としては「文仁演事件」が発生したことであろう。この大贈収賄事件によって、時の大島代官北郷傳太夫は徳之島へ、前任の附役ら三人が喜界島へ、文仁演ら親兄弟四人が七島へ遠島処分されている。またこの時、前々任の大島代官であった伊集院弥八郎が、科名不明なるも徳之島に流されていることから、彼の事件への関わりが取りざたされている。寛保三年（一七四三）には、京都西本願寺の僧侶二名が、「一向宗」の罪により、「公儀流人」として奄美大島と喜界島にそれぞれ流されて来ているが、このことは「奄美流人」史上においても特筆すべき稀有な事例ではないか。

ケ　七番目は斉彬時代（十人）である。流人数はぐっと少なくなった。彼は藩主就任後わずか七年にして没しているが、その短い就任期間に藩の富国強兵策を推し進め、さらには大久保利通や西郷隆盛ら後の維新政府を主導する人材の育成も行っている。一方、彼自身の藩主継嗣問題から発生した「嘉永朋党事件」の流人を赦免した。

註

（1）文化十三年（一八一六）徳之島母間で発生した農民闘争。母間村の農民は入作をしていた轟木村からの出米（税外の部落運営費）を要求され、これを拒絶したため、村の掟役喜玖山が捕らえられた。これに激高した母間の農民六百三十人は、鉄砲・竹槍・鉈などをもって、喜玖山を助け出した。喜玖山ら十五人は上国して越訴に及んだが、十五人全員が投獄され、文政二年（一八一九）に六人が釈放され、一人が病死、他は翌文政三年（一八二〇）に七島へ流罪となった（出典、『江戸期の奄美諸島―「琉球」から「薩摩」へ』）。

第四章　奄美流人諸相

流人の「諸相」を研究することによって、その人物のみならず、当時の権力者たちの意向や時代背景などを伺い知ることができる。例えば、「文化朋党事件」で奄美に流された田代清太や伊地知季安らを研究することによって、その時代の薩摩藩の財政状況や、薩摩藩大御所島津重豪の権勢や行状を知ることができる。また、「嘉永朋党事件」で奄美に流された名越左源太や大久保次右衛門らを研究することによって、薩摩藩主島津斉興の跡継ぎをめぐる藩内の権力構図や権力闘争の行方を知ることができる。さらに言えば、流人西郷隆盛を研究することによって、風雲急を告げる幕末の政治状況や、明治維新政府要人たちの確執の状況が垣間見えてくるのである。

また、見方を変えて流人たちの科（罪科）を研究すれば、その時々の世相や時代の雰囲気といったものが伝わってくる場合がある。例えば「宗教弾圧」である。「犬神」「一向宗」「キリシタン」などの禁教を信仰したことによって、ごく少人数であるが奄美に流されてきた者たちがいたことが分かっている。彼らは時の権力者にとって不都合な存在であるというだけで島流しにあった被害者たちであった。彼らの存在を研究することによって時の権力者の宗教政策の本質が理解できるのである。特に奄美の在地宗教である「ノロ」や「ユタ」に対する薩摩藩の厳しい取り締まりや迫害からは、藩の露骨な搾取性が見えてくる。そのほかにも、「公儀隠密」「島抜け」「再犯」等々、流人に関して研究すべき事柄も多い。さらには、「奄美流人の始まりと終わり」について調べ、「奄美流人の生存年数と本土流人との比較」をしてみるのも、時代の状況を知るのに一役買ってくれるかもしれない。

本章では、このような奄美流人に係わる数々の事象に、史料（資料）を通してスポットライトを当て、その事象の全体像や、その奥にある権力者側の意図や策略、さらには当時の奄美の世相をできるだけ広くそして深く照射し、写し取ってみたいと考えている。

一　宗教弾圧

時の権力者にとって脅威と映った宗教は迫害される運命をたどった。織田信長の統一事業の妨げとなった「一向宗」（浄土真宗）総本山石山本願寺がそうであった。徳川幕府のもとでは、秀吉の時代から続く「日蓮宗不受不施派」に対する圧迫や、慶長十八年（一六一三）に出された「禁教令」によって、全国の「キリシタン」らに対する情け容赦ない弾圧が続いた。それにより、多くの「キリシタン」らが殉教者として命を散らしたのである。これらの迫害は薩摩藩政下でも同じであった。

1　キリシタン

寛永十四年（一六三七）に起きた徳川時代最大の宗教一揆といわれる〝島原の乱〟では薩摩藩も参戦している。乱後、幕府は切支丹の取り締まりを一層厳密に行うよう命じたのは言うまでもない。薩摩の地は、天文十八年（一五四九）にイエズス会のフランシスコ・ザビエルが日本に初めて来日した場所でもあり、以来かなりの信者がいたと推定される。しかし、島原の乱後は、幕府の厳命による藩の厳しい取り締まりによって「キリシタン」は完全に絶滅させられたと考えられている。

ところが、喜界島出身の三井喜禎の著になる『喜界島古今物語』の中には、川南習《かわみなみならい》という日向佐土原藩士が、寛延の頃（一七四八～一七五一）キリシタン禁制に触れて喜界島に遠島されたという記事が書かれているのである。キリシタン禁制の罪で奄美に流されてきた事例が確認されているのは、現在のところ、この一件のみである。その川南習に関する記事を見てみよう。

川南習―川南は、日向佐土原の藩士であったが、寛延の頃、キリシタン禁制に触れて遠島されたのだ、と伝えられている。塩道、城久川《ぐすくがわ》（グスンガァー）に居を構え、島娘と結婚して五女をあげている。遠近から慕い集った門下生に、読み書き、算盤等を教えたようだ。性、至って柔和で、博学多才、武芸のたしなみも深かった、と伝えられているが、遠島人として謹慎を旨としたものか、常に閑居して表に出るのを好まず、唯、門下生の求めに応じて、子供の教育に専念するのが、一つの楽しみでもあったのであろう。

と、このように書かれている。筆者は、先に薩摩藩内の「キリシタン」は「完全に絶滅させられたと考えられる」と書いたが、薩摩藩は、島原の乱の二年前には既に「宗門手札改め」の制度を定め、徹底した「キリシタン」取り締まりを実施していた。そのような中、薩摩藩の支藩で薩摩藩の完全な影響下にあった佐土原藩に、しかも、島原の乱後百余年もたった頃に、川南のようなキリシタン藩士がいたということは驚きである。このことは、佐土原の地に地下深く連綿とキリシタン信仰は続いており、彼以外にも藩内にキリシタン信仰者がいたことが考えられるのである。

同書によれば、彼の長女は今の神谷家に嫁ぎ、次女は志戸桶の孝仁（三田美家）に、三女は大朝戸（西家?）に、四女、五女もまた彼の弟子たちに嫁ぎ、彼は娘たちの見守る中喜界島で永遠の眠りについたという。

ところで、昇曙夢著『大奄美史』の「第五編、十九、遠島人と文化開発」の中には次のようなくだりがある。

寛延の頃には海老原庄蔵以下十一名の者が同時に喜界島に流されている。彼等一味の者は秘密の会合中キリシタンバテレンの嫌疑で一網打尽に検挙されたらしく、寛延三年十二月二十五日クリスマスの日に流罪の宣告を受けて喜界島に遠島されたと言い伝えられている。

この記述では、薩摩藩士海老原庄蔵らの罪科を「キリシタン」としている。確かに年代的には川南が喜界島に遠島になった頃と符合するが、薩摩藩の正史である『島津国史』（巻之三十二）や、「喜界島代官記」には、海老原庄蔵らの罪科を「キリシタン」とするような記述はなく、確証はないが「実学朋党事件」によって処分されたのであり、恐らくは昇曙夢の誤認であろう。

２　一向宗（浄土真宗）

「一向宗」で奄美諸島に流された事例を、二件だけ確認することができる。第一章第一節「公儀流人」の項にも記した通り、寛保三年（一七四三）京都西本願寺僧侶二人（愿敬・雲貞）が、「公儀流人」として奄美大島と喜界島に流された事例と、文化年間と思われる時期に、知覧郷士松元兵治が奄美大島古仁屋に流されてきた事例である。それぞれ若干の論考をする。

①　京都西本願寺僧二人の内、愿敬について次のような「證文」が見える

證文　　　　　　　　西本願寺堂達性玄寺

當三拾八　　浄土宗　　　　　愿敬
　　　　　　前一向宗

右者、此節京都より流罪被仰付候処、一向宗ニ而候付、浄土宗改宗被仰付、大嶋江被遣置候条、後年札改ニ付而手札申請候節、前一向宗之訳手札肩書等可申渡旨、亥十二月十四日、三崎平太《（久迢）》取次、御證文を以被仰渡候間、後年手札改之節、右之趣手札帳面共無紛記置候様可被申渡候、以上

寛保三年亥十二月十六日

御勘定所印

大嶋代官

（『鹿児島県史料旧記雑録拾遺伊地知季安著作史料集七』史料番号９０）から

右の文書は、三十八歳の浄土真宗西本願寺派僧愿敬の「流人證文」である。幕府から「御預り」した一向宗徒の「流人證文」が、藩勘定所から流罪先である大嶋代官宛てに「仰渡」されている。もう一名の雲貞についての「證文」は見当たらないが、恐らく同内容であろう。一向宗徒の愿敬は形ばかりであろうが、浄土宗に改宗させられたうえで奄美大島に流されている。愿敬・雲貞について、現在これ以上の情報（史料）は見当たらない。ちなみに「西本願寺」といえば、浄土真宗西本願寺派の本山である。かつて本願寺は、加賀国を一向一揆によって攻め滅ぼし、徳川家を苦しめ、織田信長に徹底的に対抗した。天正八年（一五八〇）、本願寺法主顕如は信長と和睦し、大坂石山本願寺城から退去した。その際、顕如と子の教如とが信長に対する路線を巡って対立し、西本願寺派（顕如派）と東本願寺派（教如派）に分裂してしまう。後に教如は、徳川幕府の援助を受けて「真宗大谷派」として独立する。これが、現在まで京都の堀河通を挟んで屹立する、「西本願寺」と「東本願寺」である。このような伏線があって、西本願寺僧侶二人が、「公儀流人」として僻遠の地奄美に流されて来たのかもしれない。

ところで、『種子島家譜』には、随所に「公儀流人」の種子島配流の記述が見えるが、その中には科名が「一向宗」で流されて来た者たちも多い。抜き書きをしてみよう。なお、（ ）内が一向宗徒数である。「文化元年六人（一人）、天保八年十四人（八人）、天保十二年九人（六人）、天保十五年十四人（五人）、嘉永六年十三人（二人）」などとなっている。彼らは、宗門改めの時に一向宗徒であることが露見したのであろう。またほとんどの者が、京・大阪・奈良など西国出身者である。

②『瀬戸内町誌　歴史編』では、薩摩藩知覧郷士松元兵治が「一向宗」で遠島に処せられた経過を次のように書いている。

松元兵治

一向宗のことで罰せられ、士分をはがされ、家禄も没収されて古仁屋に遠島になり、そのままこの地で亡くなった。知覧郷永里村中福良の出身で、一七四二（寛保二）年一月八日に生まれた。幼い頃から聡明だったので、知覧の領主久峯の近習となり寵愛された。松元兵治について次のような話がある。

一七六二（宝暦十二）年、久峯は知覧郷士を従え藩主重豪の東上に供奉した。途中京都の山科で一行が休憩した時、境内の堂宇に「二虫堂」という額がかかっていた。重豪は家臣にその意義を尋ねたが、誰も解する者がいなかった。薩摩藩随一の学者といわれていた久峯も困り、かねてから兵治の学才を知り、評価していたため、兵治を重豪の御前に召し、その意義を尋ねた。兵治はしばらく考えて「恐れながら申し上げます。これは月の心を解き、風の気持ちを味わう意味かと存じます。〝近江路の清水寺はさすがにも月と風とははだかなりけり〟と古歌にあります通り、月がわの衣をぬぎますと二になり、風が衣を取ると虫になりますので、清涼この上ないすがすがしさかと存じます」と答え、一礼して引き下がったので、久峯は面目をほどこし、並いる重臣たちも感嘆したという。

（「二　瀬戸内に来た流人」『瀬戸内町誌　歴史編』）から

なお「一向宗」に関して、原口虎雄氏は著書『鹿児島県の歴史』の中で次のように書き記している。

薩摩藩の宗教政策で特筆すべきは、一向宗の（浄土真宗）厳禁の事実である。宗門手札改めも、この点については十分に機能を果たしたといえる。一向宗禁制の理由については、(1)秀吉征薩のさい、獅子島の門徒が近道を教えて領主が怒ったこと、(2)伊集院幸侃の叛徒に一向宗徒が多かったこと、(3)福昌寺開山石屋真梁が南北両朝合体のときの勲功に対し、一向宗禁制の勅許をえたことなどの諸説が流布しているが、いずれも信拠しがたい。一向宗禁制の真因は、一向宗の教権至上主義が、往々にして領主権力の軽視にまで発展するのを忌み嫌ったせいだと考えられる。信長・秀吉・家康がいかに一向一揆に手を焼いたかは、史上周知の事実である。このような危惧を未然に防止するためのものであった。

（「4　過酷周到な庶民支配」『鹿児島県の歴史』）から

「一向宗」について、他の地域では広まっていたが薩摩藩では禁制になっていた。島津氏が一向宗禁制を制度として整えたのは天正年間（一五七三〜）以後のこととみられている。原口氏はさらに「その抑圧は残酷をきわめたもので、士は庶民に貶し、時には斬首・流刑・奴隷に処し、百姓以下は流刑・笞刑をくわえた」とも書いている。一向宗禁制の理由については原口氏が解説するように諸説あるが、封建制の極北とまで言われた薩摩藩が、このような「一向宗」・一向宗徒を受け入れるはずもなく、極度に警戒し、見つけ次第厳罰に処したことは容易に推測できる。それでは薩摩藩の「宗門手札改め」についてより具体的な記述を見てみよう。

宗門手札改

鹿児島藩の領民掌握と宗教統制の具体的な柱は、宗門手札改である。その方向は領民の確実な把握による統制と、キリスト教・一向宗の禁制である。宗教面ばかりでなく、用夫《いぶ》や使用人の掌握など経済的な要素も大きい。寛永十二年（一六三五）「鹿児島藩の宗門改の手札は生子まで、百姓は年齢を記して一人に一枚ずつ渡す」（「生子」は生まれて一年未満の子）とあり、同十六年「札改相済み、去る亥年（寛永十二年）

より五か年かかる、是は札改の初である」（古記上）とみえ、寛永十二年から十六年にかけてはじめて手札の交付作業が行われたことを示しているが、それ以前にすでに領内ではキリスト教禁止と一向宗改（寛永九年）が行われ、一向宗徒が摘発されている。以後、手札改は厳しく行われていき、寛永十二年から享保十四年（一七二九）までの間、およそ百年間に記録にみえるだけでも十二回の手札改が行われ、単に宗教面ばかりでなく領民の把握の面からも政治的色彩が色濃くなる。

手札改の実際

鹿児島藩の宗門手札改は、世にいう寺請による宗門改ではなく、藩の機構をもって定期的に幕末に至るまで実施されたことにその特徴がある。機関として宗躰座、役人として宗躰役人（元禄十二年、宗躰改方、安永七年には宗門宗躰改役となる）がおかれた。また宗躰座は宝永六年（一七〇九）に宗門改所と改められ、これが宗門手札改を推進する。実際にはそのつど札改座がおかれ、札奉行・中取がおかれ、検者が派遣される。そして各郷においては、噯（郷士年寄）・横目・郡見廻など郷役人が、検者の立ち会いのもと村内を巡回し、宿元をきめ、門名頭・名子を呼び出し、改帳を作成する。一村で数日、一つの郷では一カ月以上の日数を要した。

（「第六章　鹿児島藩」『宮崎県史　通史編　近世下』）から

松元兵治一件は、このように取り締まりが厳しい鹿児島の地であっても、信徒たちがガマ（洞窟）の中で〝隠れ念仏〟を唱え、信仰生活を続けていたということの証左ではないか。奄美に流された一向宗徒はもっといた可能性も考えられるがはっきりしない。原口氏の解説はさらに続き、「取り締まりの峻厳さにたえかねて逃亡する百姓も多く、寛政十年（一七九八）には、日向諸県郡の領民二千八百人が飫肥領に逃亡する事件すらおこった」とも書いている。

3 犬神信仰

『種子島家譜』には、「犬神信仰」によって、宝暦三年（一七五三）二月、種子島から徳之島へ遠島となった水主藤次郎と百姓孝右衛門の例と、安永元年（一七七二）八月、西村文右衛門時挙（隠居）と西村官左衛門時武父子が、それぞれ奄美大島と喜界島に流された二例が記録されている。薩摩藩は「犬神信仰」のような民間信仰についても、「一向宗」や「キリシタン」同様、遠島処分という厳しい対処で臨んでいたことが分かる。

「犬神信仰」は四国・中国西部・九州東部地方に多く信仰されてきた民間信仰であるが、徳之島にも存在が見られることから、流人を通じて鹿児島から徳之島にもたらされた可能性がある。既述したが、再度『種子島家譜』の記事を見てみよう。

宝暦三年（一七五三）

二月十日、平山村濱田浦水主藤次郎・中之村百姓孝右衛門坐犬神害人、遠流于徳之嶋、

安永元年（一七七二）

廿三日（八月）、没収西村官左衛門時武家財、遠流于鬼界、西村文右衛門時勝遠流于大嶋時勝隠居者也、故不及没収家財、是與西村甚五右衛門時右因犬神之故諍論、故以官府紀明奉行愛田新右衛門・野田官兵衛紀理非而及此、

宝暦三年の例は、水主藤次郎、百姓孝右衛門が「犬神」を信仰した廉《かど》によって両名とも徳之島に流された例であり、次の安永元年の例は、西村文右衛門、官左衛門父子が「犬神之故」を以って処分され、父の文右衛門が奄美大島へ、子の官左衛門は家財没収のうえ喜界島へそれぞれ流罪となったものである。この二つの事例を見る限り、「犬神」の信仰は村をまたがって、あるいは家族ごとに行われていたことが伺われる。さらに、『種子島家

譜』には、安永八年（一七七九）の出来事として次のような記事もある。

七月二十九日、柳田八左衛門以犬神害人、貶為庶人放中之村

この記事は、武士である柳田八左衛門が「犬神」を信仰して人に害を与えたために、流罪にはならずとも庶人（百姓身分カ）に貶められたものである。「犬神」の処罰については必ずしも極刑や流刑だけではなく、この例のように、身分刑として士分を剝奪し庶民階級に身分を貶め、なおかつ武家地に居住することを禁止したこともあったようである。それでは「犬神」信仰とは具体的にどのようなものなのだろうか、この疑問に答えてくれる貴重な記事が「奄美郷土研究会報」に見ることができるので、ここにその概略を紹介しよう。

永吉　毅「徳之島における『犬神信仰』について」

徳之島阿権小学校の東方約百米の小高い丘に相思樹、松等の生い繁った雑木林がある。その中程の所に石を積みめぐらした箇所があって、それを土地の人々は「犬神」とよんでいるが、祠というわけのものではなくそれかといって墓というものでもなさそうである。してみるとこの「犬神」とよばれている場所（地点）は一体何であろうかという疑問が湧くのは一応当然である。土地の人々は「犬神」のことについては口をとざし言い合わせたように語りたがらない。（中略）

何時の頃のことであるか時代は判明しないが「犬の首から上だけを出し胴体を土埋めにし数日飢餓にあわしめた後犬の好物である餌を口舌の届くか届かないかの所に置くと飢えた犬は食欲しさにもがきにもがくけれども埋められた胴体は動かせないので舌を長く出して餌にありつかんとするその時その舌を切断した」のだそうだとのことである。そしてその犬を埋めた所が「犬神」であり、その犬の霊が後で祟っては困るので

その後はそこを祭った、ということであるから犬の墓であり又その祭場の跡であると考えるべき所のようである。それを俗に犬神と称えているが、概して「犬神」という語のもつ概念はそのようなものだけでなくもっと広く信仰につながるものがあるかのようである。

民俗学辞典によると「犬神は、憑物の一種で中国・四国・九州の諸地方に伝わる俗信云々」と書かれているが、徳之島では「犬神」を信じている者（同時に家族も）は犬霊の守護によって一身一家が安泰であり営利栄達が望まれ（一代は栄えるが後は栄えないともいう）信者には神通力ができそれを使って「入り口」（入れ口）すなわち呪詛ができるものと解されている。（中略）

徳之島において「犬神」を信じている所は全島でも数カ所を出ないであろうと聞く。併し因習は隠れた処に残ると言われるから、あるいはそれを上回るかも知れないが何れにしてもその信仰内容は大同小異であろうと推察される。

この犬神信仰は本土から伝わってきたものであろうことは推察されるがそれにしては、本土の「犬神」と徳之島の「犬神」とでは同じ俗信にしても趣の異なるものがあることは注目に値するものでなかろうか。

また南の沖永良部島、与論島では「犬神」のことについて聞かないことをもって考えると、徳之島が犬神信仰の南限ではなかろうか。（中略）

（「奄美郷土研究会報」第五号）から

永吉氏のこのレポートは、希少な徳之島における「犬神信仰」を伝えている点において、民俗学・宗教学上にも貴重なものではなかろうか。永吉氏も書いておられるように、民俗学研究所編『民俗学辞典』によれば、「犬神」の分布地は中国・四国・九州の諸地方であることから、「犬神」がこれらの地方から種子島に伝わり、種子島から流人たちを介して徳之島に伝わった可能性も十分に考えられるのではないだろうか。『種子島家譜』に書かれている平山村濱田浦水主藤次郎と中之村百姓孝右衛門はふたりとも徳之島に流されていることから、彼らが徳之島においても引き続き「犬神」を信仰し、その子孫たちがそれを引き継いだ蓋然性は高いと考えられる。ただ、二例目の西村文右衛門・官左衛門父子の二人は、喜界島や奄美大島に流されているにも関わらず、管見の限りであるが両島での「犬神」信仰の話を見聞きしたことはない。この疑問点についても、永吉氏が書いているように「土地の人々は〈犬神〉のことについては口をとざし言い合わせたように語りたがらない」からだろうか、疑問は尽きない。

4 ノロとユタ

奄美も含めて古琉球時代の琉球王国は祭政が一致していた国であった。しかし慶長十四年（一六〇九）に島津氏によって琉球国が征服されて、奄美が薩摩藩の直轄地となってからは、かつて琉球の政治の一端を担ってきた奄美の「ノロ」たちは、本琉球との紐帯を断ち切られてその権勢が削がれていった。そして、十九世紀に入り薩摩藩の黒糖収奪がひときわ激しくなるのに比例して、「ノロ」や「ユタ」に対する弾圧は厳しさを増していった。

薩摩の琉球侵略以前、つまり古琉球時代における奄美・沖縄の宗教である琉球古神道の神観念について、前田長英氏は『道の島史論』の中において次のように書き記している。

海の遥か彼方にニライ・カナイとよぶ神の住む国がある。死んだ祖先の霊も三十三年を経るとニライ・カナイに渡って神となる。ニライ・カナイは永遠に変わることのない常世の国であり、花咲き鳥歌う平和で幸せな国である。ニライ・カナイからテルコ・ナルコ（沖縄ではニライ・カナイの神という。また〈キンマモン〉ともいう）の神が人間世界を訪ねてくる。人間世界を災害から守り、災害をもたらす悪神を追放し、五穀（米・麦・粟・豆・稗）をみのらせ、航海の安全を守るためである。テルコ・ナルコの神を迎える二月の壬（みずのえ）の日に、神女たちはそろって海岸に出て、沖に向かって手招きをして神を迎える。迎えた神をひとまず村の広場に建ててあるアシャゲまで御伴し、村中の女たち総出の舞踊で歓迎し、やがて「拝み山」の深い森の奥に案内する。テルコ・ナルコ神を拝みに山に斎（いつ）き祀ってから、拝み山の木の間がくれに遥かに見える山頂に向かって、天上の神の降臨を祈る。その祈りにこたえて山頂に降臨した天上の神は、やがて峰々谷々を超えて拝み山に神下りする。こうして斎き祀ったテルコ・ナルコの神と天上からきた天上神は、四月の壬の日まで神女たちにかしずかれ、神女たちが祈願する部族の繁栄・五穀の豊穣・航海安全・無病息災を聞こし召す。

ここでいう神女たちこそが「ノロ」である。加計呂麻島出身の言語学者金久正氏は（註1）、『奄美に生きる日本古代文化』のなかで「「ノロ」は［宣り］から転化した語に違いない」と書いている。そして、前田長英氏は「奄美・沖縄の人々は、ひとしくこのような神観念によって育まれた」とも書く。後世、琉球王朝中興の祖とされた尚真王（註2）はこの琉球古神道を国教とし、神職組織を確立して、国家最高の神官として王府に「聞得大君《きこえおおきみ》」、地方には「ノロ」を置いた。「ノロ」を尊称して「ノロクメ」とも呼ぶ。つまり、薩摩侵入以前の「ノロ」は奄美の支配者であり、祭祀権者であり、また守護神でもあったのである。薩摩藩は支配の邪魔になるこの「ノロ」を弾圧した。そして、この「ノロ」の衰退に伴って奄美の民間信仰の中心として一躍顕在化してきたのが、「ユタ」（巫女・巫覡・呪術師・シャーマン）という物知りの男女たちであった。支配者薩摩にとって、「ユタ」は神がかり的に呪文を唱え、時や日の吉凶を占ったり、人の運命を占い、あるいは人の弱点に付け込み祈祷や払いを行って、農民たちの米穀酒肴を貪る許し難い存在と映った。「ユタ」は藩政期を通じて徹底的に弾圧された。

薩摩藩は奄美支配のため在地宗教を弾圧したが、「ノロ」と「ユタ」とでは、その接し方に違いがあった。

「ノロ」については「大島置目之条々」や「大島規模帳」などで、米に関して収穫や祭祀使用などに規制を加えていたが、「ノロ」の神観念を日本古来の神道に近いものと考えていた様子があり、むしろ「ノロ」の「神女組織」を、人心支配に利用しようとした形跡がある。それは「ノロ」たちが奄美の上流階級の家の出身者、つまり島役人たちの子女や近親者が多かったためとも考えられる。一方、「ユタ」については、人心をたぶらかしてあらゆるものを搾取し、支配の障害となる邪宗ととらえ、牢込め、遠島などにより徹底的な弾圧を加えた。

それでは、薩摩藩による奄美在地宗教「ノロ」と「ユタ」に対する迫害状況について、時代を下りながら、また史料を確認しながらみていくことにしよう。

覚

一田畑を荒、並作障ニ、神之山・けんもんたまかり所之由候て、竹木を相立置候事、

一病人有之候時分、致祈念、牛馬其外生類を殺、並衣類・家財等取候事、

右禁止ニ申付候條、嶋中よた共へ、不残、堅勝ニ相守候様、屹可申渡候、若背者於有之は、可及沙汰之條、遂詮議可被申出候、尤、此書付、後代官へ可被継渡者也、

元禄七年戌三月朔日

御國遺座

喜界島代官衆

取次鎌田後藤兵衛

（『藩法集8　鹿児島藩上』資料番号八二四）から

この「覚」は、元禄七年（一六九四）藩庁から喜界島代官宛て通達されたものであるが、島中の「ユタ」共に

対して徹底した取り締まりをするよう示達している。もし違背した者には「沙汰に及ぶ」とし、後の代官に対しても「申し送り」を徹底するよう命令している。条文内容を要約すれば次のようなものであろう。

一神山やけんもん（筆者註、けんむん、沖縄では〈キジムナー〉という。ガジュマルの木に住み、島人たちの畏怖の対象。本土の〈河童〉のような存在カ）が住んでいるとして竹木をそのままにしているのは田畑の耕作障害になる。

一病人に対して祈祷を行い、牛馬などを殺し、さらに衣類・家財をもらうことを禁止する。

享保十三年（一七二八）に布達された「大島規模帳」は、藩による道之島への統治方針を最初に体系化したものであるが、その中に「ノロ」と「ユタ」に対する規制条文があるので、そこから「ノロ」と「ユタ」に対する規制の違いを見てみよう。

一島中折目祭不相済候ハ、不致苅取納、仕登時分後成候由、其聞得候、向後初尾米残置、無油断為致上納、折目祭之儀ハ、追て吉日次第、右初尾米を以て、如例可申付事

一女共神ニかかりたる由ニて、奇怪なる儀を企、米・雑穀を費シ、徒党を結、島中の騒動なる儀有之候由、自今以後、堅令禁制事

（「大島御規模帳写」『南西諸島史料集第三巻』）から

先条の規制は「ノロ」に関するものである。「ノロ」の祭祀に用いる初尾米（初穂米）を、祭に使うまで刈らずにおけば仕登（しのぼせ、鹿児島に登ること。収穫期を終え冬になると奄美には季節風〔ミーニシ・北風〕が吹き上納船の運航が厳しくなる）に差し支えるので、それまでには刈り入れを済ませ、その際祭祀用の米をとっ

ておき、後日の祭りのときはその初尾米で祭りを行えばよい、という達しである。ここでは「ノロ」に対して祭祀の完全否定までは至っていない。しかし、次条の「ユタ」に対しては、「自今以後、堅禁制せしむ事」とし、徹底した排除命令を発し、両者に対する規制の違いを見せている。

次に、徳之島代官福永仁右衛門の時に示達された「ユタ禁令文」を示す。

一此御代ヨタ《ユカ》一件仰渡書入置事
島中所々江ヨタト相唱候者罷居、病人等之祈念無筋作立事ヲ以人々ヲ迷スヤ、又ハ致死去者ニ成替リ、存命中之諸障之由ニ而色々虚言ヲ申聞、其外生霊・死霊之タヽリ木之タヽリ抔ト名付、病人婦人ヲタブラカシ、牛・馬・豚類ヲ殺セ又ハ米穀等ヲ略取候儀今以不相止由、右ハ古来ヨリノ御禁制ニ候処、右之次第別而不届之者共ニ候、向後屹トヨタ修行取止候様可申渡候、乍此上相背者候ハヽ、大島之内与路島江借島可申付候、(中略)但、遠島人之内ヨタ等敷所行之者モ有之哉に相聞得、別而不届之致方ニ候条、堅ク禁制申付候、万々一於相背ハ屹与可及沙汰候、

(「徳之島前録帳」嘉永二年の項)から

文中の「ヨタ」は「ユタ」のことである。この禁令によれば、「乍此上相背者候ハヽ、大島之内与路島江借島可申付候」として「ユタ」は与路島に流すとし、また遠島人の中にも「ユタ」を行うものがいて不届きであるとしている。この十二年後、文久二年(一八六二)十二月には、「禁令文」通り徳之島の「ユタ」二十人が摘発を受け、うち七人が与路島や沖永良部島に流されている。このときの状況を『徳之島事情』から見てみよう。

文久二年戌十二月、全島内巫女ノ者共ガ種々浮説流言呪符祈祷ヲ為シテ医薬ヲ妨ゲ、甚ダシキニハ牛豚類

ヲ屠殺セシムルコトアルヲ以テ、巫女廿人ヲ代官所ヨリ逮捕シ獄ニ入レ、内四人ハ女、十六人ハ男ニテ、其七人ハ大島、沖永良部島へ遠島シ、他ハ将来ヲ戒メ翌文久三年赦免出獄シタリ。

（「五、賞罰の項」『徳之島事情』）から

文中、大島とあるのは、嘉永二年に「ユタ」に対する「禁令文」で予告されたように、奄美大島の属島である与路島だと思われる。薩摩藩大御所島津重豪と第二十七代藩主島津斉興は、文政末期五百万両に達した藩借金に対応するため、天保元年（一八三〇）調所広郷を改革主任に任命して財政改革を進める。この改革の柱となったのが奄美三島（奄美大島・喜界島・徳之島）からの砂糖の徹底した収奪であった。調所は「三島方」という役所を設けて、砂糖キビのモノカルチュア（単作栽培）を推し進めるとともに、キビ作可能な土地はすべてキビ作地とした。『改訂名瀬市誌　1巻　歴史編』には、藩は砂糖増産をはかるため、男子は十五歳から六十歳まで、女子は十三歳から五十歳まで作用夫（さくいぶ、農奴）として、島役や士族格、その妻女と在番士の妾を除き、奄美大島住用の場合、男子は二反五畝（七百五十坪、約二五〇〇㎡）以上、女子は一反二畝半（三百七十五坪、約一二五〇㎡）以上のキビ栽培を強制し、徹底した砂糖キビ農奴体制を敷いたことが書かれている。そして、「ノロ」や「ユタ」は徹底して弾圧された。

（『改訂名瀬市誌　1巻　歴史編』三六七頁）から

註

（1）かねひさ　ただし。明治三十九年（一九〇六）鹿児島県大島郡瀬戸内町諸鈍（加計呂麻島）に生まれる。大正九年（一九三四）九州帝国大学文学部英文学科卒。同年から大正十三年（一九二四）までの間、故郷諸鈍にて民俗研究・調査に従事する。大正十三年八月より昭和二十六年（一九五一）四月まで長崎県外事課、外務課勤務。その間活水女子専門学校文科講師（言語学）。

主として郷土誌『南島』や民俗雑誌『旅と伝説』に論文を発表。長崎市で被爆し失明、やむなく奄美大島に帰郷し名瀬市にて私塾を営む。平成九年（一九九七）五月、転居先の鹿児島市で逝去する。著書に『奄美に生きる日本古代文化』（南方新社、二〇一一）がある（出典、『復刻　奄美に生きる日本古代文化』）。

（2）　一四六五〜一五二六。第二尚氏王統三代の王。在位五十年。中央集権によって強固な王国を作り上げた。尚円の子で諸神の神託により十三歳で即位したとされる。一五〇〇年の八重山征討については、オケヤ・アカハチが両三年貢を絶ったために征討軍を派遣、大里ほか九人の将を戦船四十六隻に兵三千人を乗せて討伐した。彼の時代聞得大君を頂点として、各間切の神女（ノロ）にいたる階層組織が形成されたとされる。その神女は王によって任命された。従って政教両権を王が掌握することにより中央集権の統治をおこなうことができたと考えられている。按司の領地には代官を派遣して治めさせ、按司や諸役人は「冠」と「簪」の色、金銀による区別によって身分を明らかにした。尚真の時代は後世まで〝嘉靖の栄華〟とうたわれた（出典、『沖縄大百科事典』島尻勝太郎）。

二　公儀隠密

『瀬戸内町誌　歴史編』に、森僧八という公儀隠密が鹿児島から奄美へ流されたことが書かれている。これは稀有な事例ではないかと思われる。日本各地の遠島地でも罪科が公儀隠密というのはあまり聞かない。公儀隠密の奄美遠島例はこの一例のみであると推察されるが、さらに研究を深めるべきテーマではないかと思う。薩摩藩は幕藩体制下極めて排他的で特殊な藩で知られた。隠密（スパイ）の侵入を防ぐために、肥後口や日向口の国境には多くの関所を設け、脇街道にも網の目のように辺路番所が張り巡らされていたという。さらに日本の南口を守る藩らしく浦々の津口にも番所を設けて強力な監視体制を取っていた。しかも鹿児島弁は他郷の者はほとんど理解できず、かつ話すことも極めて困難な方言であり、公儀や他藩からの侵入は極めて難しいとされていた。

『瀬戸内町誌　歴史編』では、森僧八は日向から鹿児島へ入国したとなっているから、彼は恐らく日向国にいくつか点在した幕府領の者で、鹿児島弁をある程度話せる人間だったかもしれない。天領のいくつかは薩摩藩領（日向諸県郡）や佐土原島津家領と接していたからである。『瀬戸内町誌　歴史編』の記述を見てみよう。

森僧八

はじめ徳之島に流され、後に与路島に移され、与路島で生涯を終えたという。ツユマツを妻に迎え、明治のはじめ頃に八十歳くらいで亡くなったと伝えられている。僧八は幕府からの隠密として、薩摩藩の黒糖の生産や出荷状況を調べるため、日向を経て薩摩へ虚無僧姿で入国したが、三年目に捕らえられ、拷問に付された後大島に流されたという。

（「瀬戸内に来た流人」『瀬戸内町誌　歴史編』）から

この幕府隠密森僧八が奄美に流されたという記述が正しいとすれば、先述した通り極めて珍しいことではないか。さらに『与路島（奄美大島）誌』には次のようなことが描かれている。

遠島人で生涯を終えた僧八は、島づくりに貢献したものと考えられる。また、鹿児島との交流もあって、生活の援助も内々あったと伝えられ、明治末期頃、鹿児島から身内と称する人々が来島して僧八の遺骨を持ち帰ったという言い伝えがある（森　朝太郎氏より）。

（「第七章　口碑と伝承」『与路島（奄美大島）誌』）から

離島中の離島である与路島に没した僧八ではあったが、この文章を読む限り、僧八と彼の親族たちとが時空を超えて固い絆で結ばれていたことが分かる。参考までに、薩摩藩の関所の厳しさについて『鹿児島県の歴史』の記述を見てみる。

本街道の国境には関所がおかれ、辺路には辺路番所が網の目のように張りめぐらされ、出入国の手形検査のきびしさは有名であった。日向口では高岡郷の去川の関、志布志郷の八郎ヶ関、夏井の関、肥後口では出水郷の野間の関、大口郷の小河内の関などがあった。なかでも出水郷士のまもる野間の関は、寛政のころ薩摩に入国しようとして拒まれた高山彦九郎が『薩摩びといかにやいかに、刈萱の関もとざさぬ御代と知らずや』と詠嘆したほどむずかしい関所であった。一方、また日向口の高岡郷士のまもる去川の関も恐ろしいところで、日向口から送還される他国人は、関外で兵児二才どもに追討の陰殺を受けるしきたりであった。安政五年（一八五八）十一月、西郷が月照と月明の鹿児島湾に投身自殺をはかったのは、月照が日向口送還にきまったからである。

（原口虎雄著『鹿児島県の歴史』）から

三　島抜け

『種子島家譜』から、奄美からの二件の「島抜け」が確認できる。当時、八丈島などの本土の遠島地においては「島抜け」は最も重い罪の中の一つであった。捕まれば間違いなく死罪である。しかし、そうとは頭で分かってはいても都会育ちの流人たちであってみれば、「島抜け」で捕まる危険よりも、配所における無聊の寂しさや飢饉の苦しさの方が勝っていたのかもしれない。そこで彼らは、ほとんど成功のあり得ない確率千分の一の「島抜け」という賭けにでたのであろう。

八丈島では、享保から明治六年までの間に十七、八回の脱島「島抜け」があり、そのほとんどは沖合で潮流に阻まれて捕まるか、さもなければ行方不明になっている。そして捕縛されたものは島内で残虐に処刑された。たとえ成功して江戸にたどり着いた者も、発見されて市中引き回しの上、磔獄門にされている。

翻って奄美に流された流人たちが実行した「島抜け」はどのようなものであったのだろうか。次の二件の『種子島家譜』記事から見てみよう。

○天保八年（一八三七）

十日（七月）、鬼界島流人藩御小姓與徳田喜右衛門及重富人一人・指宿人一人乗㆓小舟㆒漂㆓到于安城村㆒、舟中載㆓桶一・鍋一・衣裳一包㆒、村吏問㆓其由㆒及㆑飢言語不㆑通、作㆑粥食㆑之、締方横目源五右衛門・鎌田納右衛門、吾横目西村七郎・種子島五郎衛門至㆓彼地㆒鞫㆓問之㆒、其言甚胡乱也、竟謂㆓盗㆑舟出奔㆒、即召㆓于赤尾木㆒、徳田氏居㆓于西之表假屋㆒使㆓足軽護㆑之㆒人者囚㆑牢促㆓飛船㆒告㆓于官㆒、（島抜記事）

○嘉永六年（一八五三）

同日（五月廿七日）、本府有馬紇右衛門臣満留傳助・谷山郷士福嶋金助乗㆓小舟㆒漂㆓到坂井村㆒、締方横目・我横目往問㆑之、答曰、嚮有㆑罪被㆑謫㆓于大島㆒、彼地飢饉不㆑堪㆓艱難㆒、故盗㆑舟欲㆑帰㆑郷遇㆑颶漂到駕云、

この二件の記事は、奄美へ流された流人が「島抜け」をしたことを記したものである。一件目の天保八年の記事は、喜界島に流されていた「徳田喜右衛門及重富人・指宿人」の武士らしき三人組が、舟を盗んで「島抜け」をして種子島に漂着したものである。しかし、この記事だけからでは、この三人組の「島抜け」の動機や目的地などは不明である。そして、続く同年八月二十五日の記事には、この三人が飛船（藩御用船）で鹿児島の藩庁ま

で護送された旨が記載されている。その後の経過及び処罰等については不明である。

二件目の嘉永六年の記事は、「本府有馬紀右衛門臣満留傳助・谷山郷士福嶋金助乗二小舟一漂二到坂井村一」とあるから、満留傳助と福嶋金助の二人は薩摩藩士であることが分かる。そして、この二人は、奄美大島での飢饉に耐え切れず、やはり舟を盗み鹿児島へ帰郷すべく出航したが、颶（辞書によれば秋口、南方から吹き付ける強い風とあるが、台風のことか）に遭って種子島に漂着し、取り調べの後鹿児島に護送されたとある。この二件目の記事から見えてくるのは、奄美における飢饉の状況である。嘉永六年といえば、薩摩藩の「砂糖惣買入制」によって、奄美三島は極度に疲弊し〝黒糖地獄〟が現出しているころである。奄美大島のどこから脱出しようとしたかは不明であるが、この二人の供述によって、はしなくも〝黒糖地獄〟による奄美の飢餓状態が露見している。また「盗レ舟」とあるが、どのような舟であったのか興味深いものがある。おそらくは「刳り船」程度の小舟と予想されるが、この二人はよく思い切ったものである。それだけ奄美の飢饉状態がひどいものであったことの証左であろう。

「島抜け」といえば、八丈島では「島抜け」に関するエピソードが多い。八丈島では「島抜け」のことを「抜け舟」と呼んでいたらしいが、女囚がからんだ「抜け舟」二件を『八丈島誌』から紹介してみよう。

一件目は、天保九年（一八三八）新吉原の遊女花鳥（十五歳で流され、二十三歳）が下総国佐原村の喜三郎と共謀して、他に五人をさそって「抜け舟」をした。これは一応は成功したが、後に江戸で捕らえられて死罪になっている。二件目は、一件目の事件の七年後の弘化二年（一八四五）に、やはり新吉原の遊女豊菊（在島二十五年）が中心となり、無宿三人と百姓・士分・浅草宋林寺の僧侶宝禅の七人が、神湊《かみなと》から漁舟を盗んで「抜け舟」をした。この時は沖合で追い詰められ、三人は溺死し、豊菊は主犯として銃殺され、残り三人は拷問にかけられている。なお、この事件には後日譚があって「豊菊は、死ぬとき「死んでも、虫になって作物を荒らしてやる」と大声でわめいたという。その年は甘藷に虫がついて困った。それからは、甘藷につく虫をお豊虫というようになった」とある。

この二つのエピソードのように、本土の遠島地では数々の「島抜け」が喧伝されたが、やはり奄美にも「島抜け」があったことが、『種子島家譜』から確認することができた。確認できた奄美流人の「島抜け」事案はわずか二件五人のみであるが、それは文献上判明しているだけであって実際はもっとあったかもしれない。

四　初見と終わり

「奄美流人の初見や終わり」について検討をすることも、奄美流人史研究上不可欠ではないか。もちろん奄美流人の全体像が判明していないのだから、これらの検討は仮定のこととしてとらえる必要がある。

「奄美流人の初見」については、とらえ方に困難性がある。というのは、奄美流人といっても、これまでも書いてきたように「公儀流人」「薩摩藩からの流人」「奄美諸島間における流人」「琉球国からの流人」等々が考えられるからである。そこで、小書においては混乱を避けるためあえてそれぞれのパターンについて「奄美流人の初見」を記すこととしたのでご了解頂きたい。

また、「奄美流人の終わり」の検討については、この時期が徳川期から明治期への過渡期であり、したがって明治新政府は朝令暮改を続け、流刑制度そのものがたびたび変遷しているのでより慎重さが求められるであろう。例えば、明治三年（一八七〇）に「新律綱領」を定め、流刑先を北海道としたにもかかわらず、翌明治四年に八丈島へ流人を送っている。あるいは、明治六年（一八七三）には、「新律綱領」を補い施行された太政官令「改定律例」で「流刑」は「懲役」と改称されて、離島への「流刑」は禁止されたにもかかわらず、鹿児島県が奄美各島への「流刑」禁止を布達したのは二年後の明治八年であった。

1　奄美流人の初見

ア　「公儀流人」初見

「公儀流人」の初見は、本田親孚が記した『大島要文集』から、寛文十年（一六七〇）に奄美大島に流された生国上総の「惣兵衛」、生国信濃飯田の「虎蔵」、生国遠州浜松の「勘三郎」、及び喜界島に流された生国武蔵国江戸日本橋の「六郎兵衛」の四人であると考えられる。さらに、『大島要文集』の目録には、これら四人のほかにも「公儀流人」として、生国江戸の「武藤道元」と無宿の「シャル吉」の二人が記載されており、『大島要文集』記載の「公儀流人」の数はこれで合計六人となる。しかし、彼ら六人の罪状について『大島要文集』には記載されておらず、後記二人についても、配流年も含めて一切不明である。なお、『大島要文集』以外の「公儀流人」については、寛保三年（一七四三）に、京都西本願寺僧侶二人が、奄美大島及び喜界島に流された事例と、「嘉永朋党事件」で徳之島へ流されたことのある薩摩藩士新納時升が書いた『九郎物語』の中で、大島代官時代の新納に砂糖キビ増産の秘訣を指南したという岩城織右衛門がいるのみである。

イ　「薩摩藩内からの流人」初見

「薩摩藩内からの流人」の初見は、『種子島家譜』の記載から、延宝八年（一六八〇）奄美大島に流された「中田伊右衛門時寿」と思われる。しかし配流先、科名、赦免や生死状況等は『種子島家譜』に記載がないことから不明である。

ウ　「奄美諸島間における流人」初見

「奄美諸島間における流人」の初見は、『奄美大島諸家系譜集』（勘樽金一流系図）から、喜界島志戸桶間切与人「無心好」であると考えられる。「無心好」は、大島代官富山九右衛門の代（寛文二～三年〈一六六二～六三〉）に、同僚の喜界島西目間切与人の讒言により与路島に二年間配流された。そして、讒言した同僚西目与人もまた、讒言が露見し入れ替わりに与路島に配流されている。

エ 「琉球国からの流人」初見

「琉球国からの流人」初見については、『琉球王国評定所文書』（第二巻、案書）道光二十五年（弘化二年〈一八四五〉）の記載から、前年の弘化元年に、飛船水主東村の金城筑登之が、禁制品の唐物人参を鹿児島に持ち込もうとして山川湊で摘発され、徳之島へ五年の流刑を科せられた件である。金城は嘉永四年（一八五一）頃赦免されている。『琉球王国評定所文書』には、このほかにも二件の「抜け荷」犯の摘発事例が描かれているが、このことを通じて、琉球国から奄美諸島への流刑はかなりの数に上っていたことが類推できる。

2 奄美流人の終わり

ここでは、大隈三好著『明治時代流人史』、及び『鹿児島県史料 旧記雑録追録8』を参考にして、ア明治初期における流刑関係法制史、イ明治八年の奄美諸島への遠島禁止の鹿児島県通達、ウ奄美流人の終わりの例を見てみる。

ア 明治初期における流刑関係法制史

① 慶応二年（一八六六）十二月二十五日孝明天皇が崩御し、翌慶応三年正月九日明治天皇践祚。

② 慶応四年（一八六八）正月十五日明治天皇元服の礼が行われ、同時に大赦の詔が下される。この時の恩赦の基準は「明治元年正月十五日以前の罪人で、朝敵之余大逆無道を除いた者」であった。この時、伊豆七島をはじめ、五島、天草等西国流人の大部分が赦免になる。

同年八月二十七日（新暦十月十二日）明治天皇即位の礼。同年九月八日（新暦十月二十三日）改元の詔書が下され明治と改元される。改元は慶応四年一月一日（新暦一月二十五日）に遡って適用された。

③ 明治元年（一八六八）「仮刑律」が定められる。明治政府はこの「仮刑律」によってこれまで事実上刑期のなかった「流刑」に、三年・五年・七年の刑期を設けた。政府はこの年、八丈島・新島・三宅島などに

新しい流人を送り込んだ。

④ 明治三年（一八七〇）政府は「新律綱領」を定め、「流刑」を一等苦役一年、二等苦役二年、三等苦役三年とした。その中で「流刑」を庶民に科すべき刑として残し、流刑先を北海道とした。しかし翌明治四年にも八丈島へ流人を送っている。

⑤ 明治六年（一八七三）「改定律例」を定める。ここでも「流刑」制度そのものは「徒刑」と共に「懲役」と改称されて残った。

⑥ 明治八年（一八七五）十月三日、鹿児島県令大山綱良が「遠島（居住）廃止」の通達を県下に出す。

⑦ 明治十四年（一八八一）八丈流人がすべて赦免される。

⑧ 明治十五年（一八八二）「旧刑法」定められる。この「旧刑法」では、北海道への流刑を旧来の「流刑」と「徒刑」の二種に分け、共に有期（十二年以上十五年）、無期を作り、「徒刑」には強制労働を科したが「流刑」にはこれがなかった。そして「流刑」は国事犯、「徒刑」は非国事犯とした。

イ　明治八年の奄美諸島への遠島（居住）禁止の鹿児島県通達について

通達留

第四拾三号

三町区長

廳下戸長

従来管下人民犯罪之軽重、又者父兄親類之願ニ依り、大嶋其外各嶋江居住申付来候得共、右者旧藩制より流来り嶋民之患害ニ相成儀不少、尤当今ニ至り撫民之御趣意ニ基キ、各嶋之制度も都而交換シ、朝廷江御届相成、其上嶋居住之儀、法律ニ於ても不相当候ニ付、以来居住者相廃シ、犯罪ハ各々其軽重ニ従て本刑ニ処シ、子弟之教蕩ニして父兄之命ニ背キ、其俔難捨置者等者、其情実を訴出処分を可受、此旨布告候事、

八年十月三日　鹿児島縣令　大山綱良

（『鹿児島県史料　旧記雑録追録八』）から

（傍線筆者）

この「通達」には、「大嶋其外各嶋江居住申付来候得共、右者旧藩制より流来り嶋民之患害ニ相成儀不少」と書かれており、これまでの「流刑」によって奄美諸島をはじめ県下の島々に〝患害〟を与えたことを認めている。

ウ　奄美流人の終わり

奄美流人の終わりは、次の『安田佐和人　御用日記（抄）』から、明治六年（一八七三）一月に徳之島目手久村に流され、明治八年九月に赦免となった平民竹下乾一郎だと思われる。左にその史料記録を記す。

一、同（目手久村配所）　下城村居住平民　市兵衛二男

竹下　乾一郎

右親類の願に依り、明治六酉一月居住伝え付けられ、差し下り候処、明治八年九月十五日御赦免伝え付けられ、便船待ちにて滞島。

（傍線筆者）

この史料から、大山県令が通達した流刑廃止令（明治八年十月三日付）の直前まで奄美（徳之島）には流刑人が存在していたことが分かる。

五　生存年数

遠島人たちの生存年数についても興味あるテーマである。しかし「奄美流人」に関してはっきりした史料（データ）は残っていない。記録がはっきりしている中で最も長生きした遠島人は、「公儀流人」の一人、生国信濃飯田の虎蔵の六十五年間であると思われる。虎蔵は寛文十年（一六七〇）に名瀬間切龍郷方芦花部村に流され、享保十九年（一七三四）に死亡している。同時に流されてきた惣兵衛と勘三郎も同じく長命であった。長生きの理由としては、彼らは幕府の「御預流人」たちであり、島では他と違って比較的丁重に扱われ、かつ冬のない温暖な奄美の気候も手伝って長生きできたのではないかと推定できる。

藩内からの遠島人で最も長生きしたのは、文化十一年（一八一四）加計呂麻島呑之浦に無実の罪で流されてきた河野彦左衛門である。彼は文久元年（一八六一）同地において終生無実を叫び七十五歳で没している。四十八年間の遠島人生活であった。『瀬戸内町誌　歴史編』によれば、八歳の女の子及び下人風の者とで来島し、開墾をしながら私塾も開いたという。

最も短命であった遠島人を見てみると、文化五年（一八〇八）「文化朋党事件」（近思録崩れ・秩父崩れ）で徳之島井之川噯花徳村に流されてきた御小納戸永田佐一郎であると推定できる。永田佐一郎は『文化朋党一条』の中で「病死」と書かれているくらいだから相当に病が進行した中での遠島だったのかもしれない。彼の墓石は当時、徳之島兼久噯及び井之川噯の与人であった乾家代々のクロギリ墓地の敷地内にあり、没年は文化七庚午四月十八日とある。徳之島の郷土史家前田長英氏が、『徳之島採集手帳―徳之島民俗の聞き取り資料―』の中において、彼の遠島年について「文化五年九月に流罪処分をうけたとすると、徳之島に着いたのが同年の九月末から十月であろう。とすると、一年半ほど島で生存していたことになる」と指摘しているからである。奄美流人の平均生存年については配流年・没年の記録があまりなく、残念ながら算出できなかった。

本土に目を移すと、八丈島では『増補四訂八丈島流人銘々伝』によれば、六十年以上生き延びた者が四人おり、そのうち宝永六年（一七〇九）八月に流され、明和七年（一七七〇）六月同地で病死した「町人四郎兵衛」の六十二年間が最長である。佐渡では、『佐渡流人史』によれば、元和五年（一六一九）賭博罪で流され、寛文十年（一六七〇）に病死した、江戸麹町出身「覚藏」の五十二年が最長である。こうしてみると、奄美の「公儀流人」虎蔵がいかに長生きだったかが分かる。

第五章　名越左源太と西郷隆盛

筆者は、「奄美流人」に関する研究には二つの大きな流れがあると感じている。一つは名越左源太に関する研究であり、いま一つは西郷隆盛に関する研究である。

この二人の「奄美流人」が後世において注目されたのは、二人とも薩摩藩の教養ある武士として流謫先の奄美に大きな足跡を残したからであった。つまり、左源太は『南島雑話』や『遠島日記』という著作を通して、西郷は数多くの「書簡」を通じて、それぞれ近世末期奄美のリアルな社会状況を今に生きる我々に書き遺してくれたからである。それのみではない、ふたりともその持てる豊かな才能をもって島の子弟を教育し、奄美の文化発展にも大きな影響を与えている。さらに、西郷は沖永良部島を赦免になるや否やそれまで押さえつけられていた政治的エネルギーを、外圧に押されて右往左往する徳川時代末期の混沌とした政治状況の中に解き放ち、遂には明治維新という〝革命〟を主導した英雄の一人となった。このような人物が注目されるのは蓋し当然であろう。

本章では、この刮目すべき巨人二人に着目し、それぞれの〝奄美観〟や〝人となり〟を筆者なりに比較・検討してみる。そして彼ら二人の存在が奄美の人々にどのような影響を与えたかを考えてみたいと思う。

一　名越左源太

名越左源太は、嘉永二年（一八四九）秋に発生した薩摩藩のお家騒動「嘉永朋党事件」（高崎崩れ・お由羅騒動）により失脚し、翌嘉永三年三月二十七日に奄美大島へ遠島を命ぜられた。そして、嘉永七年（安政元年・一八五四）八月十三日にようやく念願の赦免状が届き、翌安政二年四月一日に配流地の小宿村を離れるまで、約五年間にわたり奄美大島での流人生活を送っている。名越家の家格は寄合で、大身分に属する上級武士で、家老を出す家格であり、流謫時の役職は物頭職（御槍奉行）であった。名越左源太は、事件首謀者たちの僉議《せんぎ》に別荘を提供し自らも加わったことから、本来ならば切腹になるはずであったが、藩庁が、彼の家格とマルチな才能を惜しみ罪一等減じ遠島処分にしたと考えられる。
流謫中の名越左源太は、鹿児島の文化とはおよそ異質な奄美の文化や生活をまるごと素直に受け入れひたすら贖罪に努めた。彼は他の流人や差遣役人らとは違い、己に厳しく奄美大島在島の五年間を謹厳実直に生きている。彼の地元民衆に寄り添い奄美の文化を理解しようとする謙虚な態度は、地元住民から称賛をもって迎え入れられた。そして、ついには奄美大島全域に〝名越様はよか御仁〟とまで言われるようになっている。彼の謙虚な態度と旺盛な知識欲、そして類まれなる画才によって書き留められた手記が、のちに『南島雑話』や『遠島日記』となって結実し、現代の我々に近世期末奄美の様子を知らせてくれるようになったのである。その中には、当時の奄美流人たちの姿も等身大に描かれており大変貴重なものとなっている。「南島雑話」（『日本庶民生活史料集成　第一巻』所収）の編者の一人である原口虎雄は、その解題で、次のように書いている。

『南島雑話』は、南島研究のバイブルである。明治以後、南島に関するさまざまの研究が公表されたが、すべて源をここに求めている。その取材の広汎なこと、その観察の緻密なこと、正しく驚嘆に値する。これほどに新鮮で精確な記述は、島に住みついた一流の薩摩藩士の教養にまたなければ、できるものではない。上は天文、地理、動植物から、下は島人の宗教、年中行事、衣食住、言語、冠婚葬祭、産業、行政のあらゆる分野にわたる、藩政時代の奄美島《(マヽ)》の「写生」である。
『南島雑話』は薩摩藩随一の学者本田代官の『大嶋私考』をもとに、これまた薩摩藩有数の教養人である名越左源太時敏が、自己の長年にわたる島生活の見聞をたくみな絵や文として記録したものとあわせて、一書にまとめたものである。

と、このように明瞭、的確に『南島雑話』の貴重性について言及している。早速であるが、その左源太の書いた「奄美流人」についてみてみることにしよう。左源太自身が流人であるにもかかわらず、というか流人であったからこそというべきか、実に卓越した観察眼と文章力で当時の奄美流人についてみごとに活写している。


流人之上通りなるは、子供に手習、素讀を教へ、又は嶋人之富家之者之書状を認、砂糖之取引之算面をして加勢し呉れば、其人之朝夕不如意なきよふに、米習《塩》をあたへ、又家明家《あきや》かし、後々は自力に（て）似寄候家作を拵、少したくはへある、却て大和にての貧窮にまされば、不幸の幸と云べし、第一大酒女色放逸を眞むべし。地□《ママ》もグき《ぐち》も其身〱の慎に依るべし。

一身産業を以渡世する者は、支《つかゆ》と云へども、時に取ば又足也。

下通之流人同輩之集際、焼酎をした丶かに呑、又は喧嘩する事如此。多く此類、流人也。ばくへき《え》、酒亂、流人常と知るべし。

中通流人は、夫婦□□□《たる常》如此。

其古は唯夫《たれそれ》と聞へし武士も、零落すれば見るかげなく、只時の幸を得て栄華思ひ出、賄の捨柄を頼ものは如此非人こつじきとなりぬべし。是も下品の流人也。


（「南島雑話」『日本庶民生活史料集成　第一巻』）から

このように、左源太は流人たちを上・中・下に分けて、彼らの現状を的確に表現して伝えてくれる。文意としては、おおむね次の通りであろう

上の流人は、村の子供に手習や素読を教え、また島人の富家の者の書状を代筆したり、藩の砂糖取引の書

記を加勢している者。このような人には不如意にならないように、米や塩が与えられ、家も借りられる。中には自分の家を建てて、かえって大和にいる時より豊かな暮らしをしている人もいる。第一に大酒、女色、放逸を慎むべし。すべては其身〳〵の慎みによる。しっかりした能力や技術を持って渡世する者はたとえ支障が有っても、時がたてば又良い方に回復するであろう。

中の流人は、夫婦である。

もっとも悪い下の流人は、同輩共集る際に、焼酎をしたゝかに呑み、又は喧嘩する者である。多くは此の類の流人である。博奕打ち、酒乱、流人の常と知るべきである、武士と雖も零落すれば見るかげもなく、只昔の栄華を思い出し嘆息するのみである。糊口を他人に頼むものは非人、乞食となり下がる。これも下品の流人である。

まさに真っ当な道徳的指摘であり、現代感覚でも十分に通じる社会的規範意識の発露である。それにしても、流罪人という非日常的な状況に置かれているにもかかわらず、どうしてこのように冷静な観察ができるのであろうか。左源太という人は武士的修行を積んだ人生の達人であり、実に器の大きい巨人であったとしか言いようがない。

ところで、筆者は先に、左源太は「嘉永七年（安政元年・一八五四）八月十三日に赦免状が届き」と書いたが、これは正確に言うと正しくない。実は左源太に関しては「大島代官記」に次のような記述があるからだ

嶋中絵図書調方名越左源太殿江被仰付、御代官并見聞役貴嶋殿御両人并名越殿御列立嶋中廻嶋ニ付、絵図書調方ニ付村々原々山海無洩目御見分被成候、絵図書調方ニ付而ハ左源太殿配所小宿村ニ而□調方有之候、

（「大島代官記」『奄美史料集成』九八頁、嘉永五年の項）から

このように、遠島三年目の嘉永五年（一八五二）春、左源太は、異例にも配流のまま藩主斉彬から「嶋中絵図書調方」を拝命している。このことは赦免されたも同然であると考えてよさそうである。現代ではありえないが、任命権者である藩主から〝辞令交付〟もなく、流罪人の身からそのまま引き続いて、代官（福島半次郎）や見聞役（吉田七郎・貴島新左衛門）らを伴って御用（奄美大島各地の写生）を行っているのである。そして絵図の完成は小宿の左源太配所で実施したと書かれている。このことは、当時の薩摩藩の置かれた政治経済状況が反映されていると考えるべきであろう。つまり藩主斉彬は、この頃薩摩藩とオランダが幕府に内密に、最初は大島を中心に貿易をし、次に琉球でも貿易をする構想を企図（註1）していたこと、また、琉球や道之島に外国（註2）船が頻繁に出没したり、漂着したりする緊迫した状況があり、これらに対処するため藩庁は琉球の絵図を作成する必要に迫られ、左源太の画才を緊急に必要としたと考えられる。まさに「芸は身を助く」である。

このような話は、かつて伊能忠敬が寛政年間末期から文化年間中期にかけて、自らの意思で暦を作るべく東日本の地図を作製した時、その地図が将軍（十一代徳川家斉）上覧の栄誉を受け、それ以後手掛けた西国の測量は、殆どが〝御用〟として行われたことと酷似している。幕府もまた当時の蝦夷地がロシアのラスクマン（註3）らによって圧迫を受けていたからである。

次に、左源太が奄美大島で書き残してくれたもう一つの手記『遠島日記』について触れたい。この『遠島日記』については「総論」でも若干触れたが、奄美大島名瀬の出身で、発表当時、鹿児島県立第一中学校（現県立鶴丸高校）の教諭で生物学者の永井亀彦氏が、昭和二十四年（一九四九）十月『高崎くずれ大島遠島録（名越左源太翁日記）』として自家出版し知己に頒布したものである。永井氏は「まえがき」で、「この日記によって一百年前の島民、役人、遠島人から船乗などに至るまで各層の人々の生活し活動する状態はあるがまゝに摘出され、雑話にある記事の実例を見る感があり、場合によっては其の不足を補う個所もある。其外に翁自身は気づかれずに書かれたに相違ないが、全篇を通して教養ある薩摩武士の島民に及ぼした感化の如何に大なるかを教えるものと云えよう」と書いている。
永井氏はこの日記の「解説」で、小書のテーマとも関連する興味ある内容を書いているので、要点を次に紹介したいと思う。

読者の参考に資する為気づいた事項を左に解説します。
三、日記中に出る人名につき
（イ）高崎崩で大島方面に流された人々の中で日記に顕れるのは次の四名である。（括弧の内は居住地）吉井七郎右衛門（大島久慈）同人弟村野傳之丞（徳之島亀津村）近藤七郎左衛門（大島赤木名）白尾傳右衛門（同前）
（ロ）文化五年の秩父騒動で大島方面に流された二十一人の中日記に出るのは田代清太で、安政二年四月十六日の記事にある。
四、藩から大島に派遣された役人を総称して詰役、役所を仮屋といった。当時は二年交代で、交代期は大抵四月前後、交代した前任者は名瀬を引上げ、東方一里余に在る大熊港に移って帰国の順風を待った。翁の着島時在住の詰役は嘉永二年春赴任した次の人々である。
代官　中山甚五兵衛　見聞役　伊地知八右衛門　見聞役　中山才之丞　付役　大野彦四朗　付役　川上釜
八　付役　藺牟田利兵衛
嘉永四年四月七日到着之と交代した詰役は
代官　福島半次郎　見聞役　吉田七郎　見聞役　貴島新左衛門　付役　坂本猪之助　付役　永山源兵衛
付役　大迫新之丞

六年の詰役は

代官　中山甚五兵衛　見聞役　重田市兵衛　見聞役　橋口甚四朗　付役　飯牟禮八郎　付役　久留佳兵衛

付役　浅江八郎右衛門

安政二年三月到着の詰役は

代官　野村九兵衛　見聞役　貴島新左衛門　見聞役　赤崎源助　付役　川上釜八　付役　丸田彌七左衛門

付役　伊地知新助

此外安政二年四月十四日の下に出る折田ぬし云々の記事あり、弘化四年詰役として渡島した折田平八であろう。仝月十九日に永江三左衛門云々とあるは文化六年の付役である。（以下省略）

以上である。ところがこの日記は嘉永三年の三月から十一月までと、安政二年の四月から六月までしか残っていない。つまり日記全体の五分の一しか現存していないのである。しかし、そこは『南島雑話』と同様に、流人左源太を通して見た近世期末藩政下の奄美における流人等の様々な人間模様が、生き生きと描かれていて、欠落した部分があるということを感じさせないほどに興味深いものとなっている。若干ではあるが彼の人となりが分かるところを例示してみよう。括弧内の意訳は筆者による。

名越左源太翁（明治 11 年 1 月　於長崎 60 歳）
出典永井亀彦編
『高崎崩れ大島遠島録（名越左源太翁日記）』

○　嘉永三年（一八五〇）五月八日　巳亥　晴

一　四ツ時分（午前十時頃）徒より小宿村へ、傳左衛門同道にて参候、勿論小宿よりも、藤由気養子嘉美《かみ》行《ゆき》、為道案内来候、藤由気処へ致著候所、左絵図面之通渡切之由承、拙者壱人には別而廣過候、是程は不入と相断候得共、亭主共は多人数之家内台所住居に而明渡候、

（亭主の好意で謫居として提供された一軒家を、左源太は自分には別して広すぎるといって恐縮している。）

○　同年五月十七日　戌申　雨風後風和く

一　先日ハブより打れ申候老人、川房と申者の由、私門前を通り申候間、哀れの躰に御座候に付、呼寄、菊油を呉申候、承候得ば近隣の者に御座候、刻煙草三包呉申候得は、別て嬉しかり申候、今日は禮に参申候、皆少しの事に別て悦ひ申候、

（近所にすむ川房という老人がハブに噛まれて門前を通る姿が痛々しかったので菊油を呉れたところ、早速お返しに刻み煙草三包持ってきてくれた。そして、左源太はといえば「皆少しの事に別て悦び申候」と痛く感激している。）

一　盗人こぶ毎晩出候事、中々心持悪敷御座候、先日よりは毎晩七、八疋つゝ取申候、此両夜は四、五疋位にて御座候、是を早く取絶し不申候而は、気味悪き事ハブにまさり申候（後略）。

（意外なことに、左源太はハブよりも宅内を徘徊するクモ〈盗人こぶ、アシダカクモ、人家に棲息する手のひら大のクモ〉を苦手としたようである。）

一　村中の者共追々見舞申候て、一統叮嚀の向に御座候、別て仕合に御座候

（村人が追々見舞いに来てくれることに幸せなことであるよと感激している。）

○　同年七月二十二日　壬子　晴

（前略）陀羅尼経一篇拝読、養生訓写方、四つ過（午前十時過ぎ）より亀蘇民《きそたみ》へ一刻参、藤進《とうし》へ参候て致同道、藤由気浜辺の高蔵にて涼み申候、八つ時分（午後二時頃）帰宅仕候て、養生訓写方、暮過より嘉美行へ算術を習ひ申候、四つ時分（午後十時頃）ご両親様へと御辞儀申上、臥申候事、

（ここには、流人の身であっても常に向上心を怠らない禁欲的な左源太の姿がある。全篇を通じて「陀羅尼経」を拝読したり、「養生訓写方」を怠らなかったり、かつ、両親に対する尊崇の念を「御辞儀申上臥申候」という形で書き残している。驚くのは、この時代の奄美に、教養ある左源太に対して算術を指導できる者がいたことである。四則程度でないことは明らかであり、嘉美行はどのようにして算術を修得したのであろうか。まだ洋算は入って来ていないと思われるので高等な和算であったのだろうか。興味が尽きないところである。ここには島人の嘉美行から算術を教わる謙虚な左源太の態度が見て取れる。左源太は嘉美行から大島言葉も習っている。）

○　同年七月二十五日　乙卯　間々小雨

（前略）夫より嘉美行と両人にて、蚊帳を以蠅取仕候所、大抵一合計取申候間、皆生の侭にて紙袋に入、軍勢十五万と書付申候て藤進へ持参仕、是程生捕候間、取扱の儀は頼ぞと差出申候処、私帰申候跡にて、藤進手自紙袋共、掃を以池に押付申候所、袋は次目のりはなれ申候て、蠅は幾かたまりも、浮上がり、皆共飛立、そこらあたりは蠅だらけ、屋内にもたちまち過分に重み申候て、藤進家内へ入申候所、よめよりあなたのせなかはどうしたものなと申候に付、何様有之候かと申候は、せなかは蠅ばかり、真くらくいたし居候と

申候由、か様に不出来の事はなきぞと、藤進後来、噺にて御座候、噺の通是は先不出来なるべしと、互に腹を押て笑い申たる事にて御座候、（後略）

（藤進の蠅取扱いの失敗について、左源太の謫居から家中の者の明るい笑い声が実際に聞こえてくるようである。左源太の明るくおおらかな性格が島の人たちを引き寄せ、屈託のない話がとめどもなく出てくるのであろう。そういえば、お由羅騒動の密会が持たれたのが左源太の別宅であったのも、左源太の人柄に人々を引き寄せる力があったからに違いない。）

○　同年八月七日　丙寅　雨

（前略）最早皆々相応に酔たる向に相見得申候て、是非藤進・実建《さねけん》・亀蘇応《きそおう》三人の宅へは参呉候様、稠敷細々承申候間、処之交りと存申候間、藤進・実建迄参申候て罷帰申候、今夜七つ時分（午前四時頃）迄、踊有之向に相聞え申候、雨に終日湿れ申候而、元気強き者共に御座候、一時も休み無御座候、（後略）

（この場面には、村人達からの来訪要請を「処之交り」として断りきれない人の良い左源太と、終日雨に濡れながらも八月踊りを踊り明かす島民たちの元気強さに素直に驚いている左源太の姿がある。このような左源太の率直な感受性こそが『南島雑話』を生ましめたのだろう。）

○　同年八月十五日　甲戌　間々雨

（前略）四つ過（午前十時過ぎ）頃より藤進・実光《さねみつ》来申候而、八つ時分（午後二時頃）帰申候、夕方より藤由気・藤進・私三人高蔵にて月見仕申候、四つ半時分（午後十一時頃）帰、（後略）

（奄美の皓皓と輝く〝月の清らさ〟を、島人たちと高倉（南国特有の高足穀物倉庫）に上がって愛でる左源太の顔が見えるようである。まるで流人であることを感じさせない、しかも、この情景を日記に書き留めるという几帳面さと、文学的感受性には驚嘆せざるを得ない。)

○ 安政二年(一八五五)五月四日 晴

一 吉井七郎右衛門殿舎弟村野傳之丞殿にも、此節御赦免にて西方へ被致汐繋、吉井氏にも同船にて出帆之賦にて、是は兄弟楽之筈と存居候処、村野氏にも徳之島へ被居候内より、長之病気にて候処、吉井宅にて、先日死去の由承、別ての残多さ、悔の書状遣すとて、末に

限りなき君がなけきの下露に
ぬれてそしほる我袂かな

(左源太同様高崎崩れで流され、今回赦免された吉井七郎右衛門・村野傳之丞兄弟であったが、帰鹿の支度中、村野は徳之島での長患いが高じて奄美大島久慈村の兄の居宅で死去してしまった。このことを知った左源太は、悔やみの書状と共に弔歌を捧げている。そこには同輩の死を心から悔やむヒューマニスト名越左源太の姿がある。)

この日記には、左源太と島人たちとの交歓や、島人たちに対する温かいまなざしが全編を通じて流れている。彼の日々の暮らしは常に控えめであり、酒色を好まず謹厳実直そのものである。そして物事を観察、描写するときの有り様は常に冷静・沈着であった。彼のこのような科学的な態度が、幕末期の奄美を知ることの出来る『南島雑話』や、この『遠島日記』を生んだのであろう。

註

(1)「大島・オランダ貿易構想」を指す。安政四年(一八五七)二月、オランダ領事が長崎奉行へ琉球と通商条約を結ぶことを要請。

それを受けて九月中旬、長崎において薩摩藩の井上庄太郎、相良弥兵衛が、琉球・大島で貿易をしようとオランダ人と内談した。調印直前の安政五年（一八五八）七月に藩主の斉彬が死去したために幻の計画に終わったが、翌年六月にはオランダとの琉蘭修好条約が結ばれた（出典、『江戸期の奄美諸島―「琉球」から「薩摩」へ―』）。

（2）この時期来琉した外国船。文化十三年（一八一六）―アルセスト号・ライラ号（英）、弘化元年（一八四四）―アルクメーヌ号（仏）、弘化二年（一八四五）―サマラン号（英）、弘化三年（一八四六）―スターリング号（英）、クレオパーテル号他二隻（仏）、嘉永三年（一八五〇）―レナード号（英）、嘉永六年（一八五三）―ペリー艦隊サスケハナ号他三隻（米）、安政元年（一八五四）―ペリー艦隊（米）、パルラダ号（露）（出典、『沖縄大百科辞典』別巻・年表）。

（3）露船の来日。元文四年（一七三九）安房沖。安永七年（一七七八）松前。寛政四年（一七九二）根室。ラスクマンが通商を求めるが幕府に断られる（出典、『伊能図』）。

二　西郷隆盛

西郷隆盛も、名越左源太同様幕末期の奄美大島に流された薩摩藩士であった。しかし、左源太とはおよそ対照的な人物であった。初めに西郷の生涯を概観してみることにしよう。

西郷は、文政十年（一八二七）鹿児島城下加治屋町で生まれている。家格は城下士の下級御小姓与。安政元年（一八五四）正月には中御小姓となり、島津斉彬の参勤に従って江戸に行き、庭方役として政界の裏面工作に従事した。同四年（一八五七）に徒目付となり、斉彬の意を受けて将軍家定の継嗣に一橋慶喜を擁立する運動をし、越前藩士橋本左内らとともに内勅降下を実現すべく京都で活躍した。同五年、安政の大獄が始まると、京都清水寺の僧月照を捕吏の手から保護するために郷里鹿児島に逃れたが、斉彬亡き後の薩摩藩は既に尊王攘夷から佐幕へと方針変更しており、万策尽きた西郷は月照とともに鹿児島湾に投身自殺を図るが、月照は死に西郷のみが生き残った。藩は幕府への忖度から、安政六年（一八五九）正月十二日、西郷を菊池源吾と名乗らせて奄美大島龍郷村へ潜居させた。名越左源太に遅れること十年である。

奄美大島龍郷での幽囚生活三年。文久二年（一八六二）正月赦免され鹿児島に召還された。今度は大島三右衛門と改名させられ、徒目付、庭方兼務に復した。この時藩政の実権を握っていた藩主忠義の父で国父といわれた島津久光は、朝廷・幕府に対する自藩の勢力拡大を企図し、このために対外折衝の経験をもつ西郷を必要としたわけである。しかし西郷は、下関で待てとの久光の命令を無視して上京し、諸藩の志士と交わった。久光は西郷が独断専行し浪士を扇動していると見て、主命に従わぬ罪を以って、同年六月徳之島岡前に、ついで同年閏八月沖永良部島和泊への流刑に処した。元治元年（一八六四）二月に赦免となる。

西郷は帰鹿すると直ちに倒幕運動に身を投じた。同年七月藩参謀として禁門の変で長州軍と戦った。この後、西郷は征長総督徳川慶勝の軍議に加わり、長州処分を委ねられて、長州側の家老三人を責任者として切腹させ、戦わずして事態を収拾した。しかしこれ以後、急速に反幕の態度を明確にし、慶応二年（一八六六）には倒幕のための薩長同盟を結んだ。翌三年十月には長州藩・芸州藩の討幕派との間に倒幕挙兵の盟約を交わし、大久保利通と共に岩倉具視と結んで倒幕の詔勅降下を工作した。その結果、薩摩藩主父子あての倒幕の密勅が出された。これによって同年十二月九日に王政復古の大号令が出されるに至った。幕府側への武力行使をもくろむ西郷と大久保らは幕府側を挑発して、明治元年（一八六八）正月鳥羽・伏見の戦いを引き起こし、西郷は二月東征大総督府下参謀に任命されて東征軍を指揮し、三月には勝海舟と芝三田の薩摩藩蔵屋敷（現、ＪＲ田町駅国道１５号線三菱自工本社前）で会談して江戸城の無血開城を実現させた（会談場所については異説あり）。

版籍奉還後の維新政府は、薩長協力を企て、明治三年（一八七〇）十二月勅使岩倉具視と大久保利通・山県有朋が鹿児島の地を訪問し久光と西郷に詔勅を伝えた。翌四年二月西郷は上京し、薩長土三藩からなる親兵編成を実現して六月参議に任ぜられ、さらに七月には廃藩置県を断行した。十月岩倉を全権とする遣外使節団が出発すると留守政府の筆頭参議として、学制・徴兵制・地租改正の改革に着手した。この間明治五年（一八七二）七月、参議兼陸軍元帥となり近衛都督に任ぜられて、徴兵制に不満を持つ士族出身軍人を慰撫統制する役割も担っている。

明治六年（一八七三）に入り、西郷は以前からの朝鮮との国交樹立の不調に関して征韓論を強く主張し閣議で認められた。しかし岩倉使節団の帰朝後、征韓論に反対する岩倉や大久保らの天皇への上奏によりこの決定が覆され、西郷は即日病気を理由に辞表を提出し鹿児島に下野してしまった。西郷は明治七年（一八七四）六月私学校を作り士族子弟の教育に当たっていたが、明治十年（一八六八）一月私学校生徒が鹿児島の陸軍省火薬庫を襲うや、西郷は同年二月県令大山綱良に政府への尋問のため上京するとの届け出を出し、士族子弟一万五千の兵を率いて西南戦争を起こした。しかし西郷軍は熊本城攻防戦をはじめ九州各地における戦いで官軍に敗れ、結局郷里鹿児島に退却し城山にこもったが、九月二十四日岩崎谷洞窟内で自刃して果てた。享年五十一。戦後西郷は朝敵の汚名を受けたが、明治二十二年（一八八九）二月明治憲法発布の大赦で正三位を追贈され名誉を回復された。

沖永良部島和泊町手々知名・西郷神社
2013.3 筆者撮影

後世の者がある人物の人となりを知ろうとする場合、まずはその者の書き残した文章に接するのが一番の近道であろう。幸い西郷は筆まめで多くの書簡を遺している。小書では西郷の「書簡集」を参考にして西郷隆盛という人物を見てみることにする。

これまで書いてきたように、西郷は明治維新を成し遂げた英雄の一人として、日本近代史上最も著名な人物の一人である。戦前の日本では軍国主義一色の風潮のなか、特に鹿児島の地では「軍神」として神の如くあがめられていた。奄美においても「西郷隆盛というあれほどの偉大な人間がわが島々に流されてきたことは誇りである」として、上陸地や謫居跡には西郷を顕彰する記念碑や神社、銅像が建てられ、奄美大島龍郷には謫居が、沖永良部島和泊には牢舎がそれぞれ復元され地元観光の目玉となっている（写真参照）。

さて、流罪人西郷隆盛が奄美の地でどのような心持ちでいたか、彼の残した書簡を読みながら探っていくこととする。出典は『西郷隆盛（註1）全集』（全六巻）である。なお傍線は筆者による。

① 安政六年（一八五九）二月十三日付で、同志の税所《さいしょ》喜三左衛門・大久保正助（利通）宛に書かれた書簡には次のように書かれている。なお、この書簡は西郷の奄美大島からの第一信である。

尚々着島より三十日も相成り候得共、一日晴天と申すなるは御座無く雨勝ちに御座候。一体はげしき所の由に候得共、誠にひどいものに御座候。島のよめじょたちのうつしき事、京・大坂抔がかなう丈に御座無く候。垢のけしょ一寸計、手の甲より先はぐみをつき、あらよう。

随って小弟異儀なく勝れたる順風にて一夜込に、翌日昼時分には、大島竜郷村と申す所へ安着仕り、当分も右場所に罷り在り申し候。島役よりここへ罷り居るは如何これあるべきや、却って然るべきとの吟味にてこれあり候段申し来り候故、決して望みはこれなく、辺鄙の処別て大幸安楽に過し候。誠にけとふ人には込り入り申し候。矢張りはぶ性にて、食い取ろうと申す念計り、然しながら至極ご丁寧成る儀にて、とうがらしよりの下なる塩梅にて痛み入る次第に御座候。

誰も噺相手もこれなく、種子島城助両度参り、寛々罷り在り候。重野両三日参り居り候位にて、島人の子三人程是非と申す事にて相受け取り居り申し候。皆十計りにて何の約（ママ）には立ち申さず、朝暮の飯は自分にいたし候得共、何も苦もこれなく、心配するような事もこれなく、何方においても苛政の行われ候儀、苦心の至りに御座候。当島の体、誠に忍びざる次第に御座候。松前の蝦夷人捌よりはまだ甚敷御座候次第、苦中の苦、実に是程丈けはこれある間敷と相い考え居り候処驚き入る次第に御座候。

西郷は、同志税所喜三左衛門や大久保利通らに対して、島からの第一信を以上のように書き送った。彼の島人に対する侮蔑の念を隠すことなく書き記している。実に思い上がった態度表現であるが、これが当時の薩摩人の奄美に対する一般的な感情であったに違いない。鹿児島とは気候も言語もまるで違う所に放り込まれて本音を正直に漏らしたのだろう。この時はまだ話相手もなく手紙で愚痴を漏らすぐらいが自分自身を慰める手段だったに違いない。島の人々を毛唐・ハブ性と書き、島の娘たちの手甲の刺青をみて〃あらよう〃と小馬鹿にするあたりは、異なる文化を理解し得ない狭隘な性格を表している。意に反して絶海の孤島に流され、すさむ西郷の気持ちは理解できるが、彼の「表の評判」とは全く異なる生の心象風景が伝わってくる書簡内容である。後に「敬天愛人」と唱えた西郷であるが、この時はそのような人格的徳性は微塵も感じられない。

一方、「何方においても苛政の行われ候儀、苦心の至りに御座候」と第一報に書き記するあたりは、大政治家西郷の片鱗を早くも表している。鹿児島にいた時には知ることのなかった〃砂糖惣買入制〃下、奄美の余りにも悲惨な状況をみて、自分が帰属する藩の苛斂誅求であるにも関わらず三十三歳の義侠心が疼いたのであろう。

なお、この書簡には「種子島城助両度参り」という文言が書かれている。『大奄美史』にも「同じ城下の士で種子島城助や重野孝之丞（後の文学博士重野安繹）が或る罪に問われて大島に遠島されていた」（四一七頁）と書かれているところから、種子島城助が流刑処分に遭ったことは間違いないことと思われる。しかし、これだけではどのような科で処分されたかは分からない。第二章、第四節、第一項を参照願いたい。

② 次は、安政六年四月二十一日付、大島代官吉田七郎宛ての書簡を見てみよう。吉田は安政六年三月、見聞役

の汾陽《かわみなみ》中二や二階堂林左衛門ら五人の附役と共に奄美大島伊津部村（旧名瀬市現奄美市）の代官所に着任している。従って吉田は西郷配流の二月後に着任したことになる。吉田は西郷とは旧知の間柄であったようだ。

霖雨凌ぎ難く御座候得共、弥以て御安康御座成らるべく珍重の至りに存じ奉り候。然れば先達て参楼仕り候砌は、多人数にて別して有難く御厚礼申し上げ候。誠に土産迄頂戴仕り、重々御礼申し上げ候。偖て卑生潜居の始末御願い申し上げ置き候処、御達しの趣承り申し候処、家米成し下され候一条は相定め候向きにて御座候得共、些と相違の訳もこれあるかに存じ奉り候間、成り合せずながら左の通りお尋ね申し上げ候。

左候て余り申し上げ兼ね候え共、先日御口先にも承知仕り居り候間、遠島人同様にはいたし間敷と一口御達し成し下されたく、同様にいたされ、たまり兼ね候儀多々候故、漸く腹を据え候事に御座候。右様の事迄申し上げ候儀恐れ入り候訳に御座候え共、何卒御高察成し下さるべく候。

竜郷には迚も居られざる所に御座候。只物数奇計りにてもこれなく、旁のし申さず候儀のみこれあり、込り入り候儀存念如何共止み申さず候間、何卒追って場所替え御願い申し上げ候仕るべく候間、左様御納得成し下さるべく候。

西郷は伊津部の代官所に行って、着任したばかりの大島代官吉田に自分の謫居についていろいろと窮乏を訴え、これらを早急に改善してくれるよう要求したようである。それに対して吉田は禄米（家米・六石といわれている）を与えるなど西郷の要望に色々と応えている。西郷は島に来てそろそろ三カ月が過ぎる頃であるが、まだ龍郷という土地に馴染めないでいるようである。新任代官が旧知の間柄であったせいもあるだろうが、自分は禄を食んでいるのだから流人ではない、そのように扱ってほしい。周りの者にもそのように言って欲しいなどといろいろと懇願している。さらに、龍郷の気候や場所柄が西郷の身にはこたえたようで、場所替えをして欲しいなどと泣き言をいっている始末である。しかし、謫居先の変更はさすがに行われることはなかった。

この書簡に書かれている西郷の言動は、名越左源太とは正反対の所作である。左源太が島に流されても常に維持していた武士としての誇りや人間的な矜持が、この時の西郷には感じられない。西郷が、自分は遠島人ではない、住む場所についてももう少し真っ当に取り扱って欲しいなどと、代官所に要求すればするほど自分自身の人間的評価を下げてしまうということに気が付いていない。左源太が流人としてあるがままを受け入れ、島民たちと交歓し、島民を冷静に観察し、そこから何かを学び取ろうとする謙虚な姿勢は西郷にはない。まさに左源太とは対極の人間であった。戊辰の戦役の後、庄内藩士たちが畏敬の眼差しで見た西郷の姿はここにはない。

③ 次は、安政六年（一八五九）六月七日、龍郷から鹿児島の大久保正助・税所喜三左衛門・吉井仁左衛門・有村俊斎宛の書簡である。

御存知の通り五六ヶ年有志の膝下に罷り在り候処、此のけとう人の交わり如何にも難儀至極、気持ちも悪敷、唯、残生恨むべき儀に御座候。

この書簡は大久保らから来た手紙への返書だという。同志（精忠組）の活躍を知り、己の不甲斐なさ、己の置かれた立場を呪うかのように、島人を〝けとう人〟と呼び、相変わらず手紙の中にまで書き罵っている。西郷の焦りと苦渋が見えるようである。西郷の気持ちが落ち着くのは、この後愛加那という島の娘と結婚するまで待たなければならなかったようである。

④ 次は、文久二年（一八六二）七月頃、奄美大島在島の代官附役（見聞役）木場《こば》伝内宛の書簡である。木場は、「大島代官記」によれば文久元年三月大島代官相良《さがら》角兵衛の附役として着任している。木場もまた西郷の旧

知であったようである。

私にも大島へ罷り在り候節は、今日今日と相待ち居り候故、癇癪も起こり、一日が苦にこれあり候処、此の度は徳之島より二度出申さずと諦め候処、何の苦もこれなく安心なものに御座候。若しや乱に相成り候わば、其の節は罷り登るべく候得共、平常に候わば譬え御赦免蒙り候ても、滞島相願い申すべき含みに御座候。

この書簡は半紙に二十枚にも及ぶ長文で、徳之島の岡前村から奄美大島にいる木場伝内に出した返書の最後の部分である。西郷は文久二年正月、三年に及ぶ奄美大島遠島から解放されるが、同年三月、島津久光が千名の兵を引き連れて、徳川幕府に対する第一回目の示威行為のため上京する際に先発させられる。しかし、久光の下関にて待機せよとの命令を無視し、独断専行して京都に向かい、大坂で志士たちと交わったために、久光の怒りを買って同年六月、僅か四カ月にして徳之島に流されたのである。

西郷は龍郷滞在中に龍愛加那を島妻にし、菊次郎・菊草の二子を儲けており、精神的にも落ち着いたせいか、今回の手紙には大島での自分の態度を反省するなど殊勝な態度を見せている。しかし彼の独断専行・猪突猛進の性格は治ってはいない。久光とは性格的に合わなかったせいもあるが、大島赦免から半年にしてまたもや遠島人となってしまった。

⑤ 次も、文久二年八月二十日付、徳之島岡前村から奄美大島在島の見聞役木場伝内宛の書簡である。

仮屋元へは一度も出懸け申さず、度々申し来たり候得共、却って面倒くさく掛り合い申さず候。五里計りも相隔て居り候故、頓と物音も聞こえ申さず至っての田舎にて仕合せの事に御座候。大島よりは余程夷の風盛んに御座候。此の度は遠島人同様掟抔へも様付にて畏り居り申し候。然しながら島役迚も大島の様にはこれなく、遠島人と申しても余り卑劣には取扱い申さざる向きに御座候。頓と夷の風は取馴れ居り候故不馴れ遠からず、始終初めて振り合いにいたし居り候故、させが取りにくい様子に御座候。

西郷は先輩木場伝内に対しては大いに胸襟を開いて、手紙に自分の本音を正直に吐露している。「大島よりは余程夷の風盛んに御座候」とは、徳之島は奄美大島よりも「夷」であるということであり、西郷は徳之島が奄美大島と違って、より琉球風であると感じたのであろう。「夷」とは「毛唐」と同義語に解釈できるから、奄美諸島の人間たちは薩摩よりも甚だしく劣るどうしようもない人間たちが住む島々であるという認識を西郷が持っていたことがこれで分かる。さらに、龍郷での経験から、あまり親しくすると夷どもに貪り取られるから、「此の度は遠島人同様掟抔へも様付にて畏り居り申し候」と、おとなしくしていれば、「させが取りにくい様子に御座候」と、さすがに取りにくいだろうなどと書いているのである。この情景は西郷の性格の何を物語っているのだろうか。西郷の島民に対する人間的理解は何も変わってはいないということの証左ではないだろうか。龍郷遠島から三年余りが経過し、その間愛加那と結婚して二人の子供の父親ともなっている。当然、島々の人々の困窮状況も十分過ぎるほど知っているはずの西郷が、なぜこのように島民を侮蔑するような手紙を書くのかちょっと理解に苦しむ。やはり西郷も、薩摩人の奄美に対する一般的理解の範囲を超えることはなかったということであろうか。

⑥ 次は、西郷が明治新政府の重鎮として活躍しているとき、前鹿児島県参事であった桂久武(註2)に宛てた書簡である。日付は明治四年（一八七一）十二月十一日である。政治状況的には、西郷は岩倉・大久保・山県らが持ってきた詔勅に従って明治四年二月鹿児島から上京し、薩長土三藩からなる親兵編成を実現して六月参議に任ぜられ、さらに七月には廃藩置県を断行して、十月に岩倉ら遣外使節団が出発した後、留守政府の筆頭参議をしてい

るときのことである。

諸島砂糖官売廃せられ、互いの交易と相成り、商社を組み立て、右を以て一手商売いたし、其の利益を以て救士の一条相立てたき趣、い十院直右衛門より申し上げ越し候趣に御座候。右等の方略御尤も千万の事に御座候。然る処有川喜左衛門右砂糖売り捌き方に付き、諸所において取り組み候手段もこれあり候由にて、甚だ失策とのい十院見込にて御座候。右等諸所において売り広め候ては、必ず大蔵省より占られ候儀疑いなく、誰しも矢張り官売と見なし候儀にてこれあり候に付き、能々その辺は心を用い申すべき事と相考え候に付、

この手紙は、伊集院直右衛門（兼寛）の「諸島砂糖官売廃せられ、互いの交易と相成り、商社を組み立て、右を以て一手商売いたし、其の利益を以て救士の一条相立てたき」という提案を、西郷が「御尤も千万の事」と了解したことを、鹿児島に住む桂久武に書き送った内容である。前段は、商社を作って奄美の砂糖を引き続き独占し、士族の援助に宛てようということを、西郷が尤もなことであると賛成し、在鹿の桂にその旨指示をしたことが書かれている。後段では、その砂糖の独占販売を、余り諸所に広めてしまうと大蔵省に官（県）の専売であることが見破られ、利益を取り上げられてしまうので、その辺はよくよく注意するようにとの注進までしている。

この様な西郷の進言は奄美の経済状況を熟知している西郷の言葉とは思えないところである。明治という新時代を迎え、奄美の砂糖も作り手の勝手（自由）販売であるべきなのに、西郷は貧苦にあえぐ奄美農民をしり目に、秩禄処分で困っている鹿児島県士族の食い扶持の方を心配しているのである。また、明治政府の筆頭参議という枢要な立場にありながら、同じ政権内部の大蔵省の砂糖勝手販売の方針を批判し、国の砂糖自由販売方針を鹿児島にいる桂に伝え、警戒するようにと入れ智慧までしているのである。この西郷の手紙は、明治新政府が既

に分裂の危機にあることを如実に物語っているのではないか。この手紙に書かれた「商社」は、後に「大島商社」[註3]として実現するが、その実態は、奄美の砂糖を旧慣同様に鹿児島県が主体となって、県内の豪商らと結託し島民を搾取するものであった。

ここまで、西郷の書簡を通じて彼の「奄美観」や「人となり」を見てきた、筆者としては支配（搾取）される側の視点に立って、あえて西郷のマイナス面が現れた部分を書いてきた。しかし、西郷は以下のような〝砂糖惣買入制〟下に呻吟する奄美社会の実態を書き記し、貴重なレポートや提言として遺してもいる。西郷の名誉のためにもそのことを書いておくべきだろう。なお傍線は筆者による。

① 文久二年（一八六二）八月二十日。徳之島岡前から奄美大島木場伝内宛

徳之島における〝砂糖惣買入制〟の状況について。代官が左の三箇条の仁政を発したことで島民が大いに勢い付いたと書いている。

一、書役らの姦計によって砂糖や品物が着服・横領されるのを防ぐために「通帳」を作ったこと。

二、寒中におけて砂糖を煎じても搾汁率が少ないので、春正月に変更したこと。

三、正余計糖[註4]に対して発行される「羽書」[註5]は、惣勘定が済まないうちは使うことができないので、姦商にだまし取られている状況である。そのようなことがないように「羽書」所持者には早々と代米を交換できるようにした。

西郷のこのようなレポートは、徳之島における〝砂糖惣買入制〟の実態を知らせるものとして貴重である。

② 文久三年（一八六三）年月日は不明。沖永良部島の土持正照宛

西郷は、横目役土持正照に対して「社倉（飢饉対策用の穀物倉庫）趣旨書」を提言している。この提言は七年後の明治三年（一八七〇）になって実現した。明治二十二年（一八八九）には社倉資金は一万六千余円と米千余

石に達していた。明治三十三年、社倉資金は西郷記念碑建立費に千五百円、土持正照彰徳碑建立費に五百円が支出され、残金は町の基本財産に繰り入れられて解消された。

③　元治元年（一八六四）三月（二月二十八日沖永良部島赦免、鹿児島帰着、三月四日上京するまでの間ヵ）。

鹿児島において藩庁宛

「大島外二島砂糖買上につき藩庁への上申書」を藩庁に提出。西郷はこの上申書で、藩砂糖買い上げ方の悪弊を列挙しその改善策を列記している。例えば藩の五倍の商法により島民は困苦に陥っているとし、万一外国が奄美に攻め入って愚民に偽りの情けを施し惑わせば忽ち藩に背いてしまうときが来るかもしれないので、藩の根源たる砂糖を守るためにも左条の通り吟味をしてもらいたいと、六項目にわたって提言した。

一、代官以下の下島役人についてはよく人選をした方がよい。また賞罰をはっきりとさせること。

二、大島の正余計糖については現在無償で取り上げているようだが、他島と同じく砂糖一斤米三合で交換した方がよい。その方が大島の農民たちも精が出るであろう。

三、茶・煙草・木綿と砂糖との交換の際の不正をやめさせるべきだ。例えば茶一斤二百五十目のものを二百目しか渡さない島がある。

四、木綿と砂糖の交換の際、砂糖三十斤を二十斤にしてもらえれば農民たちは助かる。暖地とはいえ冬は奄美も寒いからだ。

五、砂糖車（搾り機）、金輪は法外に高い。従って木車を使うので搾りの正味が減ってしまう。このことは藩の利益にもならないので値段を下げた方がよい。

六、砂糖樽について、十六斤を中心にして、表に風袋（樽の重さ）何程正味何程という風に記しておけば手間が省けて皆が助かるし、藩の利益にもなる。

奄美史を深く探求した歴史家二人の、西郷に対する評価を記して本章の最後としたい。

①徳之島の郷土史家前田長英氏

西郷が島民のために上申書を書いたりしたことは、この後の明治五年の「大島商社」設立の時、『商社ガ砂糖ヲ全国ニ売リヒロメテハ、必ズ大蔵省カラ利益ヲ占メラレルデアロウカラ、ヨクヨク注意シテ、官ノ専売トミナサレナイヨウニシナケレバイケナイ』という意味の手紙を桂久武に出したりして、奄美の砂糖利益を旧藩時代そのままに、鹿児島で独占しようとしたり、その大島商社を廃して砂糖の「自由売買制」にしていただくように県庁に歎願に行った大島の人々を、西南の役に強制的に従軍させたこと等とも、まったく矛盾はしないのである。

西郷の奄美に対する感覚は終始「大島人は蔑視すべき異国人」、つまり「毛唐人」であり「えびす共」であった。このことは、愛加那と西郷の結婚生活や、愛加那が生んだ菊次郎・菊草という二人の子供の扱い方に於ても見られる。

（『道の島史論』）から

②元鹿児島大学名誉教授原口虎雄氏

右の書翰によって見るに、西郷は単に〝大島商社〟設立の勧奨者たるにとどまらず、大蔵省胡麻化しの手段も懇々と教示して陰謀の片棒をかついでいたようである。〝西郷は島の救世主〟というようなイメージはたいへんな謬見で、この謬見は次に述べる〝勝手世騒動〟で見事に化けの皮を破られる。ついでながら島津斉彬の〝仁君〟のイメージも、大島・喜界島・徳之島三島の黒糖専売の枠をさらに広げて、沖永良部島・与論島まで惣専売の地獄網にひき入れた。（中略）西郷にしても斉彬にしても、薩摩藩政治家の伝統的な奄美植民地観の枠内の人であって、その歴史的実像は個人の徳性や人間性云々の問題をはるかに遠くこえたところにあった。

（「奄美大島の耕地制度と農村の両極分解—ことに黒糖専売下の潰村と家人の発生について—」『南島史学会』）から

註

（1）本全集は、西郷隆盛が五十一年にわたる生涯に書き遺した書翰・詩歌・漢文・草稿・遺訓・西郷隆盛宛ての書士書翰・西郷家万留・西郷隆盛年譜・関係人物伝・西郷論集成・西郷隆盛関係文献などを、「西郷隆盛全集編集委員会（代表者村野守治）」が全六巻にまとめ刊行したもの。第一巻が昭和五十一年十月に刊行された。第一巻から第三巻までは西郷隆盛の書翰、第四巻には詩歌・漢文・遺訓等を、第五巻には関係人物伝などを、第六巻には年譜などが収められている（出典、『西郷隆盛全集』）。

（2）一八三〇～七七。鹿児島県日置郡（日吉町日置）の領主島津久風の五男で、桂久微の養子となる。薩摩藩家老となり慶応三年（一八六七）倒幕挙兵を決断した。明治四年都城県参事、同六年豊岡県権令となる。西南戦争では横川弾薬庫製造所の監督にあたり城山で戦死した。長子久嵩も戦死している（出典、『西郷隆盛全集』）。

（3）鹿児島県が、明治維新以降経済的に困窮した鹿児島県士族救済のために県内豪商らと結託し、藩政時代同様に奄美産砂糖を県の専売制下に置き、流通独占を図るために設立した会社とされる。従って「民営」を装っているが実態は「官営」であろう。この「大島商社」が設立され、奄美大島出身の青年思想家丸田南里らによって解散させられるまでには大変な障害と紆余曲折があったものと考えられる。以下大まかな経過を示す。

①明治四年（一八七一）十二月—西郷隆盛、商社設立による諸島砂糖の専売を支持。
②同五年（一八七二）—県参事大山綱良、大蔵省へ貢糖を除く作得糖の専売と、黒糖専売の窓口となる会社の設立を嘆願する。
③同年五月—大蔵卿井上馨、当年一年に限り、県の黒糖専売制を認める。以後は改めて調査し判断するとする。
④同年九月—上鹿した大島与人の太三和良と基俊良の二人は余計糖の勝手売買許可の嘆願書を県に提出する。
⑤同年—県は、奄美諸島の年貢米（代米換算の黒糖）の金納と余計糖の勝手売買を通達する。

⑥同六年（一八七三）三月―二十九日、大蔵省は税である黒糖は現物のまま納め、それ以外の黒糖は「内地商人」と自由売買することを鹿児島県へ布達し、翌三月三十日に全国府県へ布達した。

⑦同年秋―大蔵省は、勧業大属青山純、同租税中属久野謙次郎らに命じて、明治六年から九カ月間、奄美諸島全域を調査する。

⑧同年六月―鹿児島商人たちは、旧専売仕法を引き継ぐ形で、島民の了解なしで大島戸長らと「大島商社」とが契約を結んだ。期間は明治七年から五年間（または三年間）である。「契約内容」は島民側にとって極めて理不尽なものであった。

⑨同八年初めのころ―奄美大島出身の丸田南里が外国から帰島した（といわれている）。

⑩同年八月―名瀬方・東方の戸長らが、「大島商社」との取り引きにおける島民の不利益を正すため、「大島商社」の解社や島民の負担軽減などを求めた。

⑪同九年四月―丸田南里ら三人が上県。しかし県官によって三人とも拷問を受けた。

⑫同十年二月―七日、第一次陳情団四十一人出発。十一日先行していた島役人大江直佐登が県官を案内し、全員が問屋預かりとなる。十四日陳情団のうち十三人が首謀者として郡元の牢獄入りとなり、残りは問屋預かり。後問屋預かりの者も全員投獄される。

⑬同年同月―二十二日、大島島民第二次陳情団十四人が上県するも投獄される。

⑭同年三月―二十五日、三十五人が西南戦争の西郷軍の兵として参加を承諾し、老年・病気の者は問屋預けとなる。

⑮同年同月―二十七日、三十五人午前六時西南戦争出陣。四月六日～七日、八代桜場にて六人死亡、一人負傷。

⑯同年五月―二十日、陳情団二十人帰島。西南戦争従軍の生存者二十八人の大半が乗り込んだ青龍丸は十島沖で遭難する。

⑰同年九月―二十四日、鹿児島城山にて西郷隆盛自決。「西南の役」終結。

⑱同十一年二月―県庁第一会議において、「大島商社」は明治十二年より廃止と決定する。

この後「大島商社」の解散によって、鹿児島県内はもとより全国から砂糖商人が参入し、世情に疎い農民らは翌年産の砂糖を担保に商人から借金したために直ちに返済不能に陥り、商人らは貸金返済の訴えを起こすなど訴訟合戦が相次いだ。それらのことは、結局明治二十一年（一八八八）四月から昭和十五年（一九四〇）までの五十年間にわたった「奄美独立経済―鹿児島県からの分離経済」へとつながっていった（出典、『大和村誌』）。

（4）一般のさとうきび農家は、上納した後の「余計糖」で生活用品を購入した場合手元に砂糖は残らない、しかし一部の上層島役人や豪農などはなお手元に残る砂糖があった。この砂糖を「正余計糖」といった（出典、『沖縄大百科事典』山下文武・先田光演「徳之島『仲為日記』の記録（17）羽書制度と利息」平成二十七年十月十五日付「南海日日新聞」）。

（5）藩は、天保十年（一八三〇）以降「正余計糖」までも藩庫に収める政策をとった。「正余計糖」と引き換えに島役人の黍横目名義で「羽書」という一種の「流通手形・領収証」を発行させたのである（図11参照）。「羽書」は半斤、一斤、五斤などに分かれており、取引期間は五・六・七月の三カ月間限りで、その期間を過ぎると無効となった。金銭の流通を止められているために、負債を抱えた農民たちは、豪農らから砂糖を借りる場合この「羽書」で借りた。「羽書」には三割の利息がかかっていた。しかし、通常金銭貸借の場合、借り手側は金銭に余裕があればその都度返済できるが、「羽書」による借財の返済は、手元に砂糖という現物がないために翌年まで待たねばならず、年を経るに従って確実に利息が増えたのである。さらに貸し手の中には法外な利息を要求するあくどい者もおり、返済に窮する農民が相次いだ。返済に窮した農民は豪農らに身を売って「家人（ヤンチュ）」に身を落とすしかなかった。結局薩摩藩のこのような砂糖政策（搾取体制）は、奄美の人々を一部の島役人・豪農らと「ヤンチュ」という債務奴隷・下人身分とに二極化させたのである（出典、『薩摩藩圧政物語』・先田光演「徳之島『仲為日記』の記録（17）羽書制度と利息」平成二十七年十月十五日付「南海日日新聞」）。

図11「羽書」

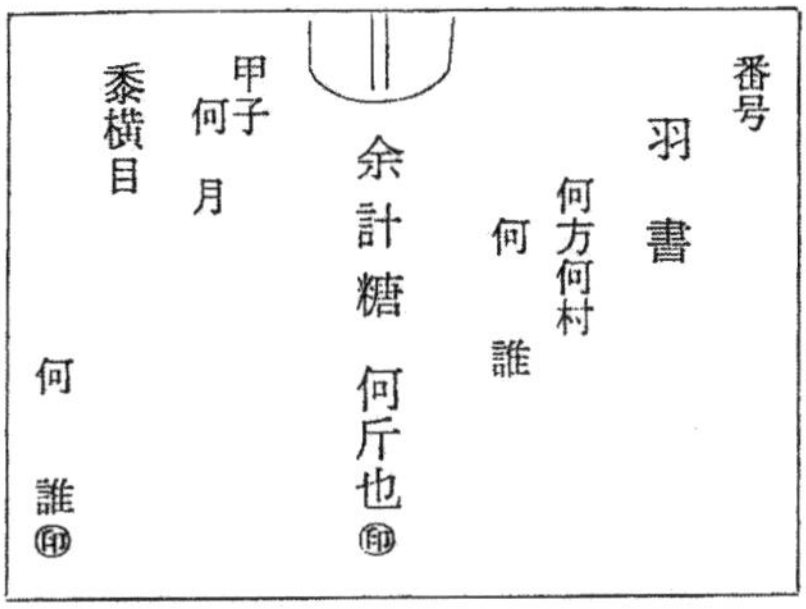

出典 原口虎雄著『幕末の薩摩』

第六章　流人がもたらした奄美の教育文化

流人の存在は好むと好まざるとに係わらず、その配流先住民たちに善悪ともども多大な影響を与えたに違いない。先述したとおり名越左源太が書き記した『南島雑話』には、「流人にも上・中・下があり、もっとも悪い下の流人は、同輩共集る際に、焼酎をした丶かに呑み、又は喧嘩する者である。多くは此の類の流人である。博奕打ち、酒乱、流人の常と知るべきである。武士と雖も零落すれば見るかげもなく、只昔の栄華を思い出し嘆息するのみである。糊口を他人に頼むものは非人、乞食となり下がる」とあって、的確に流人たちの生きざまを描写している。このような下流流人の存在はその土地（シマ）の者にとって迷惑な存在でしかなかったことであろう。

ところで、八丈島流人について余すことなく書かれている『増補四訂八丈島流人銘々伝』には、流人たちが八丈島民に与えた功罪について興味ある事柄が多々書かれており、奄美流人を検証する際に大変参考になる。その功罪のうちの〝功〟の部分について本章の初めに少し触れて置きたい。

『増補四訂八丈島流人銘々伝』によれば、八丈島へは、慶長五年（一六〇〇）関ヶ原の合戦で敗軍の将となった豊臣五大老の一人宇喜多秀家[註1]が、慶長十一年（一六〇六）に流されてきたのを嚆矢として、明治四年（一八七一）に八丈島への島送りが終了するまでの二百六十六年間に、総計千八百九十八人が流されて来ている。これら流人の身分・階級・職業について若干触れると、諸侯並びにその従者・官女・御坊主衆・御家人・陪臣・医者・小者・女・僧・山伏・社人・百姓・町人・無宿・穢多・非人等々多種多様であり、また犯した罪については、文政期から嘉永期にかけての幕末期だけをみても、殺人・盗賊・詐欺・放火・逃去・賭博・女犯など雑多である。これらの流人の中には高い学識を有する者もいて、彼らは島内各陣屋の書役に請われて就任したり、村下の子弟に読み書きそろばんを教えたりして島民の利便や文化向上に大きく貢献している。近藤富蔵などは在島六十年の間に、不朽の名著『八丈實記』全六十巻を書き、神官鹿島則文と詩会を作って八丈八景を選び島民たちに感謝された。さらに彼は島内各地に彫刻・絵画・石垣などを残すなど超人的な活躍をしている。また、本格的な医師細川宗仙は、島民に限りない仁術を施し大いに尊敬された。そのほかにも、産業・建築・工芸の方面で、それぞれ腕に覚えのある多くの流人たちがいて島民に貢献している。例えば、養蚕の法・焼酎製造・豆腐製造・大工棟梁・彫刻・絵師・石工・建具師・屋根職・木挽・機織及び糸車の改良・灌漑施設構築など実に多様な分野でその技術を駆使して、八丈島の民生向上に寄与している。面白いのは、嘉永六年（一八五三）に唐物密貿易の罪により江戸で捕まり、八丈島流罪になった薩州出水郡阿久根の回漕問屋当主丹宗庄右衛門である。丹宗は八丈島で初めてサツマイモから焼酎を作る方法を伝えて島民から非常に喜ばれている。昭和四十二年（一九六七）八丈島民からの強い要望によって大賀郷には「島酒之碑」が建立された（写真参照）。

こうして見ると、八丈島の文化は八丈流人の文化といえるほどに、流人たちの果たした役割は大きいといわねばならないだろう。

翻って、奄美の場合はどうであろうか。筆者管見の限りであるが、流人が活躍して島民の福祉に寄与したという話はあまり読んだり聞いたりしたことがない。実際は数多くあったかも知れないが、筆者が確認している文献上の例は次の一例だけである。

一　此御代亀津川江長サ十四間幅六尺之板橋掛方被仰渡、右橋三間切江御品物御拂旁ニ付、御蔵御出張ニ差支候訳ヲ以三間切割合造立方被仰渡、三間切ヨリ出夫・出米ニ而、大工遠島人濱島十助造立成就相成候事、

（「徳之島前録帳」嘉永二年の項）から

文意は、「徳之島の三間切（東・西目・面縄）の村々に、藩の御用蔵から御品物（余計糖と交換用の日用品のことヵ）を払い出すために、亀津川に長さ十四間（約二五ｍ）幅六尺（約一・八ｍ）の橋を架けることとし、三間切から出夫・出米をさせ、大工で遠島人の濱島十助の指揮によってこれを完成させた」ということであろう。

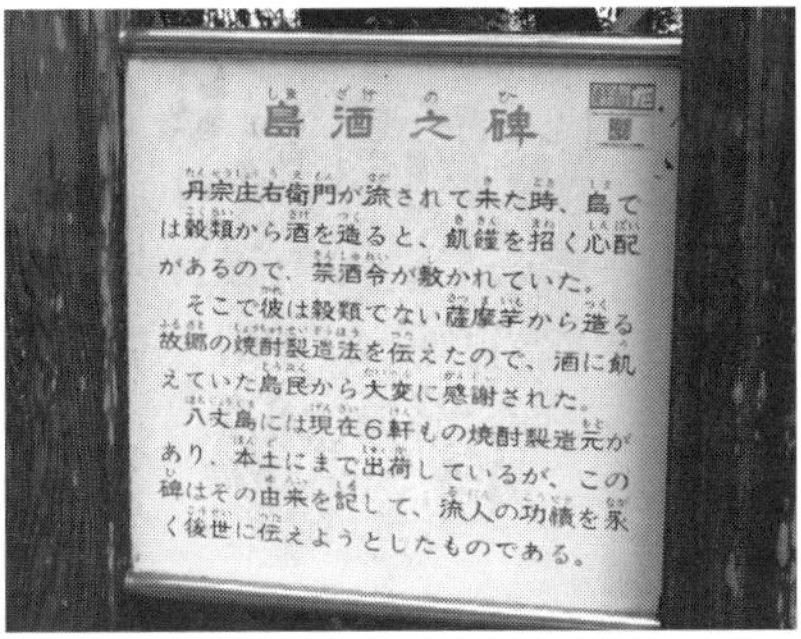

八丈島大賀郷「島酒之碑」　2012.8 筆者撮影

八丈島大賀郷東里・流人宇喜多秀家一類墓所
2012.8 筆者撮影

八丈島大賀郷・「島酒之碑」
2012.8 筆者撮影

八丈島三根善光寺内近藤富蔵墓碑銘板
2012.8 筆者撮影

この事例は、代官所の都合と命令により、しかも徳之島三間切の用夫達の労働供出（強制労働）で行われたものであり、真の意味で流人が徳之島三間切の人々に貢献したかどうかは微妙なところであるが、とにかく、このように奄美でも元大工の流人がいて、架橋に従事したという記録は稀有な事例ではないかと思う。この他には、産業・建築・工芸等々の分野で、流人が積極的に島民たちに対して貢献したという話は寡聞にしてこれを聞かない。なお、先田光演編著『仲為日記』の中における「解説」で『道統上国記』からの記述として、木挽や医師が徳之島に派遣されて来ていたことが書かれている（八二～八四頁）。この様な事実は薩摩藩の道之島植民地経営の実態を良く示すものとして貴重である。

判明している限りにおいて奄美流人

の身分はその多くが武士階級である。罪状としては国事犯（政治犯）が多い。従って彼らは国政・哲学を論じられるほどに教養が高く、ほとんどの者が和漢の知識を身に付けていたと考えられる。流謫地では、請われるままに、あるいは自らの無聊を慰めるために、はたまた糊口を凌ぐために村下の子弟たちを集めて、読み書きそろばん等の初等学問、あるいは四書五経などを教授したといわれている。

本章では、このような流人たちによる島民子弟に対する教育的な貢献と、そのことが後の時代にどのような教育文化をもたらしたかについて考えをめぐらしてみたい。なお、本章のテーマに関係する著作としては、『大奄美史』や『名瀬市誌』などがある。以下主としてこの二書を参考としながら論を進めていく。

一　流人教育の沿革

奄美の教育史を考える場合、江戸時代中期ごろから幕末にかけて、奄美各島へ流されてきた数多くの流人たちの存在を欠くことはできない。ほんの一例を挙げただけでも、奄美大島に名越左源太（小宿）、重野安繹（阿木名）、西郷隆盛（龍郷）らがおり、喜界島に海老原庄蔵（先内）、伊地知季安（志戸桶）、内田次右衛門（小野津）、村田新八（湾）らがいる。さらには徳之島に村野伝之丞（亀津）、沖永良部島には紀平右衛門（和）、西郷隆盛（和泊）、川口雪蓬（西原）らがいる。彼らをはじめとする多くの学識ある流人たちによる島民子弟に対する教育が源流となって、明治以降の奄美における教育的な覚醒があり、そして〝教育沸騰〟へと発展していったと考えられる。ところで、『大奄美史』には「私塾の勃興」と題して、明治以降奄美各島で行われた私塾に関する貴重な記述がある。まずその記述を紹介してみたい。

明治の初期より中期にかけて、我が国では各地に多くの私塾が勃興して、私塾時代ともいうべき一時代を現出したが、わが大島においてもこの時代は私塾がかなり盛んであった。大島の私塾はすでに旧藩時代における流人教師による寺子屋式私塾に端を発するもので、その淵源はすこぶる遠く、例えば沖永良部島和泊における南洲塾、大島の阿木名における重野塾、喜界島における内田塾等は広く人口に膾炙している。その影響はひいて明治時代に及んで郷土出身の学者による私塾の勃興を来したのである。

大島本島では主として名瀬において明治初期に知られた永野植益の漢学塾を始め、明治二十年前後に開設された園田英語塾、浜上謙翠の国漢塾、やや遅れて明治三十一年には基俊良・肥後清一等の育俊館塾、林範庸の漢学塾等が名高く、沖永良部島では最も早く明治初年から民直塾・蘇泉塾・安田塾等がよく知られており、喜界島では中督塾及び祝応美の喜界学館が有名であった。徳之島では主として内地出身の教師による私塾が盛んであった。例えば吉国嘉吉・宮西清八・後醍院良季等それぞれ私塾を開き、漢学や普通学を教授した。

以上の外にも名を知られない私塾は、島民の向学心が旺盛であっただけに相当多かったに違いないがはっきりしない。これらの私塾が、教育施設のまだ十分に備わらない当時、子弟教育に挺身して郷土の文化啓発のために尽した功績は、目に見えないようですこぶる顕著であった。後年わが郷土から輩出した多くの人材は、たいてい一度はこれらの私塾の門をくぐった人々である。

（「第六篇　十、教育の沿革と施設」『大奄美史』四八四頁）から

と、このように『大奄美史』には明治以降の奄美諸島における私塾の勃興に関して、島ごと、および主宰者ごとに具体的に書かれており、大いに参考となる記述である。それでは、このように私塾が勃興する淵源となった幕末期の奄美流人たちによる子弟教育とはどのようなものであったのか、各島ごとに見てみよう。

1　奄美大島

ア　名越塾

名越左源太（時敏）については、本書においてもこれまで縷々述べてきたので、彼の経歴や奄美大島での行動等について再び書くことは省略する。もちろん、彼の残した『南島雑話』や『遠島日記』は幕末期の奄美を知る上での貴重な書物であるが、流刑後半に藩の御用絵師となった左源太は、『南島雑話』の中に、「此南島雑記は琉球並諸島の事を些細に書記為申故、他国之人に一切為見候事禁止いたし候」という文言を書き記し、自らの名を匿名にしている所などは、あくまでも、薩摩藩士として職務に忠実であろうとする左源太の実直さを彷彿とさせて興味深い。左源太による奄美大島小宿での子弟教育に関しては、地元青年会議所が次のような顕彰文を左源太の謫居跡に掲げている（写真参照）。

奄美大島小宿・嘉永朋党事件流人名越左源太謫居跡
2013.2 筆者撮影

名越左源太流刑中の居住の跡

嘉永二年島津斉興の正妻の子斉彬、妾腹の子久光とのあいだで相続争いの事件で二派にわかれて争われたお由羅（妾）騒動で、高崎五郎左ヱ《ママ》門ら十四名切腹を命ぜられたため高崎崩れという。退役謹慎十四名、遠島九名中の一人名越左源太が大島名瀬方小宿藤由気宅に嘉永三年五月八日から安政二年四月二日まで約五年間居住して、小宿の子弟に読書や学問を教えその感化を授けた地である。

社団法人奄美大島青年会議所

イ　重野塾

重野安繹は文政十年（一八二七）鹿児島城下生まれ、嘉永元年（一八四八）江戸の昌平黌に入り、安政元年（一八五四）昌平黌を退寮し薩摩藩邸学の訓導職となった。安政四年（一八五七）の謀罪（内容は不明）により安政五年奄美大島東間切阿木名（現、大島郡瀬戸内町阿木名）に遠島となった。この時、隣村の焼内間切名柄村（現、大島郡宇検村名柄）郷士格、鼎宮和義の蔵書を読破し、和漢の学を兼修したという。文久三年（一八六三）に帰藩を許され、西郷隆盛の後任の御庭役方となり生麦事件の解決に尽力した。明治四年（一八七一）に上京し官途につき八等出仕となる。明治十六年（一八八三）東京帝国大学教授。明治二十年（一八八七）には帝国大学文科に史学科を創設し、明治二十一年には日本初の文学博士となる。退職後、帝国大学内に史料編纂所を設け『大日本史料』や『大日本古文書』等を出版した。重野は和漢の学に通じていたので、阿木名村の有志から乞われるままに私塾を開いて四書五経を講じ、その教化は近村にまで及んだという。

なお、重野が過ごした奄美大島阿木名の流謫地跡にも、重野を顕彰する記念の文章が掲げられているので次に掲げる（写真参照）。

> 重野安繹（しげのやすつぐ）
>
> 一八二七（文政十）年鹿児島郡阪元町に生まれました。（中略）
>
> 重野が乗った船は久慈に着き、上陸後勝浦を経て阿木名に移り住みます。重野は阿木名の有志たちに要請されて、青少年に学問を教えるための私塾をこの海沿いの地に開きました。漢籍を講じるなどその教化は近隣の村々にも及び、阿木名は学者村として優秀な人材を

奄美大島阿木名・流人重野安繹謫居跡案内板
2013.2 筆者撮影

輩出する集落として名をはせました。

門弟として泰山英俊、鼎宮祥喜、森賢省、泉長旭、南喜美隣らが学んだそうです。当時、重野は龍郷に流謫中であった西郷隆盛とも旧交を暖め、相互に訪問しあっていました。また、土地の娘ウミを妻にし、一女の娘ウヤスをもうけます。安繹は天下に名を知られる文学者となってから島を訪れて引き取っています。

六年余りの阿木名での生活の後、許されて帰藩した重野は、西郷隆盛の後任の御庭役となり、生麦事件を発端とする薩英戦争の終結にむけて、イギリスと談判して決着へと導きました。その後、歴史家、漢学者として考証史学を推進して学問を深め、近代史学の礎を築きました。

日本で初めての文学博士。東京帝国大学名誉教授。

没年一九一〇（明治四十三）年、行年八十四。

喜界島小野津・鳴之口騒動流人内田次右衛門・内田塾跡（現、個人宅）2013.1 筆者撮影

2 喜界島
内田塾

薩摩藩の支藩である日向佐土原藩士内田次右衛門は、文政八年（一八二五）「鳴之口騒動」で喜界島志戸桶間切小野津村に流され、謫居において地元の子弟に三十年余にわたり漢学を教えたと言われている。内田は藩内の「武道派」の一人として「文教派」と争い流されたが、「文武両道」に通じ、小野津では多くの子弟を指導した。安政二年（一八五五）に内田が死亡した後は、大浦大輔、羽田祐輔、有馬新太郎（いずれも出自等は不詳）等の同じく流人らが、後を継いで二年余り塾生の指導に当たり、さらにその後を有馬孫之丞（同じく不詳）が次いで指導に専念したた

が、彼も明治初年小野津で死去したという。「内田塾」は明治以後になっても地元の素封家中督覃要《なかがみたんよう》によって「中督塾」と名称を替えながらも続けられた。内田塾跡は現在も小野津の旧地に残されている（写真参照）。

3　徳之島

徳之島については、管見の限りであるが、他の島のように後世に名を残すような流人塾等は見受けられない。しかし、『天城町誌』には「岡前小学校概要」として次のような記述があり、徳之島でも流人による教育が盛んに行われていたことが分かる。

　文政十一年（一八二八）の頃、屋久磨直、天保元年（一八三〇）東郷吉次郎、慶応元年木脇彦右衛門、同二年脇田織之丞、同三年山下善兵衛等の人々が流罪に処せられて、岡前、前野などに流寓し、各々その得意とする平仮名、日用文、実語教、初登山、琉球国掟書ならびに庭訓より高きは四書類の講読（所謂寺子屋教授法）をなし来たりしに、明治四年（一八七一）はじめて徳之島一円を組織して亀津に一の学校を創立して、講師及び授読若干名を配し、専ら読書および習字の二科のみを教授させた。

（『天城町誌』九六八頁）から

また、「徳之島郷土研究会報」（第一号）には、「教育の歩み」として直島秀良氏の投稿文が記載されているので紹介しよう。

　手習い

　明治以前の遠い昔から我が島でも読み書きを学ぶところが全くなかったわけではないようで、役付になった者の記録がわずかだとはいえのこっているところからみると、なんらかのかたちで〝手習い〟が行われていたものと考えられる。その一例として、島津の〝遠島人〟（永田佐一郎、藤原良覚）が、花徳村で読書算盤を教えていたと伝えられている。また、青山利右衛門という人が手工芸を指導したという伝えなどもその一例である。なお、明治以前（年代不詳）花徳村の正徳という人が、〝手習い〟の重要性を悟り、遠島人について学び、花徳村夕当というところで私塾を開いていた。そして、多くの子弟を教導し、これらの子弟が明治の初期に村のために大いに活躍したと伝えられており、源与とか清信とかいう人たちが同塾の出身のようである。また、この頃、串良の出身で清二郎（姓不詳）という人が来島して花徳村坪入というところで私塾を開いている（この調査を行った二十年前までは、当時の人が存命していた）。清二郎先生は〝清二郎どん！清二郎どん！〟と呼ばれて村人から非常に慕われていたようで、明治八年徳之島支庁布達第十三号によって学校という名の付くものが設立されるまで彼の経営する私塾は続いていたようである。同塾には、後に教員となった友野前静や山方勧業員池畑納与など多くの秀れた門人を輩出しており、これらの人々は大正、昭和にかけての〝郷土づくり〟の大きな原動力となった。

4　沖永良部島

南洲塾

西郷隆盛（雅号南洲）については、これまでも詳しく記述してきたので、ここでさらに経歴等を書くことは屋上屋を架すことになるので省略させて頂く。『大奄美史』によれば、西郷は沖永良部島和泊村の謫居で、間切横目の土持正照らの要請により、下島早々から児童の手習い指導を行い、児童数は名簿に載っているだけでも二十人近くがいたという（写真参照）。牢中の風変わりな寺子屋教育は午前中が主として『近思録』や『古文真宝』の素読で、夜は『論語』『孟子』の講釈等となっていたらしい。興が乗ってくると、自ら衝立に書き付けてあった三宅尚斎や森山新蔵の詩を講じて、志士の心境を伝え、あるいは天下の形勢を説いて弟子たちを煙に巻くこともあったという。元治元年（一八六四）正月二十日、沖永良部島から椎原家の両叔父に宛てた書簡には次のように書かれている。

書物読みの弟子二十人計りに相成り、至極の繁栄にて鳥なき里の蝙蝠と申す儀にて、朝から昼まで素読、夜は講釈共仕り候て、学者の塩梅にて独り可笑しく御座候。然しながら、学問は獄中の御蔭にて上がり申し候。御笑い下さるべく候。

（『西郷隆盛全集　第一巻』）から

沖永良部島和泊・西郷隆盛謫居牢跡・南洲記念館内　2013.3 筆者撮影

この書簡を読む限り、西郷は弟子教育を楽しんでいる様子である。また、西郷自身が土持正照らの協力を得て学問の造詣を深めていった様子が伺える。『大奄美史』にはまた、「小さい弟子たちの外に、島の有識者で操担栽や沖蘇延良などもしばしば訪ねて来て、西郷の名論卓説に触れるのを楽しみにした。担栽の先代担晋は和漢の学に通じ、その書庫にはたいていの書物が揃っていたので、読書好きの西郷は、その内から『古文真宝』や『文選』の中の「九成（宮脱カ）醴泉銘」等を借読した」とある（第五篇、十八、四〇八～四〇九頁）。

沖永良部島では西郷以外にも多くの流人学者がそれぞれの配所において私塾を開いていた。『選《いら》で選《いら》ばらぬ沖永良部島《いらぶじま》』の中には、これらの流人学者の名が挙げられている。例を挙げる。紀平右衛門（和《わ》）、曽木藤太郎（内城）、染川四郎左衛門（瀬利覚《せりかく》）、平瀬礼助（余多《あまた》）、小田善兵衛（和泊・

上城）、川口量次郎（西原《にしばる》）、新納平太夫（田皆《たみな》）、児玉万兵衛（喜美留《きびる》）、竹之内助市・平富里（皆川）、萩原藤七（畦布《あぜふ》）ら多士済々である。この内、種子島出身の書家川口量次郎（雪蓬）は『鹿児島県姓氏家系大辞典』によれば、沖永良部島において西郷と肝胆相照らす仲となり、他日、西郷が明治政府の枢要として在京の折は、鹿児島西郷家の家令として鹿児島に残した西郷の家族らの世話をはじめ、事務方一切を取り仕切り、西南戦争後西郷亡き後もそれは続いたという。

註

（1）慶長十一年（一六〇六）流。明暦元年（一六五五）十一月二十四日病死。豊臣家五大老の一人、備前美作四十七万石領主である。八丈流人の嚆矢となった。関ヶ原の合戦に敗れた秀家は直ちに去って薩摩島津家に身を寄せたが、島津氏に類が及ぶのを恐れて、慶長八年から同十年まで駿州久能山に蟄居した。徳川家は、彼の妻「お豪の方」が前田利家の娘であり、島津家の助命嘆願もあったので、慶長十一年四月罪一等を減じて八丈島送りとしたのである。時に秀家三十四歳。従三位、参議、権中納言の官位を奪われて、俗名八郎を名乗らされて倅二人と下男、倅の乳人等を引き具し、前田家では特に侍医に随従を命じ、一行十三名が渡島した。東京都公文書館蔵の「流人御赦免並死亡覚帳」（八丈流人近藤富蔵著）には、慶長十一年の宇喜多秀家より、八丈島へ流されたすべての流人を年代順に記録している（出典、『増補四訂八丈島流人銘々伝』）。

二　明治以降の奄美における〝教育沸騰〟とその批判

明治に入り、新政府は教育を「国是」として、矢継ぎ早にその普及を全国画一的に進めていくが、僻遠の地である奄美にあっては、しばらくはその恩沢に浴することはなかったようである。そのような中、「学問の必要性」を痛感した奄美の先駆者たちによる「私塾」が奄美各地に作られていったことは既述の通りである。多くは島の上流階級の子弟たちであったが、これらの私塾を出た者たちの多くは、他日の成功を夢見て本土の高等教育機関それも著名な大学を目指した。ここに奄美における〃教育沸騰〃の如き現象が生じた。しかし、それは親・兄弟たちの多大なる経済的犠牲の上に成り立ったものであった。つまり、その〃教育沸騰〃の実態は、〃田畑を質に入れてでも〃子息を大学に入れたいという、親や兄弟の、経済的現実を無視した、危うい所業であったと言わざるを得ないものであった。ところが、こうまでして大学に入れた子弟たちも、島には就職口がないからほとんどは本土の企業や官公庁に就職した。こうして、皮肉にも島の経済は疲弊していくというパラドックスを生み出したのである。本項では、このような明治初期に発生した〃教育沸騰〃の実態と、それに対する批判の数々を『名瀬市誌』をはじめとする刊本等を参考に論考をしてみる。

1　〃教育沸騰〃

ア　奄美大島

『改訂名瀬市誌　2巻　歴史編』には概略として次のように書かれている。

明治初期藩校造士館に学び、常に成績が一番・二番の学生に奄美大島出身の大江仙蔵と大島信とがいた。明治五年天皇行幸の際、御前謹読の栄に浴したのはこの二人だといわれる。後、大江は東京帝大工学部から米国ペンシルベニア鉄道に留学、帰国後は山陽鉄道㈱に招聘され、山陽鉄道を日本人自らの手で敷設することに成功する。また、大島は東京駒場農学校に進み、内務省を経て大島郡選出の国会議員となっている。二人の出世は次のような特徴を持っている。

一、従来、島の人はいくら出世しても与人どまりで、島に来る代官、附役の上に出ることはおろか、対等に口すらきけなかった。しかし、新しい時代に入ると、本人の能力次第では、今まで夢想だにしなかった地位に上れることを二人は身をもって証明した。

二、無産無学の徒が、粒粒辛苦産を成し、民間実業界の大物になったという型ではなく、学問修得を通しての地位の上昇であった。

このような輝かしい成功が、明治の島の若者たちに、大きな刺激を与えたであろうことは、想像に難くない。そのため、特に島の上層部における教育熱、向学心、成功欲は、明治という若々しい時代の中で燃え上がり、そして大正・昭和へと引き継がれていった。

明治から大正までの間、大島出身で大学を卒業した者は次の通りである。

明治	三〇年	小牧寅雄	名瀬	明大	法
	？	大島信礼	龍郷	京大	医
	三五年	泉二新熊	龍郷	東大	法
	三八年	大島直治	名瀬	東大	哲
	四〇年	麓　藪	？	日大	法
	四二年	禱　苗代	名瀬	日大	法
	四三年	田畑清光	龍郷	東大	農
	四五年	生駒　純	名瀬	東大	法
大正	二年	岡　尚義	龍郷	東大	法
	三年	谷村唯一郎	名瀬	中大	法
	三年	昌谷　忠	西方	東大	法
	三年	大和茂樹	大和	東大	法
	七年	平　敏孝	三方	東大	法
	八年	森　貞彦	古仁屋	東大	法
大正	八年	登　政良	古仁屋	東大	法
	八年	泉二利光	龍郷	日大	商
	八年	金井正夫	龍郷	京大	法
	九年	平島英秋	龍郷	日大	？
	九年	稲　博忠	三方	日大	歯
	一一年	伊東隆治	龍郷	東大	法
	一一年	岩切重秀	龍郷	日大	法
	一二年	大庭猛雄	？	明大	経済
	一三年	平　輝雄	名瀬	東大	医
	一四年	森田　敏	古仁屋	東大	政
	一四年	蘇我四郎	古仁屋	早大	政経
	一四年	永野芳辰	笠利	京大	法
	一五年	八木信雄	名瀬	東大	法

（大正十五年から昭和二年までの月刊誌「奄美」および昭和三十七年「奄美人名鑑」共に奄美社発行による。若干のもれや誤りもあるかと思われる）

（「第三節明治以降の教育、一創成期の教育〔明治〕『改訂名瀬市誌　2巻　歴史編』八七〜八八頁）から

以上であるが、明治・大正時代に本土から隔絶された奄美大島からこれだけの大学出身者が出たということは大変な驚きである。まさに〝教育沸騰〟の結果であろう。ちなみに、これをまとめてみると全員で二十七人であり、その内訳は、東大十四・京大三・明大二・日大六・中大一・早大一である。しかも彼らの出身地をみるとほとんどが龍郷・名瀬・古仁屋である。こうしてみると、龍郷村の西郷隆盛、小宿村の名越左源太、阿木名村の重野安繹ら流人教師たちの教育的感化・影響が、こうして次世代に開花したと考えるのはあながち的外れではないかもしれない。

イ　徳之島

『徳之島町誌』の「第一章　教育」には次のようなくだりがある。

徳之島では仮屋許の亀津村は、多くの人士を輩出し島役人の八割まで亀津村の出身であったのである。亀津村には古来勉学に励み、いろいろの事業を創始する試み多く、徳之島全島民にその利害得失を波及し、全島各村または亀津村を手本として家業を興し勉学に励む者が出て、各村役人で亀津村の影響を受けない者はいなかったという。この亀津村根性を養った有志を人呼んで〝亀津断髪〟といった。亀津村の誇りがどこから生まれたかを探ってみるに、元文元年（一七三六）春藩主より禅宗安住寺を建立しこれを尊奉すべく下命があって、同年中に井之川に安住寺を建立し全島民の宗旨としたのである。延享元年（一七四四）この寺を亀津村に移している。この寺の僧侶の村人教導の努力や子弟教育の力が大きく影響して、後の亀津断髪を作

り上げたものと考えられるのである。

（『徳之島町誌』四一七頁）から

このように、徳之島の亀津村（現、大島郡徳之島町亀津）には〝亀津断髪〟という気風があり、現在でもその気概は引き継がれている。この〝亀津断髪〟とは、明治四年（一八七一）に出された明治新政府の断髪令が、沖永良部島や奄美大島では明治九年（一八七六）から明治十年にかけて実施されたのに比べ、徳之島の亀津村のそれは早く、明治八年頃にかけて実施されたからである。他の島の農民たちが、戸惑っている間に、亀津の人たちは先駆けて断髪し、新しい時代に即応できるよう勉学に力を入れたというのである。また、明治四年には民営による学校（安住寺塾・主催者山徳峯《やまとくほう》等）が開設されるほど進取の気風に富んでいた。これは、亀津村にあった「安住寺」が「廃仏毀釈」にあい明治五年（一八七二）廃寺となったが、この時亀津村有志は相計らって「安住寺跡」（現鹿児島県立徳之島高校敷地）を買い受け、校舎として全島から勉強に志す若者を集めて教育の場とした。この時の学校建設に尽くした人々は私財を投じ、不足分については借金をなし、事業完遂に情熱を傾けた。「安住寺跡」は学校といえるものではないにしても、全島から集った若者五十余人の教導を始めたのが徳之島における学校教育の始まりであった。

また、亀津には〝亀津ヤンキチバン〟という気風もある。これは、屋根のキチ（梁）が映るほどの水粥をすすっていても、親として子供達たちには十分な勉強をさせるという心意気である。このような徳之島島民の勉学に対する積極的な気風は、その昔「文化朋党事件」や「嘉永朋党事件」などで徳之島に流されてきた教養ある武士たちの影響があったのではないだろうか。島に流されてきた武士たちにとって、己の意に反した島行きであったが、島民たちから学問の教授を求められ、必要とされた彼らは、自らの不遇を嘆きながらも心の中には一縷の救いを感じていたかもしれない。

ウ　沖永良部島

昇曙夢は『大奄美史』の中でさらに次のように書いている。

由来沖永良部島は琉球に近かっただけに彼地との交通は古くから開け、特に琉球王の治下に入ってからは琉球文化の影響が著しく、大島五島中最も文化的な島であった。古くから琉球の有識者がしばしば来島して文教を伝え、孔孟の教えを説いて島の教化に努め、また、沖永良部からも琉球に留学して学問を研究し、かくして琉球治下三百四十年の長きにわたって彼地の文化を移入したばかりでなく、その後薩摩藩治下に移ってからもなおこれを続け、琉球文化との交渉は前後六百年に及んでいる。この一小島から多くの人材が出ているのも決して偶然ではない。

（「第五編　薩藩直轄時代〔近世期〕、十七、当時の人物」『大奄美史』三九二頁）から

藩政時代、沖永良部島には流人教師以外にも「私塾」を開いて子弟を教育した学者たちが多くいた。紹介してみたい。竹夏鼎用《たけかていよう》・操担晋《みさおたんしん》・竹夏鼎幹《たけかていかん》・沖島曽勳・栄寿鳳・撰玄碩《えらぶげんせき》・安藤佳竹・鎌田宗円（以上和泊）、町右左則《まちうさのり》・沖蘇廷良《おきそていりょう》（後利有）・龍真玉橋《りゅうまだんばし》・玉江福村・矢野忠正（以上手々知名《てでちな》）、宋平安続《そうひあんとう》・豊山真粋敏・甲文郁《きのえぶんいく》（以上内城）、安田蘇泉・今栄民直《いまえたみなお》（以上余多）等々である。

彼ら郷土愛に燃える実に多くの識者たちが、沖永良部島の文化発展のために貢献している。今栄民直は幼児より病身でありながら、毎日二里の険しい道を通って、当時この島の和集落に遠島されていた学者、紀平右衛門に就いて熱心に勉強し、四書五経を修め、後私塾を開いて、子弟教育に任じ、多数の人材を輩出した。沖永良部島は小さい島ながら、昔から「教育者・医者を出す島」といわれ、多数の「先生」や「医者」を輩出してきた。それは藩政期の島の識者の教育にかける熱意や流人教師たちの感化・教育を除いては考えられない。

沖永良部島は「花の島」ともいわれ「野菜・花卉栽培」が盛んである。藩政期における薩摩藩からの圧迫が奄美大島・喜界島・徳之島ほどでなかったことも幸いして、隆起珊瑚礁の島という農業に適さない環境ながら、農民たちが「考える農業」を実践し、知名・和泊の二町は農業所得において常に奄美群島内はもとより、鹿児島県内市町村の上位に位置している。このことも沖永良部島の「教育の伝統」とは無縁ではないだろう。

2　奄美の〝教育沸騰〟に対する、島内外からの様々な批判について

本章ではここまで遠島人による奄美諸島民子弟への教化・教育と、その結果としての明治以降の奄美における子弟教育の覚醒・沸騰について論じてきた。島役人の子弟ら一部の者に偏ったきらいはあったものの、藩政時代の遠島人を通じて諸島内に「教育」の伝統が培われた。そして明治維新を迎えその伝統は一気に開花し、明治大正時代を通じて有為の学士が多数誕生した。当時の龍郷村（奄美大島）・阿木名村（奄美大島）・小野津村（喜界島）・亀津村（徳之島）・和泊村（沖永良部島）がそうである。

奄美の親たちは、自分の子供たちに十分な教育を受けさせるためにはあらん限りの努力をした。しかし、当時から親が家屋敷を抵当に入れてまで、子の教育に入れ込むことについて批判がないわけではなかった。すべての事象には表と裏、陰と陽がある如く、奄美諸島の明治中期から昭和初期における〝教育沸騰〟についても、光と影の部分があったといわねばならない。本項では、この〝教育沸騰〟の影の部分に相当する当時の各界からの各種批判について、主として『名瀬市誌』に書かれた文章の数々を見てみることとする。いずれも『改訂名瀬市誌2巻　歴史編』（八九〜九〇頁）からのものである。

①　本土の大学・高等学校・専門学校・中学校等に、大島郡からおびただしい人々が進学していること、進学しつつあることは、郡外の人々には異様の感をさえ与えたようであり、明治・大正・昭和にわたって

各人各様に論じられてきた。しかし、概して言えば、それは批判的であった。経済に釣り合わない進学であること。進学しても、学を成就し志を遂げ得る人は少ないこと。疲弊した島の振興に寄与する農・水・林産業等関係の職業や学校を軽視する傾向のあること、等がその共通する論旨である。

本郡より笈を負ふて他郷に遊学する者は、その志望多くは法学研究に在りと言ふ。而して単に本郡出身者のみに限らざれども、其生業していわゆる錦を故郷に飾るものは真に暁天の星にして、多くは学資続かず、半途帰村して遊食の民となり、父母を苦しめ弟妹を苦しめ、終に他の指弾する所となり、モグリ（正式の資格を持たないで貸借関係の民事紛争に介入して金を得ている人を指す）の仲間入りをなすの類比皆然りと言ふ有様にして、此等は始自家の経済を知らず、父母も又徒に遊学の美名に酔い、無理の遣り繰り算段に借財を重ね、財産を靡し、二進も三進も働かざるに及び、初めて無名の夢醒ませば、時既に遅く、身を置くにさえ処なき窮す。その害毒恐れて惶れざるべけんや。生活も学問も、自家の財産に比例してこそなすべきなれ。切に島民の反省を促す。

（鹿児島新聞・明治三十七年）

② 父兄が向学心に厚きは殆んど驚くの外なく、負債を起して迄も子弟を遊学せしめむとするの意気は愛すべきも之が為め他の反面に於いては尠からざる影響を蒙りつつあるものの如し。

（鹿児島新聞・明治三十八年）

③ 向学心高マリタルコト、子弟ニ過度ノ教育ヲ施サントシ産を亡スルモノアルニ至リタルコト。

（大島島司　津村伊三郎記　大正十一年）

④　巨額な教育費が郡外に流れ出ることが大島疲弊の一因ともなって居る。これでは二百の学士もそう自慢にならぬのである。

（月刊誌「奄美大島」大正十五年二月）

⑤　（前略）但だ爰に力説すべきは、従来吾が郡、学生及び父兄が、その所謂封侯の志に囚われ過ぎて、猫も杓子も法科系の学問をのみ偏重し来った悪弊を一掃すべき一事である。而して大島今日の特務に適切なる商船学校とか、水産学校とか、工芸学校とか、電気機械学校とか、ともかくも、その産業開発上の必要なる諸学校に向けても、互いに相並んで入学せしむるやう郡民一般のご留意を請ひたい次第である。

（月刊誌「奄美大島」大正十五年三月新天領）

⑥　私が郷里を出て初めて上京したのは明治二十三年十五歳の時で、その時は在京出身者は僅か麓氏（今の代議士）外十人位のものであったが、大正元年頃には、著しく上京者が殖え、郷里は土地荒廃し、中堅青年を失ふといふ傾向を呈し、喜界島の如きは最も甚だしかったようである。それで小学校の教員に対し、児童の無暗に都会に出るな、郷土を愛せよといふことを諭すやう奨めたこともある。

（月刊誌「奄美大島」大正十五年六月号　泉二新熊談（註1））

⑦　（前略）学問をさせることはいい。しかし、学問さえさせれば人間は偉い地位が得られ、金が沢山儲かるというような迷信から覚めねばならない。学問をさせたが故に労働することをいとって、月給取りの楽な身分だけを希望するような誤った考えから脱却せしめなければならない。私は大島に奨学の気風の

盛んなことを悦ばしいことに思う。しかし、その奨学が労働回避になる時に、大島は不幸なる陥穴に自ら落ちるのだと評せざるを得ない。その土を耕し、その国土から実益をうませることが、大島の今日の急務である。私は徒に官吏になり、月給取りになることを希望する子弟ばかり多くなることを大島の不幸であると思う。教育の方面から見て大島の今後進むべき道は囚われたる学問の尊重ではなくして、実務を主としたる学問の活用者を生み出すことにならなければならない。この点は今後の大島の人々の深く心すべき反省事項であろう。

（昭和二年来島の下田将美著『南島経済記』）

⑧ 奄美諸島の日本復帰の翌年、すなわち昭和二十九年大島を訪れた評論家大宅壮一[註2]は、「この島に資源らしいものはほとんどない。あるものはただ〝人的資源〟のみである。しかもここの住民は、この資源の開発には、日本中のどこよりも熱心である。というのは、鹿児島県出身で「お国自慢」の対象になるような人物は、軍人を除いてほとんど奄美大島生まれだからである。戦前、旧制中学卒業生の七五％は上級学校に進学していたが、本土平均二五％に比較して、いちじるしい開きを見せていた。徳之島の亀津町の如きは、大学卒業者の人口比が全国最高比を示している。また、西郷隆盛が流された土地として知られている大島の龍郷と云う小部落からは、一時東京遊学者を百二、三十人も出していた」。前にのべたこの島々の経済的条件を考えるならば、これはまさに驚異的な数字である。それでなくてさえ低い家族の生活水準を、さらに極端に引き下げることによって、子弟が大学に送られたのであって、まさに教育への〝出血投資〟いや〝飢餓投資〟だともいえよう。

（「復帰直後の奄美大島を行く」『大宅壮一全集　第十七巻』『週刊朝日』昭和二十九年二月）

⑨（前略）富田大島島司談。学事の状況に就いては、勿論内地と比較上のお話は出来ませぬが、就学歩合もまだ九〇以下八〇から少し超えるくらい、男子の方は充分恥ずかしからぬ成績を有しているものの、何分にも女子就学歩合が不成績で斯様な結果を表して居るような次第。女子教育と云うことは、一般に至って観念が薄い様に思われます。

（明治三十八年十二月、鹿児島新聞）

と、このように『改訂名瀬市誌　1巻　歴史編』の中には奄美の明治初期から続く〝教育沸騰〟の負の側面に対する、各界からの批判が延々とつづられている。まさに奄美の〝教育沸騰〟がもたらす経済的パラドックスに対する皮肉である。特に⑧に書かれた、大宅壮一の「復帰直後の奄美大島を行く」は、当時一流の流行作家による紀行文だけに、全編ユーモアとペーソスでつづられてはいるが、随所に丸裸にされた本当の奄美の姿を追体験することができるようになっている。拙著を手にしてくれている読者諸氏に対しても、是非一度原書を手に取りお読み頂くことをお勧めする。なおこの文章に続いて非常に興味そそられる文章が『大宅壮一全集』には書かれているのでその部分を若干紹介しておきたい。

こうした環境の中から、亡くなった大審院長泉二新熊をはじめ、最高裁判所判事谷村唯一郎、同志社大学長長田忍、独文学者上村清延、露文学者昇曙夢、前日本弁護士連合会会長奥山八郎等の人材が出ている。（中略）そのほか関脇の朝潮、宝塚出の映画女優島秋子などという変わりだねも出ている。しかしこれらの人々に共通した傾向は、生き方が個人的で、一つの結集された力とならないことである。島出身者の間で、新しい産業を開発すべく、内的導入を行って、かつての東北振興会社のようなものをつくろうとしているが、その中心になって動く人物を見出すことは困難である。

註

（1）明治九年（一八七六）奄美大島龍郷村中勝生まれ。旧制熊本五高を経て明治三十一年（一八九八）東京帝国大学法科大学入学。明治三十五年（一九〇二）卒業。卒業と同時に京都帝大法科大学講師となったが気風が合わず二カ月で辞めて帰京し、司法官補として採用され、以後全生涯を司法官として過ごす。明治四十一年（一九〇八）『日本刑法論』、明治四十四年（一九一一）『刑法大要』を著す。大正九年（一九二〇）法学博士となる。大正九年（一九三四）『刑事学研究』を著す。昭和十四年（一九三九）大審院長。昭和十六年（一九四一）司法官退職。この間東京帝大・東北帝大・中央大学その他の大学において教壇に立ち後進の育成に努めた。退官翌年の明治十七年に「枢密顧問官」に親補される。戦後の昭和二十二年十月死去した。享年七十二（出典、『龍郷町誌　歴史編』）。

（2）明治三十三年（一九〇〇）～昭和四十五年（一九七〇）。享年七十。昭和時代の評論家。大阪生まれ。東大文学部社会学科に入学したが中退し新潮社嘱託などを務める。大正十五年（一九二六）『新潮』に「文壇ギルドの解体期」を書いて文壇に進出する。戦時中、一時中国・ジャワに従軍記者として赴いた。戦中・戦後の一時期文筆活動を中止したが、昭和二十五年ごろからジャーナリズムに復帰し、社会評論・人物論を展開した。持ち前の毒舌と鋭い時代感覚で「一億総白痴化」「駅弁大学」などの新造語をもって世論に大きな影響を与えた。著作に『大宅壮一全集』などがある（出典、『国史大辞典』油井正臣）。

おわりに

この「奄美流人」に関する小著を紡ぎながら、頭の中では司馬遷の『史記』に書かれた「焚書坑儒（註1）」のことが通奏低音の如く響いていた。秦の始皇帝は、紀元前二二一年春秋戦国時代に終止符を打ち、史上初めて広大無辺な中国大陸を統一した王であった。彼は中国大陸を統一するや否や自ら「始皇帝」と名乗り、厳格な法治主義に基づく中央集権的国家を作り上げた。そして、国を脅かす匈奴を黄河以北に追いやって万里の長城の増築を行うとともに、五回の国土巡幸を行い、豪華な阿房宮や驪山陵（兵馬俑）の築造などを矢継ぎ早に行った。ここまでは良い。しかし彼は部下の李斯から、「政治の邪魔になるから古い本はすべて焼き捨てましょう」という献策に同意し、「医薬・卜筮・農事に関する書籍・秦の歴史書」を除くすべての書物を焼き払ってしまったのである。さらにその翌年には、自分のことを陰で批判する儒者四百六十四人を捕らえて咸陽で生き埋めにしてしまった。結局このような苛斂誅求は民衆の反感を招き、秦王朝は三世十五年という超短期間で滅び、「漢」の高祖にとって代わられたのである。そして、彼は「暴虐王」として中国史のみならず世界史にその名を刻まれたのであった。

さて薩摩藩のことである。三女茂姫（於篤・広大院）を徳川将軍家斉の御台所として嫁がせたことによって、外様大名であるにもかかわらず将軍外戚として幕末期薩摩藩の絶対王として君臨した島津重豪は、「文化朋党事件」で己の面子を潰した若手家老らを処刑した後、彼らが作成・使用した書類をことごとく城下郊外の原良村で焼燬処分させた（註2）。また時代は若干下って明治五年（一八七二）、時の鹿児島県参事大山綱良は、「旧慣が抜けぬ」という意味不明な理由で、藩庁の家老座・大監察局・その他の公用帳簿類・土蔵に詰めてあった書類も含めてことごとく焼き払った(註3)。そして、これらと軌を一にした事例が先の大戦の終戦直後に起きている。日本の「ポツダム宣言の受諾決定から、最初の米軍先遣隊が厚木飛行場に到着する八月二十八日までの間に、ほぼ二週間の〈空白期〉があり、この期間を利用して軍関係文書を中心にした機密文書は徹底して焼却された(註4)」。

どうも権力者というものは都合の悪い書類や本は焼いてしまうものらしい。これは洋の東西・人種の別・歴史の古今を問わない。権力を握った人間・組織は、自己防衛・組織防衛のため躊躇《ためら》いもなく焚書という行為に及ぶのだろう。しかし、このことで失うものは計り知れない。これらの行為は歴史の隠蔽、歴史の冒涜、歴史の破壊、すなわち歴史への犯罪行為に他ならない。

小著のテーマは、「奄美流人史」に係わるものであった。しかし、「奄美流人史」を本流としながらも、その他の奄美史に関する事柄も数多く書いてきた。それは、奄美史の多面性について行間をも読んでもらいたい思いからであった。就中、ある歴史事象を概観するとき、見る者の立ち位置によって、見え方が全く違ってくる場合があると言いたかったからである。あくまでも筆者の考えであるが、例えば、維新三傑の一人として、現在でもなお国民的人気の高い西郷隆盛のことである。彼が奄美流謫中に発信した書簡を丹念に読み、そして、彼に与えられた島妻「愛加那」に対する後々の態度などを併せ見るとき、表の評価とは異なる人物像が浮かび上がってくるのである。歴史事象は表からのみではなく、裏から、下から、あるいは斜めからの視座も必要ではないか。さらに言えば、明治維新を主導した西南の雄藩として、確固たる名声を獲得した薩摩藩のことである。しかし、そのために犠牲となった奄美諸島の民草の視点から薩摩藩を仰ぎ見る時、世間一般の評価とはかなり違った見方が立ち現れてくるのである。

ところで、来年平成三十年（二〇一八年）は、明治維新から百五十年の節目に当たることから、鹿児島県では、「明治維新百五十周年記念事業」と銘打ち、様々な記念行事を企画し、精力的に準備を進めていると聞く。しかし、筆者としては、県民代表としての県知事や県議会の方々、ならびに藩政時代の島津氏を受け継ぐ方々に対して〝ちょっと待ってください〟と申し上げたい。確かに様々なイベントを行い、県民意識を高めたいとする意図は良く理解できる。しかし、その前に、あの悪名高き黒糖収奪に伴う過酷支配や、明治以降の、鹿児島県による差別的独立経済政策等に対して、何らかの形で、奄美諸島民に対し「謝罪の意志」を表明するのがまず先ではないだろうか。鹿児島県（島津氏）は、これまで奄美に対する「負の歴史」に対して、誠実に向き合ってこなかった。明治維新百五十年の節目の今こそ、真摯に向き合うべき時ではないのか。〝昔のことだ〟〝既に時が解決している、過去は水に流してこれからが大事だ〟ではなく、明確な「謝罪の意志」を表明することなしに、奄美と鹿児島の真の和解、そして共に発展していくという、積極的な機運は醸成できないのではないか。なぜなら、過去の行為に対する心からの「謝罪」のみが、お互いのわだかまりを解くと思うからである。そして、このような英断は、奄美諸島民のみならず、全国民から賞賛をもって迎えられることは間違いないだろう。筆者の考えは突飛で、独断と偏見に満ちていて、取るに足らないものだろうか。否、少しでも奄美の本当の歴史を学習された方には、筆者の意見を必ずやご理解頂けるものと思う。

薩摩藩政下二百六十年にわたって奄美に流された、おびただしい数であったろうと思われる流人たちの消息はほとんど解明されていない。今回小著で取り上げた「奄美流人」は延べ人数にして僅かに三百三十五人であった。それは全体の数からすれば微々たる人数である。これらの不明な流人たちはこれまで存在そのものが無視されてきた。そして、何らかの手を打たなければこれからも無かったものとして見過ごされてしまうに違いない。

これから先も、体の続く限り「奄美流人」に関する研究を続けていきたいと考えている。そしてこれまで不明であった「奄美流人」に関する疑問が氷解するような「古文書」の出現を祈念しつつ、微力ではあるが「奄美の歴史研究」に係わっていければと考えている。

註

(1) 司馬遷(「秦始皇本紀」『史記』)から「焚書坑儒」に関する部分を示す。

・丞相李斯曰、(中略)臣請、史官非秦記皆焼之。非博士官所職、天下敢有蔵詩・書・百家語者、悉詣守・尉雜焼之。有敢偶語詩・書者棄市。以古非今者族。吏見知不學者與同罪。令下三十日不焼、黥爲城旦。所不去者、醫薬・卜筮・種樹之書。若欲有學法令、以吏爲師。制曰、可。

・候生・盧生相與謀曰、(中略)於是乃亡去。(中略)始皇聞亡、乃大怒曰、(中略)於是使御史悉案問諸生。諸生傳相告引、乃自除。犯禁者四百六十餘人、皆坑之咸陽。

(出典、『史記Ⅲ　独裁の虚実』)。

(2) 第一章第二節第一項イ「文化朋党事件」末尾参照のこと。

(3) 総論第二参照のこと。

(4) 『昭和天皇の終戦史』(一七六〜一七七頁)。なお以下の文章が続く。

陸軍の場合、元陸軍大佐の服部卓四郎によれば、「終戦の聖断直後、参謀本部総務課長及び陸軍省高級副官から、全陸軍部隊に対し、機密書類焼却の依命通牒が発せられ、市ヶ谷台(陸軍中央官衙の所在地)上における焚書の黒煙は八月十四日午後から十六日まで続いた」という(『大東亜戦争全史』)。

こうした焼却命令の徹底さをよく示しているのは、憲兵司令部からの通牒である。すでに憲兵司令部は八月十四日・十五日の両日にわたって「秘密書類の焼却」を各憲兵隊に指示していたが、八月二十日には再度通牒を発し、「従来左の如き所に〔秘密書類の〕残紙あり。思わざる失態を演じたる事例多」しとして、残紙の再調査と焼却を指示している。ここで例示されている場所は、「机・抽斗《ひきだし》の奥に附着せるもの」「机その他の動揺防止のため脚下等に挟みたるもの」「棚の奥または下等に落込みたるもの」「焼却場に焼残りたるもの、焼却場の周囲に散乱せるもの」「私物参考書に綴込みたるものの整理漏れのもの」「その他書類庫、物置等の整理漏れ又は床上等に散乱せるもの」など微細にわたっており、さらに、「家宅捜索を考慮し、各自の私宅に所有しある書類ならびに手紙類に至るまで全部調査焼却すること」と指示されている(「極東国際軍事裁判速記録」第一四八号)。

このような軍の焼却命令は市町村レベルの兵事文書にまで及び、警察のルートを通じて、陸海軍の動員関係の書類の焼却が各市町村の兵事係に命じられた。しかし、敗戦という混乱のなかでの命令であったため、多くの市町村役場では、動員関係以外の兵事文書まで、すべて焼却してしまったようである（『村と戦争』）。

また驚くべきことに、各新聞社に対しても、「戦争に関する記録写真をすべて焼却すべしという圧力」が軍部からかけられ、毎日新聞社などを除く多くの新聞社で、フィルムや乾板の処分が実際に行われている（『新聞カメラマンの証言』）。

資料　別表・奄美各島流人一覧

奄美大島（含　加計呂麻島・請島・与路島）流人一覧

	年号（西暦）	役職・氏名	配流先	科名・事件等	備考（死亡・赦免年等）	出典
1	寛文三年（1663）	志戸桶与人無心好（幼名勘樽金）	与路島	西目与人の讒言	喜界島志戸桶与人の時同僚西目与人の讒言により与路島へ流罪。2年で帰島。寛永六年（1629）生、元禄十五年12月4日没73才	『奄美大島諸家系譜集（勘樽金一流系図）』『喜界町誌』
2	寛文五年（1665）	西目与人		讒言	無心好の帰島後、自身の讒言が判明し流罪。	
3	寛文十年（1670）	公儀御預流人上総忘（志）八津村　惣兵衛	名瀬		享保十一年(1726)4月20日病死	『大島要文集』
4		公儀御預流人信濃飯田　虎蔵	芦花部		享保十九年(1734)4月25日病死	
5		公儀御預流人遠州浜松勘三郎	宇宿		享保十二年(1727)4月24日病死	
6	延宝八年（1680）	中田伊右衛門時寿			文献上薩摩藩内流人の初出	『種子島家譜』
7	元禄十年（1697）	総奉行遠藤清右衛門家則		収賄	家財没収、子供2人寺入り。	
8	元禄十二年（1699）	河野金兵衛				
9	享保十九年頃	吉井伊右衛門				『奄美史料集成』　（仮題）『与論在鹿児島役人公文綴』『奄美の歴史とシマの民俗』
10	寛保三年（1743）	公儀流人京都西本願寺堂達性玄寺　愿敬		一向宗	『鹿児島県史料　旧記雑録拾遺伊地知季安著作史料集七（史料番号87-1「大島代官所古帳云」）』	
11	延享四年（1747）	示現流指南役東郷藤左衛門位照	嘉鉄	「相伝書」の売買か	弟藤十郎（實勝）と共に流され、弟は沖永良部島へ。	『奄美大島諸家系譜集（喜志統親方系譜）』『奄美の歴史とシマの民俗』
12	寛延4年（1751)3月	足軽羽生喜右衛門		強暴	宝暦六年（1756）8月赦免。	『種子島家譜』
13	宝暦三年（1753）	中之村鮫島藤之助		養母が縊死、葬式をせず、喪に服さず。		
14	宝暦十年（1760）	庄司浦水主　甚右衛門		窃盗		
15	明和八年（1771）	軍学者　巨銃火術指南役藤原為矩	加計呂麻島芝		城下士、安永三年（1774）赦免となるも病のため帰藩できず。安永四年（1775）10月17日同地にて没。同地に徳田邕興建立の墓有り。	『瀬戸内町誌歴史編』
16	安永元年（1772）	西村文右衛門時勝		犬神信仰	隠居のため家財没収せず。子の官左衛門時武は喜界島へ。	『種子島家譜』
17	安永五年（1776）	軍学者徳田邕興	加計呂麻島実久　後に小宿	藩兵法（甲州流）を批判	天明七年（1787）赦免。	『奄美の歴史とシマの民俗』『瀬戸内町誌歴史編』『碑のある風景』『島津重豪』
18	安永九年（1780）	阿世知円右衛門		不明		『種子島家譜』
19		国上村浜脇平七		讒言		
20		善八		城壁破損	前田六郎右衛門（徳之島へ）と共に罰せられる。	
21	天明元年（1781）	羽生伊右衛門		阿世知六之進の刈った稲を燃やす		
22	不明（天明年間か）	軍学者徳田邕興	小宿	藩兵法（甲州流）を批判	初め加計呂麻島に流された。天明七年（1787）赦免。	『奄美の歴史とシマの民俗』『瀬戸内町誌歴史編』『碑のある風景』『島津重豪』
23	寛政元年（1789）	笹川五六		破損船に島主種子島久柄（久照）を乗せる	百姓に為す。10年の遠島。	『種子島家譜』
24		増田村馬場庄八		禁制の穽で百姓の子を死亡させた	士格より貶める。	
25	寛政二年（1790）	中村伊兵衛僕　嘉六		畑の垣を破り、馬を放牧させ麦を食させる。		
26	寛政三年（1791）	平山仁左衛門		政策の上言		
27	寛政六年（1794）	安城村　足軽平林源助		強暴、旧妻実家で騒動	兄・親族縁座	
28	寛政九年（1797）	西之村百姓吉兵衛		親族の田を奪おうとした。		

29	寛政十一年（1799）	和田半蔵			大島代官附役として赴任したが「乱気ニ相成リ舌噛切候」帰鹿、後大島に遠島	『大島代官記』
30	寛政十二年（1800）	上妻幾衛		侍女と密通の説	親は家老職を免じられ、禁錮。	『種子島家譜』
31	享和二年（1802）	坂井村 弥兵太		脅迫		
32	文化元年（1804）	喜右衛門				
33	文化五年（1808）	御近習番 有馬一郎（市郎）		文化朋党事件（近思録崩れ）		『鹿児島県史料島津斉宣斉興公史料（文化朋党一条）』
34		御近習番 佐竹次郎右衛門				
35		進達掛 木場休右衛門				
36		無役 田代清太	赤木名		島に妻子、赤木名で没、文化二年（1805）徳之島代官附役として来島歴あり。(『徳之島前録帳』)	
37		横目 伊勢九郎八貞宣	龍郷		喜界島流人伊地知季安の実兄。	『鹿児島県史料島津斉宣斉興公史料（文化朋党一条）』 『龍郷町誌歴史編』
38		御供目付 山口太右衛門				『鹿児島県史料島津斉宣斉興公史料（文化朋党一条）』
39	不明（文化年間か）	公儀流人 岩城織右衛門		密貿易	文化十年大島代官新納時升にサトウキビの振興策を指南する	『奄美の歴史とシマの民俗』 『新納久仰雑譜二（九郎談）』
40		田中猪之衛	清水		与人清当斉と共に無人島に探検に出る。	『南島雑話』 『大奄美史』 『碑のある風景』
41		木原甚左衛門		凶悪無頼	文化十年（1813）以前に大島より帰島。	『種子島家譜』
42		知覧領主近習 松元兵治	古仁屋	一向宗で罪を得る	士分をはく奪され古仁屋で没 寛保二年（1742）生。	『瀬戸内町誌歴史編』
43	文化十一年（1814）	河野彦左衛門、八才の女子、下人（計3人）	加計呂麻島 呑之浦	最後まで無実を訴える	私塾を開く。文久元年（1861）同地にて没、享年75。	
44	文化・文政の頃か	藤原常時（俗名田畑仲多衛門）	西古見		養子田畑租和志の教育を行う	『西古見集落誌』
45	文政二年（1819）	肝付兼命	阿室		肝付家第26代当主　文政九年（1826）当地にて没、享年59。	『奄美大島諸家系譜集（碇家系図）』 『碑のある風景』
46	文政八年（1825）	立山新内		佐土原藩 鴫之口騒動		『日向文献史料』 『宮崎県史史料編近世6』
47		山口権之允				
48	天保五年（1834）	桜井善太右衛門			同年4月24日大島で病死。	『種子島家譜』
49		水主　市次郎 同　弥次郎 （計2人）		積載の官の昆布を盗む	天保十年5月18日赦免	
50	天保十年（1839）	図師七郎右衛門、西之村庄吉（計2人）			庄吉は後赦免、種子島居住許可	
51	弘化二年（1845）	徳之島流人 飯田伝左衛門		百姓と喧嘩	徳之島松原にて同地流人百姓仁右衛門に斧で重傷を負わせる。徳之島より島換え。	『徳之島事情』
52	不明（嘉永年間か）	米村銀輔	小宿		絵を描く人。	『奄美大島諸家系譜集（一野家系図）』
53		新納内蔵家来 山元仲八			嘉永三年（1850）12月、宰相（斉興）将軍家慶より朱衣肩衝お茶入拝領に伴う恩赦になるも島居付。	『鹿児島県史料・新納久仰雑譜一』
54		山口安兵衛	佐念		嘉永六年（1853）癸丑2月28日没佐念に墓有り。	『奄美の歴史とシマの民俗』
55		海江田忠左衛門	用		嘉永四年（1851）私塾を開く。後、赦免にて帰鹿。武術の師範	『笠利町誌』
56		柴工左衛門			元遠島人で島居付。仮屋付。	『高崎くずれ大島遠島録』嘉永三年（1850）4月29日の日記に記載
57		大祥丸船員 下町人　喜太郎	小宿		名越左源太に鯖を五匹進呈。	『高崎くずれ大島遠島録』嘉永三年（1850）5月6日の日記に記載

58	不明（嘉永年間か	宮之原藤助	小宿		左源太の家来と称して山伏の形をして鉢開を行う。	『くずれ《高崎》大島遠島録』嘉永三年（1850）10 月 11 日の日記に記載
59		御庭奉行格 紀　平右衛門	加計呂麻島 諸鈍		後、沖永良部島和に流される。	『徳之島郷土研究会報第 22 号—沖永良部で塾を開いた遠島人—』
60		染川四郎左衛門			後、沖永良部島瀬利覚に流される。	
61		柔術家 平瀬礼助			後、沖永良部島余多に流される。	
62		小田善兵衛			後、沖永良部島上城に流される。	
63	嘉永三年（1850）	御弓奉行 名越左源太	小宿	嘉永朋党事件（高崎崩れ）	私塾を開く。嘉永七年（1854）赦免（実際に島を離れたのは安政二年4月）。『南島雑話』・『高崎崩れ大島遠島録（遠島日記）』を著す。	『鹿児島県史料斉彬公史料第一巻』『くずれ《高崎》大島遠島録』
64		屋久島奉行 吉井七郎右衛門	久慈		安政二年（1855）赦免。（『鹿児島県史料斉彬公史料２』） 実弟村野傳之丞は徳之島亀津へ。	『鹿児島県史料斉彬公史料第一巻』『大奄美史』『くずれ《高崎》大島遠島録』『瀬戸内町誌歴史編』
65		裁許掛見習 近藤七郎左衛門	赤木名		『鹿児島県史料斉彬公史料２』の赦免記録に名前がない	『鹿児島県史料斉彬公史料第一巻』『大奄美史』『くずれ《高崎》大島遠島録』
66		白尾傳右衛門			名越佐源太『大島遠島録』では嘉永朋党事件関係で流されたらしいが詳細不明。嘉永年間の赤木名の地図を残している。	『大奄美史』『くずれ《高崎》大島遠島録』
67		平瀬新左衛門及び男子２人（計３人）	西古見	嘉永朋党事件（高崎崩れ）関係か？	私塾を開く。明治十年（1877）西古見没。享年 67 長男は西古見に、次男は管鈍に配流。	『西古見集落誌』 『瀬戸内町誌歴史編』
68	嘉永四年（1851）	高崎正太郎（正風）	名瀬・金久	嘉永朋党事件に縁座	高崎五郎右衛門嫡子。嘉永四年 15 歳を待って流される。嘉永五年（1852）赦免。 明治四五年（1912）2 月 28 日没享年 76。	『大奄美史』 『鹿児島大百科事典』
69	嘉永六年（1853）	満留伝助及び谷山郷士福島金助（計２人）			島抜け、飢饉にて脱出後、種子島坂井村に漂着、鹿児島へ護送される。	『種子島家譜』
70	嘉永七年（1854）	樺山覚太郎			浦上村の住民に「琉球国条書」を教える。	『改訂名瀬市誌１巻歴史編』
71	安政二年（1855）	泊村三男本位 黄八巻　照屋		運搬船により朱墨等を鹿児島へ持込み	中国暦咸豊五年 ５年の流罪	『琉球王国評定所文書 第十七巻』
72	安政四年（1857）	訓導職校合方頭取 重野安繹（孝之丞）	阿木名		私塾を開く。文久三年（1863）赦免。薩英戦争の戦後処理をした。帝国文科大学史学科を創設。東大史料編纂所を設立。	『大奄美史』 『瀬戸内町誌歴史編』
73	不明	三五郎	安木屋場		龍郷の西郷宅に出入りしていた流人	『龍郷町誌歴史編』
74		松崎中兵衛門（ママ）	龍郷・番屋		龍郷三州墓地（流人墓）に墓有り「太郎どん」と呼ばれる。	
75		武術家 塩田甚太夫	赤木名	１６歳の時甑島里村で酒癖の悪い下島役人を懲らしめた罪で流された。	島民に〝やわら〟を教えた。7 年で赦免。帰島後、実子に柔術を教え、後年この事が全国警察の逮捕術の基礎となった。	『奄美郷土研究会報第十六号（塩田甚太夫伝）』
76	安政六年（1859）	御小姓與 西郷隆盛	龍郷	安政の大獄	菊池源吾と改名し潜居。私塾を開く。文久二年（1862）赦免。	『西郷隆盛全集』 『大奄美史』 『龍郷町誌歴史編』
77	不明（安政年間か）	美玉新行	龍郷		幕末勤皇志士、美玉三平の弟。力持ち	『龍郷町誌歴史編』
78		城下士 種子島城助			川上十左衛門との刃傷によるか？	『鹿児島県史料新納久仰雑譜一』 『大奄美史』
79	文久二年（1862）	徳之島「ユタ」複数人	与路島	種々の浮説・流言・呪符・祈祷を為し医薬を妨ぐ	薩藩の宗教弾圧 沖永良部島と合わせて７人	『徳之島前録帳』 『徳之島事情』
80	文久三年（1863）10,26	小番　九良加野亘　三男　六郎		徳之島で住民とトラブルになり島替え	文久三年10月26日徳之島から大島へ。元治元年(1864)4月5日恩赦による赦免。	先田編『仲為日記』文久三年（1863）10 月 26 日付に記載

81	元治元年（1864）	徳之島犬田布津口横目格義仙、砂糖方掛義福、百姓喜美武（計３人）		犬田布一揆	代官付役人の横暴に対する抵抗。	徳之島町郷土資料館編『仲為日記』先田本『仲為日記』元治元年（1864）３月 26 日付に記載 『徳之島事情』『伊仙町誌』
82	不明（幕末期か）	伊地知清左衛門			赦免後帰藩したが明治に入り再び大島に戻り「ヤンチュ」解放に尽力した。明治十一、二年頃、ある罪で大島監獄幽囚となる。	『大奄美史』
83		刀鍛冶、奥元安	秋名	「銘刀波平」を偽作したか？	明治七年（1874）没。享年 82	『龍郷町誌歴史編』
84		中山四郎太	用		慶応二年（1866）私塾を開く。赦免にて帰鹿。	『笠利町誌』
85		赤崎角衛《(ママ)》門			明治四年（1871）私塾を開く。赦免にて帰鹿。	
86		高野遊心	安木屋場		明治五年（1872）佐仁で私塾を開く。赦免にて帰鹿。	『笠利町誌』 『龍郷町誌歴史編』
87		小山田定次郎	用		明治十年（1877）私塾を開く。赦免にて帰鹿。	『笠利町誌』
88		奥の《(ママ)》山半蔵	須野		私塾を開く。宇宿で妻帯。赦免にて帰鹿。	
89	慶応年間	徳田応兵衛	住用方 金久(城)		慶応三年（1867）に「徳田崩れ」で島民に殺害される。	『奄美郷土研究会報第九号（徳田崩れ伝聞録）』
90	慶応元年（1865）７月	徳之島・阿布木名　為清		評判が悪く村役の願いによる借島		先田本『仲為日記』慶応元年（1865）７月 15 日付に記載
91	慶応二年（1866)6 月	徳之島・阿布木名　喜生		砂糖樽の斤数をごまかす		先田本『仲為日記』慶応二年（1866）６月 19 日付に記載
92	不明	公儀隠密 森　僧八	与路島		幕府隠密として黒糖調査で薩摩入国、三年で捕えられ徳之島へ流され後与路島へ。明治の初め 80 余才で与路島で没。	『瀬戸内町誌歴史編』 『与路島（奄美大島）誌』
93		三原壮一	加計呂麻諸鈍	政争による	校区誌や記念誌によると金久の寺子屋で指導	『瀬戸内町立図書館・郷土館紀要創刊号』
94		平蔵（武士）	加計呂麻渡連		森（渡）百太郎らを教えた	
95		宇野佐一郎	加計呂麻諸鈍		寺子屋で指導	
96	明治初期	トビオカカイスケ（甚兵衛）	久根津（前田原）		島民に読書きを教える	

喜界島流人一覧

	年号（西暦）	役職・氏名	配流先	科名・事件等	備考（死亡・赦免年等）	出　　典
1	寛文十年（1670）	公儀御預流人江戸日本橋四丁目六郎兵衛	小野津			『大島要文集』
2	享保二十年（1735）	大島代官 御附役　東郷喜兵衛 大島代官 御附役　税所十内 大島代官 御附役　矢野宗兵衛 （計３人）		文仁演事件（収賄）	大島代官北郷傳太夫は徳之島に遠島 文仁演父子・兄弟は七島へ遠島 附役山元輿惣兵衛は牢内で病死	『大島代官記』 『徳之島前録帳』
3	寛保三年（1743）	公儀流人京都西本願寺堂達聞蔵寺　雲貞		一向宗	『鹿児島県史料旧記雑録拾遺伊地知季安著作史料集七（史料番号 87-1「大島代官所古帳云」)』	
4	寛延の頃（1748~1751）	佐土原藩士 川南　習	塩道	キリシタン禁制に触れる	私塾を開く。 五女を儲ける。	『喜界島古今物語』
5	寛延三年（1750）	長崎附人 海老原庄蔵爲興	中熊	実学朋党事件	配流先で没。永家墓地（先内）に合祀。	『島津国史巻之三十二』 『喜界島代官記』 『趣味の喜界島史』
6		側小姓 若松官太左衛門長登			島で没	

7	寛延三年 （1750）	竹内二角実資	大朝戸	実学朋党事件	竹内源蔵の父。宝暦十二年（1762）配流先で没。	『島津国史巻之三十二』 『喜界島代官記』 『趣味の喜界島史』
8		用人　皆吉九平太續安			文化五年（1808）文化朋党事件沖永良部流人の「皆吉宝徳」と関係あるか。島で没。	『島津国史巻之三十二』
9		大坂留守居 新納彌兵衛時陽			島で没。	
10		小納戸 竹内源蔵實観			竹内二角の実子。遠島38年後の天明八年（1788）に没。	
11		山奉行 川上十助親豊			後、赦免	
12		猪俣九半多則陽			島で没	
13		赤塚源四郎真闢			後、赦免	
14		山田彌市右衛門 市来衆中高崎平右衛門 牛根衆中長濱次郎左衛門 下大買町名頭東太郎左衛門婿養子次右衛門 串良柏原名頭松兵衛 谷山下福元□次郎 小林○兵衛組甚左衛門下男藤内 下町之次右衛門　（計8人）				『喜界島代官記』
15	明和元年 （1764）	郷士重信郷左衛門下人善四郎			「様子有之、被召込置候処遠島」	『伊作御仮屋文書』 『喜界町誌』
16	安永元年 （1772）	西村官左衛門時武		犬神信仰	家財没収、寛政六年（1794）家格再興。隠居西村文右衛門時勝は大島へ。	『種子島家譜』
17	天明三年 （1783）	納棺村 善太		幽閉室を破り出て窃盗	逃亡を助けた桑山藤右衛門は徳之島へ遠島。	
18	寛政九年 （1797）	西之村郷士 日高与右衛門		他人の田を争う事に加担	百姓に為す。	
19	寛政十二年 （1800）	西之村 佐治六		身分詐称・借金未返済		
20	文化五年 （1808）	御近習番 奈良原助左衛門		文化朋党事件 （近思録崩れ）		『鹿児島県史料島津斉宣斉興公史料（文化朋党一条）』
21		造士館書役 森岡孫右衛門				
22		御広敷横目 大迫八次				
23		横目 伊地知小十郎季安	志戸桶		私塾を開く。文化八年（1811）赦免。	
24	文化十二年 （1815）	郷士浜田七左衛門嫡子丞左衛門			「依科」により遠島	『伊作御仮屋文書』 『喜界町誌』
25	文政五年 （1822）	与倉村前原屋敷 源左衛門			「不宜聞得之趣有之」により遠島	
26	文政八年 （1825）	内田次右衛門	小野津	佐土原藩 鴫之口騒動	私塾を開く。塾跡（篠原家）が現存。17年後赦免になるも帰藩せず安政二年（1855）没。	『宮崎県史史料編近世6』 『喜界町誌』
27		中野弘	伊実久		16年後の天保十一年（1840）配流先で没。享年72。西村家墓地内に墓あり。赦免の1年前であった。	
28		竹下伊右衛門	志戸桶か		「竹下シューイム」と同一人物か。志戸桶に古墓あり。	
29	天保八年 （1837）	藩御小姓組　徳田喜右衛門、重富人一人、指宿人一人（計3人）			島抜け。喜界島より小舟を盗み種子島安城村に漂着。同年八月鹿児島へ護送。	『種子島家譜』
30	天保九年 （1838）	林玄泰			嘉永二年（1849）赦免。	
31	天保十年 （1839）	池田浦 水主　甚吉		賭博、船の積荷の勝手売買		

32	天保十三年（1842）	楢原覚七		養子を折檻死させ、自殺に偽装	文久三年（1863）喜界島で死亡。	『種子島家譜』
33	天保十五年（1844）	小番の下人 傳次郎			文久元年（1861）徳之島へ島替え	先田本『仲為日記』元治元年（1864）5月26日付に記載
34	不明（天保年間か）	浜田喜七			天保十五年赦免	『種子島家譜』
35	弘化四年（1847）	運送船佐事 金城筑登之		朱紛・爪の抜荷	中国歴道光二七年に流罪。嘉永五年（1852）赦免。	『琉球王国評定所文書第二巻』『喜界町誌』
36	嘉永三年（1850）	琉球館蔵役 大久保次右衛門利世	小野津	嘉永朋党事件（高崎崩れ）	元沖永良部代官附役（文政十年（1827）～天保八年（1837））安政元年（1854）赦免。大久保利通実父	『鹿児島県史料島津斉宣斉興公史料』『鹿児島県史料斉彬公史料第一巻』
37		和田仁（二）十郎			嘉永七年（1854）赦免。	
38		山口及右衛門不救				
39	嘉永の頃	赤崎萬蔵	小野津前金久		医師 この地で没	『吉塚廣次雑論伝承集』
40	不明	長崎庄右衛門	小野津		私塾を開く。小野津に墓がある。	『鹿児島県姓氏家系大辞典』『奄美の歴史とシマの民俗』
41		元徳之島差遣役人　(ママ) 安藤善之亟	上嘉鉄	徳之島差遣役人時代の部下の失策による。	武美宅（現安藤宅）にて子弟教育を行う。天保八年（1837）没。	『続しつる村物語』『喜界町誌』
42		西之原源右衛門			阿伝、花良治の子弟も教育する。明治四年（1871）阿伝で没。	
43		半助（武士か）			上嘉鉄で塾を開く。	
44		今村翁助	塩道		親族との交信録がある。	「遠島人今村翁助の書状（喜界図書館蔵）」
45	安政二年（1855）	古田村 百姓　兵太郎		汚行	喜界島で死亡	『種子島家譜』
46	不明（安政～文久か）	坂田省之助	先内		少年の頃の与人鄭竜に漢文を教えた。	『趣味の喜界島史』
47		上原源五左衛門			少年の頃の与人鄭竜に剣術を教えた。	
48		末野幸富	志戸桶		安政六年（1859）10月23日没。享年61。山川の出身か。位牌あり。	『志戸桶誌』『喜界町誌』
49		平田平六貞兼		殿様の意見に逆らう。	赦免後島居付。弓の名人。安政十三年２月８日没（原文のママ）享年51　墓がある。	
50		大浦大輔	小野津		内田塾を継承。	『趣味の喜界島史』『喜界島古今物語』
51		羽田祐輔			内田塾を継承。	
52		有馬新太郎			内田塾を継承。	
53	文久二年（1862）	村田新八	湾	島津久光の勘気による	元治元年（1864）1年8ヶ月で赦免。西南ノ役で没、享年42。	『西郷隆盛全集』『大奄美史』　『喜界町誌』
54	文久年間か	上妻増五郎			文久三年（1863）赦免	『種子島家譜』
55		長野次郎			元治元年（1864）喜界島で死亡。	
56	不明（幕末期か）	橋口甚九郎伴兼篤	志戸桶		私塾を開く。明治六年（1873）6月30日没、享年49。	『志戸桶誌（喜界図書館蔵）』『喜界町誌』
57		工藤世戸			墓有り。怪力の持ち主	
58		ジロー			操家に寄宿「ジロードン」と呼ばれていた。	
59		無宿 テツゾー			自然の洞窟に住み、野良犬同然の生活をしていた。	
60		有馬孫之丞	小野津		内田塾を継承 明治初期没するまで続ける	『趣味の喜界島史』『喜界島古今物語』

徳之島流人一覧

	年号（西暦）	役職・氏名	配流先	科名・事件等	備考（死亡・赦免年等）	出　　典
1	享保九年（1724）	元糾明奉行小牧一郎左衛門	面縄		坊津の外城士	『奄美の歴史とシマの民俗』『道之島通信第126号』

2	享保二十年（1735）	元大島代官 伊集院弥八郎	面縄	文仁演事件カ	御目付兼糾明奉行。享保十四年（1729）大島代官。延享四年(1747)赦免。	『道之島史論』 『奄美の歴史とシマの民俗』 『道之島通信第126号』
3		大島代官 北郷傳太夫		文仁演事件（収賄）		『大島代官記』 『徳之島前録帳』
4	寛保三年（1743）	国上村 川内休次郎		不孝	延享三年（1746）赦免。	『種子島家譜』
5	寛延三年（1750）	平山村　百姓 次郎左衛門		足軽羽生喜三左衛門の娘を傷つける	宝暦十一年（1761）赦免	
6	宝暦三年（1753）	平山村浜田浦水手藤次郎、中之村百姓孝右衛門（2人）		犬神信仰		
7	宝暦五年（1755）	国上村日高五郎、古田村百姓弥三右衛門（計2人）		放逸		
8	明和三年（1766）	足軽鮫島仙十郎、現和村百姓　萬七（計2人）		折檻のため私遠流	気任者	
9	安永九年（1780）	前田六郎右衛門		城壁破損	寛政十二年赦免 家格を廃し官を諸士となす。	
10	天明三年（1783）	桑山藤右衛門		善太（幽閉室を破り出て窃盗）の逃亡を幇助	善太とともに流罪・庶人に貶める。善太は喜界島に配流。	
11	寛政五年（1793）	商人萬蔵		鹿児島で窃盗		
12	文化五年（1808）	御広敷番頭 木藤市右衛門武清	諸田	文化朋党事件（近思録崩れ）	徳之島で没。諸田池前墓地に墓有り。(前田長英「木藤七左衛門貞長の墓」『徳之島郷土研究会報第8号』から)	『鹿児島県史料島津斉宣斉興公史料（文化朋党一条）』
13		御小納戸役 永田佐一郎（藤原良覚）	花徳		「クロギリ墓地」の乾家に合祀されている。両名は同一人物か。手習師匠をする。(『徳之島採集手帖』より)	
14		御近習番 宇宿十次郎				
15		奥医師 森元高見				
16	不明	青山利右衛門	花徳		手工芸を指導	『徳之島郷土研究会報第1号（安田佐和人御用日記）』
17	文化九年（1812）	種子島佐渡家頼 越山休右衛門			子の平助は官舎に繋ぐ。	『種子島家譜』
18	文政八年（1825）	中野九八郎		佐土原藩　鴫之口騒動	喜界島流人中野弘の弟。	『宮崎県史史料編近世6』 『日向文献史料』
19		岩崎第五郎			『日向文献史料』では、「弟五郎」となっている。	
20		前田長右衛門				
21	文政十年頃（1827）	丸野織之助	阿権		文化二年（1805）生。明治八年（1875）没。坊津出身。私塾を開く。伊仙町鹿浦に墓あり。	『島興し通信第48号（墓碑探訪記流人一丸野織之助一)』
22	文政十一年（1828）	屋久磨直	岡前		私塾を開く。	『天城町誌』
23	天保元年（1830）	東郷吉次郎			私塾を開く。	
24		荒木拙之助		窃盗	家財没収。天保四年3月18日赦免。	『種子島家譜』
25	天保五年（1834）	水主　善吉・太吉（計2人）		積載の官の昆布を盗む		
26	天保六年（1835）	御小姓与 江川十右衛門	当部	居住	元治二年（1865）赦免。病気のため滞島願提出。	先田本『仲為日記』慶応二年（1866）4月7日付に記載
27	天保九年(1838)4月	本山門名子 勘左衛門		遠島	嘉永二年（1849）赦免。嘉永六年島居付、慶応二年（1866）4月帰鹿願提出。	先田本『仲為日記』慶応二年（1866）4月14日付に記載
28	天保十五年（1844）	島津出雲家来 黒木善左衛門	面縄	主人の願いによる居住	安政三年（1856）赦免	『徳之島郷土研究会報第1号（安田佐和人御用日記）』
29	天保年間か	市来清右衛門 嫡子清次郎			後赦免	
30		新納権左衛門		親類による折檻としての居住	二十余年在島。嘉永七年頃赦免。帰鹿するも再度徳之島へ。島に妻子あり。	『鹿児島県史料　新納久仰雑譜一』 『奄美の歴史とシマの民俗』

31	弘化二年（1845）	東村飛船水主 金城筑登之		唐物人参の密輸	弘化元年（1844年・中国歴道光二四年)に山川湊で摘発された。 嘉永四年（1851）頃に赦免。	『琉球王国評定所文書 第二巻 』 『喜界町誌』
32		鎌田太平次 弟　嘉平次	目手久		明治二年赦免になるが明治六年島居付願いを出し許される	『徳之島郷土研究会報第1号（安田佐和人御用日記)』
33		飯田伝左衛門	松原		同地流人百姓仁右衛門に斧で重傷を負わせる。大島へ島換え。	『徳之島事情』
34	不明	百姓 仁右衛門			当地で伝左衛門と喧嘩	
35	弘化三年（1846）	御小姓与 田中常郎左衛門	検福	親類の願いによる居住	文久二年（1862）赦免	『徳之島郷土研究会報第 1号（安田佐和人御用日記)』
36		名頭 甚吉召仕 次良右衛門		遠島	文久三年（1863）赦免	先田本『仲為日記』慶応二年（1866）4月7日付に記載
37	弘化四年(1847)2月	小番家来 藤崎直助		主人の願いによる居住	慶応二年（1866）7月5日病死	先田本『仲為日記』慶応二年（1866）7月6日付に記載
38	嘉永二年（1849）	大工 濱島十助			亀津川に長さ十四間幅六尺の板橋を造立する。	『徳之島事情』 『徳之島前録帳』
39	嘉永三年（1850）	御奥小姓(寺社方取次) 村野傳之丞	亀津	嘉永朋党事件（高崎崩れ）	安政元年（1854）赦免。帰鹿途中西古見沖で病死。同地に埋葬。後同上罪の兄吉井七郎右衛門が改葬し鹿児島へ持ち帰った。	『鹿児島県史料斉彬史料第四巻』『徳之島前録帳』 『徳之島採集手帖』 『高﨑くずれ大島遠島録』
40		大番頭 板鼻（島津）清太夫			安政元年（1854）赦免。	
41		甑島地頭村役小番 新納弥太右衛門時升	花徳		嘉永四年（1851）正月配流。安政元年（1854）赦免。翌二年帰郷。『九郎談（物語)』著者。文化十年（1813）大島代官として渡島あり。	『鹿児島県史料新納久仰雑譜一』 『徳之島前録帳』 『徳之島採集手帖』
42		物頭 福地　某			安政元年（1854）赦免。	『徳之島前録帳』
43	嘉永五年(1852)3月	種子島弾正家臣の下人本名仁八（伊助）	神之嶺		文久三年(1863)11月10日病死。	先田本『仲為日記』文久三年（1863）11月10日付に記載
44	嘉永五年（1852）	口向築地花行立山次多従弟萬次郎	白井		病気のため明治七年まで滞島	『徳之島郷土研究会報第1号（安田佐和人御用日記)』
45	嘉永七年（1854）	蔵方目附助伊集院正家来の下人　達助		親類の願いによる居住		
46	安政三年（1856）	下新町 宮本十助	喜念			
47	安政七年（1860)2	指宿十町村 名子　袈裟市	兼久		元治元年(1864)赦免になったが病気のため島居付願いを提出。	先田本『仲為日記』慶応二年（1866）4月7日付に記載
48		川辺穢多村 名子時吉納助				
49	安政七年（1860）	島津安芸 家来 新保金七		遠島	元治元年（1864）恩赦による赦免。	
50		長東十郎 家来 検見崎吉太郎		居住	慶応元年（1865）赦免。明治七年（1874）に面縄に流された平民検見崎吉太郎と同一人物か。	
51	文久元年（1861）	小番の下人 傳次郎	伊仙噯		天保十五年(1844)に喜界島に遠島となったが文久元年に徳之島に島替え	先田本『仲為日記』元治元年（1864）5月7日付に記載
52	文久二年(1862)6月	西郷隆盛	岡前	島津久光の勘気に触れる	同年8月16日に沖永良部島(和泊)へさらに遠島となる。	『大奄美史』 『龍郷町誌歴史編』
53	文久二年（1862）	恒吉長瀬村柳田子門　弟 袈裟二郎	喜念	親類の願いによる居住		『徳之島郷土研究会報第1号（安田佐和人御用日記)』
54	文久三年(1863)12月	名越左源太 家来 白濱伊左衛門		主人（名越左源太）の依頼による居住。	慶応二年（1866）12月19日赦免。	先田本『仲為日記』慶応三年(1867)2月3日付に記載
55	不明	小番 九良加野亘 三男　六郎	小島	折檻のための居住	住民とトラブルがあり、文久三年(1863)10月26日大島へ島替え	先田本『仲為日記』文久三年(1863)10月26日付に記載
56		串良上小原村上仮屋門名子休太郎	犬田布		行路病死。文久三年(1863)12月22日死亡（推定59歳）	先田本『仲為日記』文久三年(1863)12月22日付に記載

57	不明	永嶺釜八	井之川		休太郎について情報提供をした。	先田本『仲為日記』文久三年(1863)12 月 22 日付に記載
58		伊右衛門			伊右衛門が「斧２丁と袷１枚を注文」	先田本」『仲為日記』文久四年(1864)2 月 11 日付に記載
59		相楽清熊	母間		「赦免後、病気のため滞島中であるが帰鹿したいと願い出ている、手続をしたか確認をして欲しい。」	先田本『仲為日記』元治元年(1864)4 月 19 日付に記載
60		小山万右衛門	諸田		「赦免になったが病気のため帰鹿できない旨の申し出があったが確認してほしい。」 —役人同士のやり取りが記載されている—	
61		助左衛門				
62		小田吉次郎	山《さん》			
63		椿松正助	神之嶺			
64		御小姓与 元勘兵衛嫡子 佐土原嘉八	伊仙噯		元治元年(1864)4 月 5 日付で赦免（島津忠義と久光の天皇からの御拝領に伴う恩赦）。	先田本『仲為日記』元治元年(1864)5 月 7 日付に記載。なお、他の噯の流人の記載は省略されている。
65		小番 市兵衛嫡子 菱刈宇八郎				
66		御小姓与　宮原次良右衛門				
67		高尾野郷士 簗瀬利右衛門		(この時すでに死亡)		
68		御小姓与 下人 早助				
69		(計８人)			元治元年(1864)6月5日付で赦免となるが病気のため滞島願提出し認められた。(氏名等の記載なし)	先田本『仲為日記』元治元年（1864）6 月 6 日付に記載
70		善太郎	秋徳		「すでに赦免となり瀬瀧にいるが村人と問題を起こしている。」	先田本『仲為日記』慶応二年(1866)5 月 25 日付に記載
71	慶応元年 (1865)11 月	御小姓与 斉藤直助	大津川	親類の依頼による居住		先田本『仲為日記』慶応二年(1866)2 月 14 日付に記載
72	慶応元年 （1865）頃	木脇彦右衛門	岡前		私塾を開く。	『天城町誌』
73	慶応二年 （1866）頃	脇田織之丞			私塾を開く。	
74	慶 応 二 年 (1866)12	上 井 仲 太 夫 嫡子　嘉吉	阿布木名	主人の依願による居住		先田本『仲為日記』慶応三年(1867)3 月 3 日付に記載
75	慶応三年 （1867）頃	山下善兵衛	岡前		私塾を開く。	『天城町誌』
76	慶応三年 （1867）	谷山衆中菊田直之助嫡子覚之助	喜念	親類の願いによる居住	明治三年（1870）赦免となるが病気のため島に留まり明治七年許される	『徳之島郷土研究会報第１号（安田佐和人御用日記）』
77	不明	寄合無役小番 大熊善左衛門			本御用人亡島津右平太嫡子。「親類の依頼により遠島、古来よりこれなき筈に付留置なり」の記録有り	『徳之島前録帳』
78	明治六年 （1873）	下城村　平民 市 兵 衛 二 男 竹下乾一郎	目手久	親類の願いによる居住	明治八年（1875）赦免になる	『徳之島郷土研究会報第１号（安田佐和人御用日記）』
79	明治七年 （1874）	鹿児島県大隅国大島郡平民 検見崎吉太郎	面縄	親類の願いによる居住	『仲為日記』慶応三年４月７日付に記載のある検見崎吉太郎と同一人物か	
80	不明	公儀隠密 森　僧八			幕府隠密として黒糖調査で薩摩入国、三年で捕えられ徳之島へ流され後与路島へ。明治の初め 80 余才で与路島で没。	『瀬戸内町町誌（歴史編）』 『与路島（奄美大島）誌』
81		東　富四郎			赦免になったが病気のため滞島願いを提出。	小林正秀『犬田布騒動』 先田本『仲為日記』

沖永良部島（含 与論島）流人一覧

	年号（西暦）	役職・氏名	配流先	科名・事件等	備考（死亡・赦免年等）	出　　典
1	享保二年 （1717）	鮫島瑞顕		淫乱の罪	延享元年(1746)7 月 6 日赦免	『種子島家譜』
2	寛保二年 （1742）	足軽 川島清六			家没収。延享元年十月赦免	
3	延享四年 （1747）	示現流藩主指南役 東郷藤十郎（實勝）	内城	禁猟区の山で雉を射る	兄東郷位照（藤左衛門）と共に流される。兄は奄美大島嘉鉄村へ。元禄十二年（1699）生、五十代で赦免。帰藩。宝暦六年（1756）没。享年 58	『奄美の歴史とシマの民俗』

4	延享四年（1747）	現和村浅川塩屋　茂左衛門		不孝		『種子島家譜』
5	寛延三年（1750）	新納平太夫時以	田皆	実学朋党事件	私塾を開く。32 才で遠島。乙を妻とす。安永三年（1774）没。	『奄美の歴史とシマの民俗』『島津国史巻之三十二』
6	宝暦三年（1753）	茎永村　百姓次郎右衛門		強暴、郷里で濫暴をする。		『種子島家譜』
7	宝暦五年（1755）	下人利七、古田村　百姓萬六（計２人）				
8	宝暦七年（1757）	河内清八				
9	安永年間カ（墓碑による）	皆吉宝徳	田皆		田皆霊園の皆吉家墓地に建立されている皆吉宝徳墓石碑文には「安永年間この地に流されて来た皆吉宝徳は、世話になった金六に生前“皆吉姓”を授けた」とある。	『奄美の歴史とシマの民俗』「皆吉宝徳墓誌」
10	安永八年（1779）	屋喜内間切宇検方総横目稲源	与論島	稲源事件（越訴未遂）	上納物の減額のため直訴を計画したが露見し捕まる。	（仮題）『与論在鹿児島役人公文綴』『奄美の歴史とシマの民俗』
11	安永九年（1780）	石堂孫七		不明		『種子島家譜』
12	不明	清水彦右衛門	皆川		皆吉家の墓地に合祀。天保十二年（1841）6 月没。	『奄美の歴史とシマの民俗』
13	文化五年（1808）	御目付曽木藤太郎	内城	文化朋党事件（近思録崩れ）	天保十三年（1842）4 月没。根折に墓（元内城）。私塾を開く。	『鹿児島県史料島津斉宣斉興公史料（文化朋党一条）』『和泊町誌歴史編』
14		榎本甚五郎		不正	文化五年 4 月遠島、文政七年（1824）赦。天保二年(1831)記事に有り。	『種子島家譜』
15	文政八年（1825）	萩原藤七	畦布	佐土原藩鴫之口騒動	私塾を開く。	『日向文献史料』『宮崎県史史料編近世 6』『畦布誌ふるさとあぜふ』『和泊町誌歴史編』
16		加治木内蔵允				
17		池田剛一				
18	文政の頃	上村正助	根折		染川家文書によれば文政の頃沖永良部へ流されたとされている。	『染川家文書』
19		二（仁か）礼正左衛門	手々知名			
20		御庭奉行格紀　平右衛門	和		初め加計呂麻島諸鈍に流される。慶応二年頃赦免になるが明治元年再び戻る。明治三年（1870）75 才で没。私塾を開く。	『染川家文書』『和泊町誌歴史編』『徳之島郷土研究会報第 22 号―沖永良部で塾を開いた遠島人―』
21		染川四郎左衛門	瀬利覚		初め加計呂麻島諸鈍に流される。私塾を開く。	
22		柔術家平瀬礼助	余多			
23		小田善兵衛	上城			
24	天保五年（1834）	宗次郎		積載の官の昆布を盗む	天保十年 5 月 18 日赦免	『種子島家譜』
25	天保六年（1835）	三神丸船長足軽宇多津善太郎		護送中の流人の銭貨を盗む		
26	嘉永三年（1850）	肱岡五郎太		嘉永朋党事件（高崎崩れ）	嘉永七年（1854）赦免。（刑の申渡しは臥蛇島だが、赦免記事には沖永良部島とある）	『鹿児島県史料島津斉宣斉興公史料』『鹿児島県史料斉彬公史料第二巻』『奄美の歴史とシマの民俗』
27		近藤三左衛門金吉			近藤隆左衛門嫡子。嘉永六年（1853）赦免、翌年 6 月帰藩。	
28	不明	田實吉助	和		集落内の畑地に墓有り。元治二年（1865）4 月 27 日没。	『奄美の歴史とシマの民俗』
29	不明（幕末）	竹之下吉兵衛	畦布		初め和集落に配流。森吉兵衛と称す。同地にて没。	『畦布誌ふるさとあぜふ』

30	不明	書家川口雪蓬（量次郎）	西原		種子島の人。配流中に西郷と交流があった。私塾を開く（西原に顕彰碑有り）。赦免後、鹿児島の西郷宅で家令となる。	『和泊町誌歴史編』 『鹿児島県姓氏家系大辞典』
31	安政年間か	島間村 漁人　十太郎			安政六年（1859）恩赦で赦免、帰島。	『種子島家譜』
32	文久二年（1862）	西郷隆盛	和泊	島津久光の勘気に触れる	文久二年６月徳之島から沖永良部島へ島替え。元治元年（1864）２月赦免。私塾を開く。喜界島の村田新八と共に帰藩	『選で選ばらぬ沖永良部島』 『西郷隆盛全集』 『和泊町誌歴史編』
33		徳之島「ユタ」複数人		種々の浮説・流言・呪符・祈祷を為し医薬を妨ぐ	薩藩の宗教弾圧 与路島と合わせて７人	『徳之島事情』
34	文久三年(1863)11	徳之島伊仙喜美徳		不行跡のため兄三人より借島願い		先田本『仲為日記』元治元年（1864）６月12日付に記載
35	文久の頃	住　政直	畦布		喜界島より遠島。私塾を開く。同地で没。	『畦布誌ふるさとあぜふ』 『奄美の歴史とシマの民俗』
36	元治元年（1864）	大砲掛義武、義佐美（計２人）		犬田布一揆	附役人の横暴に徳之島犬田布村の百姓が抵抗。 安寿珠は願出て父安寿盛に同行。	徳之島町郷土資料館編『仲為日記』先田本『仲為日記』元治元年(1864) ３月26日付に記載 『徳之島事情』 『伊仙町誌』
37		百姓 安寿盛、安寿珠（計２人）	与論島			
38	元治元年(1864)9月	徳之島　百姓 宮賢		砂糖の炊き上げが悪く砂糖樽積込みが遅れた		先田本『仲為日記』元治元年（1864）９月20日付に記載
39	慶応元年(1865)7月	徳之島阿布木名　宮福		評判が悪く村役の願いによる借島		先田本『仲為日記』慶応元年（1865）７月15日付に記載
40	慶応二年(1866)6月	徳之島瀬滝村 実禎		砂糖樽の斤数をごまかす		先田本『仲為日記』慶応二年（1866）６月19日付に記載
41	慶応三年（1867）	大島住用間切金久（城）村役人　要喜栄定	和泊	徳田崩れに連座	明治元年（1868）大赦で赦免。	『奄美郷土研究会報第九号（徳田崩れ伝聞録）』
42	不明（幕末か）	児玉万兵衛	喜美留		私塾を開く。	『選で選ばらぬ沖永良部島』 『和泊町誌歴史編』
43		竹之内助市	皆川		私塾を開く。	
44		平　冨里			私塾を開く。	
45		村田　某	黒貫		私塾を開く。	『選で選ばらぬ沖永良部島』 『和泊町誌歴史編』
46		五郎左衛門	玉城		私塾を開く。	

奄美諸島内の遠島先不明一覧

	年号(西暦)	役職・氏名	配流先	科名・事件等	備考（死亡・赦免年等）	出　　典
1	不明	公儀流人 江戸 武藤道元				『大島要文集』 『南西諸島史料集第三巻』
2		公儀流人 無宿 シャル吉				
3	延享三年（1746）	足軽日高松右衛門・野宿者三右衛門 （計２人）			『種子島家譜』には琉球道之島に配流とある。	『種子島家譜』
4	安永五年（1776）	(計８人)			道之島へ配流の途中８人が破船のため鹿児島へ送られる。	
5	慶応三年（1867）	大島住用間切金久（城）村役人　中実堅			徳田崩れで村役を罷免され他の島役と共に遠島	『奄美郷土研究会報第九号（徳田崩れ伝聞録）』

註，遠島処分を受けたが、船が出る前に自死・病死・牢死等したものは含まない．

資料　琉球（沖縄）・奄美・薩摩（鹿児島）関連史年表

主な引用文献

沖縄大百科事典刊行事務局編『沖縄大百科事典』、宮城栄昌・高宮廣衞編『沖縄歴史地図（歴史編）』、高良倉吉・田名真之編『図説琉球王国』、改訂名瀬市誌編纂委員会編『改訂名瀬市誌　2巻　歴史編』、大和村誌編纂委員会編『大和村誌』、知名町教育委員会編『江戸期の奄美諸島』、南日本新聞社鹿児島大百科事典編纂室編『鹿児島大百科事典』、原口虎雄著『鹿児島県の歴史』、弓削政己「奄美諸島の系図焼棄論と『奄美史談』の背景―奄美諸島史把握の基礎的作業―」。

一四〇六（応永十三年）　思紹・尚巴志父子、浦添グスクを攻め、中山王武寧を滅ぼす。察度王統滅びる。

一四一六（応永二十三年）思紹・尚巴志父子、今帰仁グスクを攻め北山王攀安知を滅ぼして、北山の版図を手に入れる。

一四二九（永享元年）　中山王尚巴志、島尻大里グスクを攻め、南山王他魯毎を滅ぼして沖縄全島を統一、琉球王国成立（第一尚氏王朝）。

一四三〇（永享二年）　明の宣宗、琉球王に尚姓を授けるという。

一四三九（永享十一年）　琉球王、明へ進貢・琉球館を福建に設置。

一四四一（嘉吉元年）　この年、将軍足利義教、大覚寺義昭を自刃させた功により、島津忠国に琉球を与えたという（嘉吉附庸説）。

一四五七（長禄元年）　琉球に漂着した朝鮮人十一人を朝鮮に送還。

一四五八（長禄二年）　護左丸・阿麻和利の乱。琉球王尚泰久、万国津梁の鐘を鋳造。

一四六六（文正元年）　中山（琉球）王尚徳、喜界島に遠征して王国の支配下に置き、泊里主（のちの泊地頭）に大島諸島の年貢を管掌させる（中山世鑑）。

一四七〇（文明二年）　この前年、七代尚徳王が死去すると、不満勢力はその世子を殺害し、金丸（尚円）を擁立する（第二尚氏王朝）。

一四七一（文明三年）　室町幕府、島津氏に琉球渡海船の取り締まりを命ず。

一四七七（文明九年）　朝鮮漂流民、与那国島で救助され、首里に転送されて、琉球王府が朝鮮へ送還（見聞記を残す）。

一四八一（文明十三年）　琉球王府、初めて薩摩へ綾船（慶賀船）を遣わす（八月）。

一五〇一（文亀元年）　尚真王、聞得大君を頂点とする神職組織を確立し、琉球古神道圏の統一を推進する。

一五一六（永正十三年）　この年、三宅国秀、琉球征服を計るも島津忠隆により制圧という（後世の偽作カ）。

一五二四（大永四年）　琉球王府、六色の「帕冠の制」を定める。

一五二九（享禄二年）　奄美大島和家《にぎ》の祖ちやくもい（知屋具盛）、笠利間切の宇宿大親に任ぜられる。

一五三一（享禄四年）　『おもろそうし』第一巻編集。

一五三七（天文六年）　尚清王、大島の焼内間切与湾大親を征討する（中山世鑑）。

一五四三（天文十二年）　ポルトガル船種子島に漂着、鉄砲を伝える（八月）。

一五四九（天文十八年）　イエズス会宣教師フランシスコ・ザビエル鹿児島に来る（七月）。

一五七一（元亀二年）　尚元王、自ら軍を指揮して大島を征討する（中山世鑑）。

一五七六（天正四年）　島津義久、三州（薩摩・大隅・日向諸県郡）を統一。

一五八二（天正十年）　豊臣秀吉、亀井茲矩が琉球を所望したのに対し、団扇に「亀井琉球守殿」と書いて与えたという。

一五八七（天正十五年）　島津義久・義弘の島津軍、日向根白坂の戦いで羽柴秀長軍に敗れる（四月）。豊臣秀吉、全九州を平定する（五月）。

一五八八（天正十六年）　島津義久、豊臣秀吉の命を受け、大慈寺僧龍雲に琉球国服属交渉のための渡海を命ずる（八月）。

尚永死去（十一月）、翌年尚寧即位。

一五九〇（天正十八年）　秀吉、尚寧王に二〜三年後に明国討伐の企てを告げる（二月）。

豊臣秀吉、小田原の北条氏政を討ち、伊達正宗をはじめ奥州の諸大名を服属させて全国を統一する（八月）。

島津義久、尚寧王に書を送り、秀吉の関東平定を告げ祝儀言上を命じる（八月）。

島津義久、尚寧王に書を送り、綾船の到来を促す（四月）。

三司官ら、明朝へ日本軍勢の動向を通報（八月）。

一五九一（天正十九年）　島津義久、朝鮮出兵に際し、尚寧に兵七千人と兵糧十カ月分を来年二月中に坊津に送るよう命ず。謝名親方これを拒絶（十月）。

義久、琉球に使を送り、朝鮮出陣の賦役を督責する（十二月）。

一五九二（文禄元年）　文禄の役（〜九六）。島津義弘は一万五千人の軍勢を率いて朝鮮に出征する（四月）。
豊臣秀吉、亀井茲矩に対する琉球宛行《あてがい》の方針を撤回し、琉球を島津氏の「与力」とする（一月）。
尚寧、福建巡撫の要請を受け、秀吉が朝鮮を経て、明朝へ侵攻準備を行っていることを報告（九月）。

一五九三（文禄二年）　この年、琉球国、朝鮮出兵の軍役と名護屋城普請役の大部分調達。島津義久、残りの調達を尚寧に命ずる（十二月）。

一五九四（文禄三年）　尚寧、島津義久に琉球の窮状を訴え、朝鮮出兵の軍役を調達できない旨を謝す（六月）。

一五九七（慶長二年）　慶長の役（〜九八）。巨済島の戦いに、島津忠恒（家久）は水軍を出し、義弘は陸より援助する（七月）。

一五九八（慶長三年）　尚寧、明朝へ日本軍勢による朝鮮出兵を通報（四月）、尚寧、明朝へ豊臣秀吉の死去を急報（十月）。

一五九九（慶長四年）　島津忠恒（家久）、三月、伏見で伊集院忠棟を誅殺する。嫡子忠真、これを聞いて庄内で反する（庄内の乱）。

一六〇〇（慶長五年）　関ヶ原の戦い、西軍敗戦（九月）。義弘軍敵中突破して退却、帰途。

一六〇二（慶長七年）　徳川家康、陸奥国伊達領に漂着した琉球人を島津家久に送還させる（十一月）。

一六〇三（慶長八年）　島津義久、尚寧に伊達領漂着琉球人送還の謝礼使者を、家康のもとに派遣することなどを要求（一月）。
家康、征夷大将軍となる（二月）。

一六〇四（慶長九年）　島津義久、甑島漂着の琉球船員に附して、書を尚寧に送り来聘を促す（二月）。
義弘、書を尚寧に送り琉球王を問責す（九月）。

一六〇五（慶長十年）　福州から帰航の琉球船、平戸に漂着し送還される（七月）。
この年、野国総官、福州から琉球に甘藷をもたらす。

一六〇六（慶長十一年）　島津の使者駿府に至り、徳川家康に琉球出兵の許可を請う（七月）。
冊封使来琉、尚寧を中山（琉球）王に冊封（六月）。
島津忠恒、家久と改名、琉球征討を許される（六月）。
島津義久、書を送って尚寧の來聘を促す（九月）。
家久、幕命により、琉球を介して日明貿易を図ろうとするが琉球応じず。

一六〇八（慶長十三年）幕閣山口直友、島津家久に琉球出兵の準備と、琉球から家康への謝礼の使者派遣を促す交渉を再度命ずる（八月）。

琉球側島津氏の来聘に応じず。


一六〇九（慶長十四年）島津義弘、尚寧に対して日明貿易の復活を斡旋すれば、出兵を中止すると最後通牒を発する（二月二十一日）。

島津の軍勢（百艘・鉄砲隊を含む兵三千人）、琉球に向けて、山川港を出帆（三月四日）。

島津軍、大島の津代湊・深江ヶ浦に着（同七日）。徳之島に着。激しい戦闘（同十七日）。沖永良部島に着（同二十四日）。沖縄本島の運天に着（同二十五日）。首里城を占拠。尚寧王降伏。講和成立（四月一日）。

尚寧ら連行され、那覇を出帆（五月十五日）。


一六一〇（慶長十五年）徳川秀忠・家康、島津家久・義久・義弘に、琉球平定の褒書並びに琉球領知の黒印状を与える（七月）。

この年、上井里兼ら、琉球検地を終え還る（三月）。

尚寧、島津家久と共に駿府城で家康に謁見（八月十六日）。尚寧、家久と共に江戸城で秀忠に謁見（同二十八日）。


一六一一（慶長十六年）首里王府領として高八万九千八十六石のうち、五万石を王位蔵入と定め、尚寧に知行目録を給する。

「掟十五条」を令達。尚寧、島津家久に起請文を上程し帰国（九月）。

奄美諸島五島の検地帳が作成され、薩摩藩の直轄地となる。


一六一三（慶長十八年）大島奉行（奉行法元弐右衛門）が置かれ、奄美諸島全体を管轄する（六月）。大島大熊に仮屋を置く（筆者註、『名瀬市誌』年表「和家文書による」。しかし旧笠利町大笠利集落には、旧笠利町民俗資料館によって「藩の直轄地となって大島全体の行政機構がここに置かれた。慶長十八年〈一六一三〉から寛永十年〈一六三五〉の二十二年間大島統治の拠点となった」との案内板が建てられている）。

この春、島津家久、尚寧に対して幕府の日明関係の構想を記した「大明福建軍門に与うる書」を送り、対明交渉を命ずる。琉球側は斡旋拒否。

一六一四（慶長十九年）　大坂冬の陣。島津家久、徳川方に味方する（十月）。

一六一五（元和元年）　大坂夏の陣。幕府、家久に大坂出陣を命じる（四月）。家久は兵を率いて鹿児島を発し、肥前平戸で大坂落城の報に接する（五月）。

一六一六（元和二年）　徳之島奉行を置き、徳之島・沖永良部島・与論島を管轄させる。

沖永良部島の行政区画を三間切（大城間切・喜美留間切・徳時間切）とする。

一六一七（元和三年）　琉球人に日本風の鬢・髪・衣装を禁止する令達を出す。

一六二〇（元和六年）　尚寧死去、翌年、尚豊が島津氏の承認を得て即位。以後、島津氏の承認を得ることが慣例となる。

一六二一（元和七年）　大島・喜界島の検地に着手。元和十年に石高確定（元和十年竿）。

一六二三（元和九年）　「大島置目之条々」を発し島政を変革。大親（大屋子）役を廃し、与人役が島役人の最高役となる（八月）。

一六二四（元和十年）　奄美五島内検実施（大御支配）。この年、薩摩、奄美諸島を蔵入地化（「大島等初めて本府に貢す」）。

首里王府に対する琉球国王の扶持給与権、裁判権、祭祀権を認め、あらためて琉球人の日本風俗を禁止。

一六二八（寛永五年）　那覇に大和在番仮屋が設置される。

一六二九（寛永六年）　宮古に在番設置。

一六三一（寛永八年）　島津家久、進貢貿易を拡張するために、琉球在番を置き、川上忠通を奉行として派遣（一八七二年まで継続）。

一六三二（寛永九年）　八重山に在番設置。

この年、一向宗改めをなし、日向高原その他諸所の門徒を処分する。

一六三三（寛永十年）　矢野主膳家中その他のキリシタンを検挙する（八月）。

一六三四（寛永十一年）　琉球の謝恩使・慶賀使の始まり（一八五〇年まで十八回）。

一六三五（寛永十二年）　幕府のキリシタン改めにあわせて、宗門手札改めを実施（十月）。同じく、異国方・宗門方始まる（十一月）。

この年、首里王府領の石高を九万八百八十三石九斗余に決定（寛永の盛増）。なお、道之島高二万二八二八石（鹿児島県史）。

一六三六（寛永十三年）　後金、国号を清と改める。琉球三司官にキリシタン禁制を令す（一月）。

一六三七（寛永十四年）　薩摩の農政官僚有馬丹後守が大島に赴任。大島、仮屋を大熊から赤木名村へ移す。

島原の乱（～三八）。薩摩軍、獅子島・島原に参戦する（十一月）。

一六三八（寛永十五年）　薩摩藩三原重庸ら原城攻撃に加わる（一月）。

一六三九（寛永十六年）　大島奉行を大島代官と改める。大島、仮屋を再び赤木名村から大熊村へ移す。

一六四三（寛永二十年）　藩、このころ、諸郷に切支丹・一向宗横目を置く（四月）。

一六四四（正保元年）　清の李自成、北京を陥落させ、崇禎帝が自殺して明朝滅ぶ。清は華北を占領し、北京へ遷都して清朝始まる。

一六四五（正保二年）　琉球王府、砂糖・ウコンの専売制を開始。

一六四六（正保三年）　琉球国、清朝に進貢。

一六五〇（慶安三年）　羽地朝秀（向象賢）『中山世鑑』を著す。

一六五三（承応二年）　この年、琉球王、明朝の鍍金銀印・詔勅を清朝に返還。

一六五五（明暦元年）　藩、この年、宗躰座・宗躰奉行を置く。

一六五九（万治二年）　大島各間切に間切横目一名ずつ設置。

一六六一（寛文元年）　藩、谷山・栗野・財部・中郷・福山など衆中の一向宗門徒を処分する。

一六六二（寛文二年）　琉球王、この年、砂糖奉行を設置。

一六六三（寛文三年）　清朝による最初の冊封使来琉、尚質を中山（琉球）王に冊封。

一六六七（寛文七年）　琉球王、聞得大君の地位を王妃の次におく。

一六七一（寛文十一年）　徳之島に初めて間切横目を置く。諸田村に溜池新設、同村に観音堂建立。

一六七八（延宝六年）　清朝、琉球からの接貢船の派遣を許可。これより接貢船定例化。

一六八九（元禄二年）　琉球王国に系図座設置。

一六九〇（元禄三年）　大島の嘉和知、黍作植付・製造方を琉球で学び帰島。

沖永良部島和泊村に代官所設置、与論島も管轄。

一六九一（元禄四年）　大島の与人薩摩への上国始まる（一七〇六年よりは毎年の上国廃止。以降ご祝儀上国となる）。

一六九三（元禄六年）　この年、喜界島代官所が湾村に置かれる。

一六九五（元禄八年）　藩、大島・喜界島に初めて黍検者を置く。この頃から砂糖の買い上げが始まる。

一六九六（元禄九年）　奄美諸島の与人ら、大島代官伊地知へ系図を差し出す（五月）。

一六九七（元禄十年）　鹿児島大火、城内に延焼して本丸以下を焼失する（四月）。

大島（喜界島もか）に、島役人の黍横目を置く。

藩、系図等の再編成のため記録奉行を通じて道之島の与人らに系図提出を命じる。

一六九九（元禄十二年）　鹿児島大火、上町三分の二焼失（十一月）。

一七〇二（元禄十五年）　二月、高輪藩邸類焼。十月芝藩邸類焼。

一七〇三（元禄十六年）　鹿児島大火、下町焼失（二月）。

一七〇五（宝永二年）　藩の前田利右衛門、琉球より甘藷をもたらし、郷里に試植。

一七〇六（宝永三年）　藩、道之島も含めて藩内へ系図・古記録の差し出しを命ずる。

藩、この年初めて琉球産黒糖を大坂に販出。

一七〇九（宝永六年）　琉球飢饉のため餓死者三千百九十九人。大島から藩米を借りる。

一七一〇（宝永七年）　この年、薩摩、琉球に馬艦船の新造を許可。

一七一三（正徳三年）　この頃、道之島に砂糖の第一次定式買入制度始まる。

一七二〇（享保五年）　藩、道之島に島役以外の紬の着用を禁ず（五月）。

一七二三（享保八年）　藩、首里王府領の総高を九万四千二百三十石七斗九勺四才と通達（享保の盛増）。

一七二六（享保十一年）　大島の佐文仁、新田開発の功により、田畑姓と代々郷士格を与えられる。

一七二八（享保十三年）　「大島置目之条々」以降の法令を集大成した「大島規模帳」が出る。同時に「物定帳」「大島用夫改規模帳」が出される。

この年、大島の買入糖一斤につき米三・五合替。

一七二九（享保十四年）　将軍綱吉養女竹姫、島津継豊に入輿する（十二月）。

一七三三（享保十八年）　大島で「文仁演事件」発生。

一七三四（享保十九年）　大島与人十三人全員、横目七人、東間切の者十七人、文仁演事件に藩庁に召喚され大島与人十三人全員罷免される。

一七三五（享保二十年）　文仁演事件により、大島代官は徳之島へ、附役三人は喜界島へ、文仁演兄弟は七島へそれぞれ遠島を命ぜられる。

一七四四（延享元年）　徳之島、井之川村の安住寺を亀津村へ移す。

一七四五（延享二年）　この年、大島貢租に換糖上納制を行う。砂糖一斤につき米三合六勺替（『奄美史談』『鹿児島県史』）、従来説。

一七四七（延享四年）　この年、大島貢租に換糖上納制を行う。（筆者註、弓削政己論文「近世奄美諸島の砂糖専売制の仕組みと島民の諸相」『和菓子　第十八号』虎屋文庫、二〇一一年三月、所収）新規説。

一七五〇（寛延三年）　「実学朋党事件」発生。長崎付人海老原庄蔵ら十人が奄美各島に流される。

一七五四（宝暦四年）　薩摩藩御手伝い普請、濃尾三川（木曽川・長良川・揖斐川）治水工事着手。

一七五五（宝暦五年）　木曽川工事竣工（三月）。重豪襲封（七月）。この年、徳之島大飢饉、飢救米遅れ三千人死亡。

一七六七（明和四年）　大島で白糖製造を始めさせる（鹿児島県史）。

一七七六（安永五年）　この年、薩摩藩軍学者徳田邕興、藩軍政を批判し天明七年まで大島に配流。

重豪三女茂姫（広大院）と徳川家斉の縁組が整う（七月）。

一七七七（安永六年）　この年、大島・喜界島・徳之島の三島に砂糖惣買入れを達する（第一次砂糖惣買入制）。

一七八一（天明元年）　「国淳・国喜事件」発生。引合米取起候者は死罪となる。大島宇検方与人国淳及びその子国喜、引合米取起、その上越訴書差し出した廉により入牢、国淳切腹、国喜仕置き、妻子は下人下女とされる。

一七八四（天明四年）　薩摩の琉球仮屋を琉球館、仮屋守を琉球館聞役と改称。

一七八五（天明五年）　大島の田畑氏、藩命により龍の一字姓になる。

一七八七（天明七年）　奄美砂糖の第二次定式買入制始まる。

重豪隠居、斉宣襲封。重豪なおも藩政を介助する（一月）。

一七九七（寛政九年）　英船プロビデンス号、那覇に寄港。

一八〇五（文化二年）　山本正誼、『島津国史』編纂を主宰（八月）、享和二年成稿。
斉宣、「亀鶴問答」を作り藩政改革の方針を示す（十二月）。
この頃か、沖永良部島島民に対して、砂糖黍生産の許可及び藩米による買付（年貢米との差引）の実施を申し渡す。

一八〇八（文化五年）　本田孫九郎大島代官着任。『大島要文集』編集、『大嶋私考』脱稿。
「文化朋党事件」（近思録崩れ・秩父崩れ）発生。秩父季保・樺山久言ら自刃を命ぜられ、その外五十余人が遠島などの処刑を受ける。伊地知季安らが奄美各島に流される。

一八〇九（文化六年）　斉宣隠居、斉興襲封（六月）。

一八一〇（文化七年）　伊能忠敬薩摩藩内の測量を開始する（五月）。

一八一三（文化十年）　新納次郎九郎大島代官として赴任。

一八一六（文化十三年）　徳之島で母間一揆起こる（五月）。
英艦アルセスト・ライフ号那覇来航し四十日間滞在する（七月）。

一八一九（文政二年）　大坂銀主ら、薩摩藩に一切の貸し出しを拒む。
沖永良部島へ砂糖黍植えつけ方として郡奉行らが来島。

一八二四（文政七年）　薩摩藩支藩の佐土原藩で「鳴之口騒動」発生、内田次右衛門らが奄美各島に流される。
人口・徳之島一万八千百五十五人、内流人百八十四人、沖永良部島九千三百二十四人、内流人五十四人、与論島四千二百四十八人、内流人一人。

一八二六（文政九年）　重豪・斉彬オランダ商館長シーボルトの江戸参府に際して長崎で会談する（三月）。

一八二七（文政十年）　この年、藩債五百万両に及び、重豪・斉興、側用人調所広郷に財政改革を命じる。
英船ブロッサム号那覇に来航。

一八三〇（天保元年）　大谷派唯明寺疑講法雲が鹿児島に潜入して真宗を布教する（閏三月）。

重豪・斉興、調所広郷に朱印の書付を付し、明年以降十年間に金五十万両貯蓄・古証文回収などを命じる（十二月）。

一八三一（天保二年）　この年、大島・喜界島・徳之島三島の砂糖惣買入制に着手（第二次砂糖惣買入制）。これにより、交易・古取引・古未進米一切停止。抜砂糖取締厳重にし、違反者は死罪と規定。

一八三二（天保三年）　英船ロード・アーマスト号来琉。

一八三五（天保六年）　人口・大島三万六千三百七十五人、徳之島一万八千九百六十三人、喜界島九千二百七十二人、沖永良部島九千五百九十八人、内流人七十六人、与論島三千百八十人、内流人三人。

一八三六（天保七年）　調所広郷、財政整理の功を賞せられて家老格側詰勤に任じられる（十二月）。

この年、藩内各所で一向宗門徒を検挙する。

この年、薩摩藩、藩債年賦償還法（古證文取り上げ、二百五十年賦、無利子償還等）を大坂に実行。翌年江戸に実行。

一八三七（天保八年）　英国商船モリソン号那覇に来航。同じく同船鹿児島湾山川港に停泊するが、藩家老島津久風は砲撃し退去させる（七月）。

一八三九（天保十年）　奄美三島（大島・喜界島・徳之島）で、正余計糖に対し「羽書」を通用させる。正余計糖一斤につき代米四合。

一八四〇（天保十一年）　この年までに薩摩藩の財政改革ほぼ成功し、諸営繕用途二百万両及び藩庫金五十万両などを貯蓄。

一八四三（天保十四年）　「三国名勝図会」六十巻が出来る（十二月）。

一八四四（弘化元年）　フランス軍艦アルクメーヌ号那覇来航、通交・貿易・布教を要求、宣教師二人を残し去る。

一八四五（弘化二年）　英国船サマラン号来琉。

一八四六（弘化三年）　フランス船那覇に来航し、通好を求める。ベッテルハイム来琉（九年間滞在）。

一八四七（弘化四年）　琉球王尚育死去、翌年尚泰即位。

一八四八（嘉永元年）　調所広郷が江戸桜田藩邸で自殺する（十二月）。

一八四九（嘉永二年）　「嘉永朋党事件」（お由羅騒動・高崎崩れ）起きる（十二月）。

一八五〇（嘉永三年）「嘉永朋党事件」により大久保次右衛門（大久保利通実父）ら多数が奄美各島に流される。名越左源太、奄美大島小宿に流され（～五五）、在島中に『南島雑話』『遠島日記』を著す。

一八五一（嘉永四年）斉興隠居し、島津斉彬襲封（二月）。

一八五二（嘉永五年）新納次郎九郎、「高崎崩れ」により嘉永七年まで徳之島配流。

汾陽次郎右衛門ら、琉球守衛方として大島に派遣され、大和浜方などに分駐（～一八五四）。

米国商船ロバート・バウン号石垣島に漂着。清国人苦力の送還問題が起きる。

人口・大島三万九千五百四十九人、内流人三百四十六人、徳之島二万三千四百四十七人、内流人百九十五人、沖永良部島一万三十人、内流人八十二人、与論島三千八百八十八人。

一八五三（嘉永六年）四月、サスケハナ号以下四隻のペリー艦隊那覇沖に碇泊。首里城強行訪問。その後浦賀沖に現れる（六月）。

ロシア使節プチャーチン長崎へ来航（七月）。

沖永良部島に砂糖惣買入制。

一八五四（安政元年）ロシア使節プチャーチン艦隊を率いて那覇に来航（一月）。

米ペリー艦隊再来（一月）。日米和親条約（神奈川条約）調印（三月）。その後来琉し琉米修好条約を締結（七月）。

日英和親条約調印（八月）。

日露和親条約調印し、択捉島・得撫島間を国境と定め、樺太を雑居地とする（十二月）。

一八五五（安政二年）仏艦那覇来航、琉仏修好条約締結。日仏和親条約調印（十月）。

日蘭和親条約調印（十二月）。

一八五六（安政三年）斉彬養女敬子（篤姫）将軍家定に嫁す（十二月）。

一八五八（安政五年）安政の大獄始まる（九月）。西郷隆盛僧月照と鹿児島湾に入水する（十一月）。

島津忠義襲封（十二月）。

薩摩藩士重野安繹、奄美大島阿木名に流される。

一八五九（安政六年）　西郷隆盛、奄美大島に潜居（一月）。

幕府、神奈川・長崎・函館の三港を開き、露・仏・英・蘭・米五カ国に貿易を許可する。

琉蘭条約締結（六月）。

一八六〇（万延元年）　桜田門外の変、薩藩有村次左衛門が参加、井伊直弼の首を取る。墓地は都立青山霊園に在り（三月）。

一八六二（文久二年）　西郷隆盛帰藩（二月）。

島津久光、幕府に対する示威のため兵千人を率いて京都へ向けて出発。この時小松帯刀供奉（三月）。

寺田屋事件（四月二十三日）。

桂久武守衛方として奄美大島大和浜に駐屯（四月）。

久光、勅使大原重徳に先導して江戸に下向、幕政改革を成功させる（五月）。

西郷徳之島配流、この時村田新八は喜界島へ（七月）。

生麦事件（八月二十一日）。

西郷沖永良部島配流（閏八月）。

一八六三（文久三年）　徳之島のユタ男女二十人を処罰（十二月）。

薩英戦争（七月）。英国との和議成立（十一月）。

一八六四（元治元年）　西郷隆盛赦免帰鹿（二月）。

徳之島で犬田布一揆起きる（三月）。

一八六五（慶応元年）　白糖機械四組着荷。英人二人（マッキンタイラー、ウオートルス）藩役人通事職人など百二十余人来島。

名瀬金久・宇検須古・西方久慈・龍郷瀬花留部の四カ所に設置する。

琉球に冊封使来琉、尚泰を中山（琉球）王に冊封（最後の冊封）。

宗門手札改め実施、大島人口四万三千四百三十五人。

一八六六（慶応二年）　薩長同盟成立（一月）。

間切横目冨雄、藩に砂糖一万斤献上し代々郷士格取立、和姓を名乗る。

一八六七（慶応三年）
薩摩藩パリ万博に出品する（十一月）。
徳川慶喜、大政奉還（十月）。
庄内藩など旧幕府兵により薩摩藩三田藩邸が焼き討ちに遭う（十二月）。

一八六八（明治元年）
戊辰戦争起こる。鳥羽伏見の戦い。薩長兵旧幕兵を破る（一月）。
薩摩藩三田蔵屋敷で西郷・勝の会談（三月）。
新政府軍、江戸城入城（四月）。
薩摩藩兵は越後に出動転戦する（閏四月）。
神仏分離令を藩内に布告し寺院を廃合（閏四月）。
新政府軍会津に進撃、米沢・仙台両藩が降伏し奥羽を平定する（八月）。
九月八日、年号を明治と改元、一世一元制とする。
明治改元の太政官令、沖縄に到達、（十一月）。

一八六九（明治二年）

薩長土肥藩主、版籍奉還を上奏（一月）。

函館五稜郭の戦い終わり戊辰戦争終結（五月）。

版籍奉還（六月）。

藩内寺院を全廃する（廃仏毀釈・十一月）。

この年、代官を在番、横目を検事、村役を筆者と改める。

喜界島除く奄美各島に高千穂神社を建立。ノロ関係の神事を一切廃止する。大島伊津部の観音寺廃止（十二月）。

一八七〇（明治三年）
喜界島に高千穂神社建立。

一八七一（明治四年）
廃藩置県実施。鹿児島県設置される。琉球は鹿児島県管轄（七月）。
鹿児島県、条件付きながら、「膝素立下人下女三十歳目には身代糖千五百斤で解放し、余分の地面は割渡するよう」との「膝素立」解放の「仰渡」を達する。これにより六百人余が解放されたとされる（夏）（大島代官記）。

薩摩藩諸士の拝借金八割を棄捐する。

薩隅日三国の七県を廃し、鹿児島・都城・美々津の三県を置く。鹿児島県参事に大山綱良、都城参事に桂久武が任じられる（十一月）。

道之島子女の入墨を禁止する。

一八七二（明治五年）

宮古島島民、台湾に漂着し五十四人が殺される（台湾遭害事件）。

琉球藩設置、尚泰を藩王と為し華族に列す（九月十四日）。

大山県令、困窮士族救済のため大蔵省へ貢納糖を除く砂糖の専売と専売会社の設立を嘆願する。

大蔵大輔井上馨、当年一年に限り鹿児島県の黒糖専売制を許可する。

大島の与人太三和良・基俊良らが砂糖売買の契約を結ぶため上県する（八月）。

与人太三和良・基俊良ら県に余計糖の勝手売買を嘆願し条件付きで認められる（九月）。

県から奄美各島の在番へ「貢納糖は市街地平均値段で金納とし、余計糖は勝手売買とする」と通達（九月二十九日、あるいは三十日）。

明治政府、人身売買禁止令（娼妓解放令）を達する。これにより奄美の「家人」は皆解放されることが可能となった（十月）。

一八七三（明治六年）

大蔵省、鹿児島県へ奄美諸島の貢納糖を現物納入とし、それ以外の糖については「勝手商売」とするよう通達（三月二十九日）。

全国府県へ奄美諸島の砂糖商取引への参入許可を通達（同三十日）。

この年、鹿児島県「大島商社」を設立し、旧専売仕法を引き継ぐ（大島商社の設立は夏以降ヵ）。

この年、大島の戸長ら、島民の了解なしで「大島商社」と専売契約を締結（なお、期間は明治七年から三カ年あるいは五カ年である）。

徳之島の福島喜美院らが鹿児島へ行き、長崎用造・魚住源蔵と交渉し、「徳之島商社」を設立。

一八七四（明治七年）

西郷隆盛、「征韓論」で大久保らと対立し辞任。下野して鹿児島に戻る（十月）。

大蔵省、勧業大属青山純・同租税中属久野謙次郎らに命じて奄美各島を調査させる。帰郷後「南島法」「各島村法」として報告（秋）。

戸籍改め（壬申戸籍）。

奄美諸島での金銭通融が開始される（三月）。

春、大島商社による黒糖の「実質専売制」始まる。

台湾出兵（五月）。

琉球藩の事務、外務省から内務省の管轄になる（七月）。

大蔵卿大隈重信から太政大臣三条実美へ「大島県」設置の稟申があったが、大久保利通内務卿が中国から帰国後判断することとなった（九月十九日）。本件は結局頓挫する。

一八七五（明治八年）

琉球藩、最後の進貢使を派遣（十一月）。

鹿児島商人池田九兵衛・林善左衛門の二人が鹿児島易居町に「沖永良部島商社」を設立（十一月）。

この年、奄美大島の丸田南里が外国から帰島し、砂糖自由売買運動を起こす。

喜界島産糖交易のため、鹿児島下住吉町に「喜界島商社」を設立（五月）。

明治政府、琉球藩に熊本鎮台分営の設置、清朝との通行禁止などを命令（五月）。

奄美の在番所を廃止し、名瀬に大支庁、各島に支庁を置く（六月）。苗字使用を大支庁から通達（六月）。

元鳥取藩士内務大丞松田道之、首里城にて政府命令（進貢使派遣の禁止、藩王上京など）布達（七月）。

一八七六（明治九年）

大島島民と大島商社の紛争激化（三月）。

島民の服装に関する制限を解き、入墨を禁止する（四月）。

丸田南里・水間良実・南喜祖賀の三人が砂糖勝手売買で上県するが県官らから拷問を受ける（四月）。

信仰の自由を公認（九月）。

一八七七（明治十年）
西南戦争勃発（二月）。

二月七日、砂糖勝手売買陳情団第一陣四十一人が太平丸で出発翌朝鹿児島に着く。しかし、島役人大江直佐登に案内された県官らによって、二月二十四日十三人が首謀者として捕らえられ、郡元の牢獄入りとなり、残り二十八人も帰島命令を受けるが、山川港で滞船中に投獄され、結局全員が投獄された。第二陣十四人は二月二十二日に大有丸にて出発し翌朝前之浜（鹿児島）に到着する。しかし、やはり戸長らに案内された県官らによって、第一陣と同様に全員投獄された。その後、三月二十五日に、三十五人が西南戦争の西郷軍として従軍することを承諾し、老年・病気の者二十人は問屋預かりとなる。四月六日〜七日、八代桜場の激戦で陳情団の六人が死亡、一人が負傷する。五月二十日、問屋預かりの二十人伊津部帰着。しかし、残りの二十八人が乗り込んだ次便青竜丸は十島沖で遭難する。

鹿児島城山陥落、西郷自刃、西南戦争終結（九月）。

一八七八（明治十一年）

鹿児島県庁、「大島商社」は翌年（一八七九）より廃止と決定（二月）。

鹿児島県第一会議、明治五年の「娼妓解放令」を根拠として、「説諭」によって全ての「膝素立」の解放を促進することを決議する（二月）。

奄美各島の「膝素立」抱主らが連名で、「無償解放ではなく、一五〇〇斤の養恩料を抱主に支払うという条件で解放して欲しい」と鹿児島県に嘆願し、裁判結果としてこの訴えは認められる（四月）。

大久保利通暗殺され、伊藤博文が後を継ぐ（五月）。

元土佐藩士岩村県令、奄美諸島の砂糖につき、明治十二年（一八七九）分の製糖販売・物品買入から「大島商社」一手販売を廃することを決定。

柿原大支庁長免職。「大島商社」解散（七月）。

大島大支庁を大島支庁と改称する（十二月）。

一八七九（明治十二年）

琉球処分官松田道之、首里城にて、廃藩置県の条々を藩庁に手交（三月二十七日）。尚泰、首里城を明け渡す（三月三十一日）。

政府、廃藩置県を布告、琉球藩が沖縄県となる（四月四日）。元肥前鍋島藩主鍋島直彬を初代県令に任命（四月五日)。

尚泰上京(五月二十七日)。

沖縄県令鍋島直彬、県政の基本方針(旧慣温存)を布達(六月二十五日)。

前米国大統領グラント、明治天皇と会見し琉球列島の分島案を提示(八月十日)。

鹿児島の琉球館廃止(九月)。

鹿児島県、郡制施行、郡役所設置(大島ほか四島は大隅国大島郡に)。

キリスト教、大島浦上・大熊・伊津部で布教開始。

この頃、元流人伊地知清左衛門来島し、家人解放運動を展開。主家と下人の争いが激化する。


一八八〇(明治十三年) 奄美諸島の郡役所を廃止し金久支庁と改称。新納忠三支庁長就任(十月)。

一八八三(明治十六年) 会計検査院長岩村通俊が沖縄県令となる。沖縄の旧慣温存策が強化される。

一八八四(明治十七年) 大島ではじめて徴兵検査が行われる(四月)。


一八八六(明治十九年) 金久支庁を大島島庁と改称(十一月)。大島支庁長は島司となる。丸田南里死去。

鹿児島商人の高利を廃止するため、大阪商人阿部彦次《(太カ)》郎と砂糖一手販売の契約を結び、鹿児島商人の反感を受けた新納初代島司解任される(十二月)。


一八八七(明治二十年) 「南島興産会社」を設立(一月)。大島郡糖業組合結成(四月)。県令第三九号施行(四月)。

鹿児島県議会、大島郡の経済を鹿児島県から分別する案件を議決(九月)。

麓純則ら県令第三九号撤廃運動展開。


一八八八(明治二十一年) 県令第三九号廃止(三月)。大島郡経済、県経済と分別施行(四月)、昭和十五年(一九四〇)まで継続(鹿児島県史)。

徳之島亀津在住の沖縄産業会社社長で三重県人石井清吉、三方法運動を提唱。

大島、古見、瀬名、赤木名、笠利、龍郷方の高千穂神社を名瀬方に遷座(一月)。


一八八九(明治二十二年) 人口・大島五万四千九百八十二人、徳之島三万千八百八十二人、喜界島一万五千六百二十一人、沖永良部島一万八千五百八十六人、与論島一万九千六十七人（著者註。誤記ヵ。人数不明）。

大日本帝国憲法発布（二月）。

熊毛、護謨二郡大島島庁から離脱（四月）。

喜界島「兇徒聚衆事件」発生。喜界島在島中の田中奎《（圭ヵ）》三、明治二十一年、二十二年の同島の黒糖の売却を大阪商人阿部彦太郎と契約、阿部は出張店を置いて業務開始する。その後、田中奎三逮捕される。そのため島民数百人集結、島民数名逮捕。後鹿児島で有罪。長崎控訴裁で全員無罪となる。元大島島司新納忠三死去。


一八九三（明治二十六年）　宮古島で人頭税廃止運動がおこる。

沖永良部島で、鹿児島商人の負債処理方法に関して同志会（吏党）と正義会（民党）が対立騒乱となる（九月）。

浜上謙翠編「大島郡状態書」成稿（十月）。


一八九四（明治二十七年）　七月、日清戦争（〜九五年）。元弘前藩士笹森儀助著『南島探検』発行。笹森儀助、九月大島島司着任（〜九八）。

一九〇一（明治三十四年）　砂糖消費税法成立。百斤につき一円（〜一九二七）。

一九〇四（明治三十七年）　日露戦争（〜一九〇五）。

あとがき

本年三月、リタイヤ後五年間学んだ大学院を〝単位取得退学〟した。未練はあったが思い切った。未練というのは、大学院生活が、実に解放感に溢れた時間であったからである。それは、アカデミックな環境に身を置き、誰からも束縛を受けず、誰からも命令されず、己の意志のおもむくままに、己の興味あることのみに没頭できた実に豊潤な時間であった。そのような価値ある時間を断ち切った最大の理由は、これまでの大学院生活で書き留めてきた研究の結果を、纏めて〝本〟にする時間が欲しかったからである。

大学院での研究テーマは、もっぱら奄美の「近世史」に絞った。その理由は、現在の奄美の政治経済的状況の遠因がこの時代にあると直感したからである。そして、研究の中心は「奄美流人」とした。「奄美流人」について研究するために、これまで、奄美内外の諸先輩や先達が書き残した関係諸本や論文等を読み漁った。いずれの内容も新鮮な内容であり示唆に富むものばかりであった。何故もっと早く気が付いて研究に取り組まなかったのか、悔やむことしきりである。

筆を擱いて考えさせられたことは、結局、小著の内容は、これまで奄美の歴史を研究されてこられた、先達の方々の研究成果をなぞったようなものにしかなっていなかったということであった。リタイヤ後で多少の時間的余裕もあったことから、奄美のみならず、日本の遠近を精力的にめぐって、精一杯独創性を出そうとはしてみたが、結果的にはそのようにはならなかった。先田光演著「奄美諸島の遠島人たち」（『奄美の歴史とシマの民俗』所収）に触発されて、「奄美流人史」研究に取り組んではみたものの、すぐに史料的隘路にはまり込み煩悶することになってしまった。結局、執筆の手がかりを得るために、『大奄美史』や、各島の「郷土研究会」が刊行した『郷土研究会報』、あるいは、奄美の英知を結集して編纂されたといわれる、『名瀬市誌』やその他の『市町村誌』、そして、それぞれがいぶし銀のように輝きながら奄美地方史を彩る「作品群」に頼ることになってしまった。つくづく自身の歴史学的感性や筆力の乏しさを思い知らされた。それと同時に晩学の悲しさをも感じている。

本書の記述内容には、筆者の浅学菲才及び勉強不足からくる、歴史事実把握の見当違いなどが必ずやあるに違いない。そのことにお気づきの際は、どうか忌憚のないご指摘やご叱正、そして、ご指導ご教示を賜りたい。

さらに思うことは、奄美におけるフィールドワークに際して、いかに多くの方々の教えを頂き、そして、お手を煩わせたかということである。若干例を挙げさせて頂くことをお許し願いたい。喜界島では、休館日であったにも関わらず、喜界図書館司書の米田真由美氏に、「遠島人今村翁助の書状」や、多くの『郷土誌』を紹介して頂いた。また、永家当主永東順氏には、ご高齢にもかかわらず、「流人海老原庄蔵の墓石」をご案内して頂いた。加計呂麻島芝集落では、豊島良夫さんに、〝墓はあちらの方に移動しましたよ〟と、「藤原為矩の墓碑」を案内して頂いた。徳之島では、筆者の中学校・高等学校の同窓でもある広田勉君に、公私ともに多忙な中、徳之島全域におけるフィールドワークの水先案内をしてもらった。沖永良部島では、奄美における歴史・民俗研究の第一人者でもある先田光演先生を和泊町立歴史民俗資料館に訪ねた。失礼なアポイントなし訪問であったにもかかわらず、嫌な顔一つされておられなかったことを記憶している。先田先生には、奄美の歴史研究の現況をレクチャーして頂いたうえに、「曽木藤太郎の墓所」の位置や、「染川家系図」「鳴之口騒動」「公儀流人西本願寺僧」に関する資料など、小著に直接関係する貴重な情報を提供して頂いた。これらの方々のご協力がなければ小著の上梓はあり得なかった。と同時に、〝シマ〟の人々の〝優しさ〟に触れることができたフィールドワークでもあった。

謹んで御礼を申し上げます

本来ならば、御一人おひとりにご拝眉の上、御礼を申し上げるべきですが、奄美と東京という距離もありかないませんでした。申し訳なく思っております。つきましては誠に勝手ながら、この度お世話になりました方々を、左に記して私の御礼の気持ちに代えさせて頂きたいと思います。これからも、筆者の心中深く、感謝と敬意の念を留めておきたいと思います。なお敬称省略・順不同、並びに地域ごとに記載させて頂きました。また、職業・肩書等は、筆者がご指導等を受けた当時のものを記しております、悪しからずご了承ください。それから、筆者がお世話になった後、鬼籍に入られた方がおられるかもしれません。その際は心からお悔やみ申し上げるとともに、誠に申し訳ございませんが、ご遺族の皆様方には筆者失礼の段をどうかご容赦頂きたいと思います。

大阪

・園田アキヨ　堺市・奄美大島赤尾木出身、大正五年生、碇山国栄著『郷土史・星の里』（奄美大島碇山家系図）提供

鹿児島

・曽木與英　鹿児島市・沖永良部島出身、沖永良部島流人「曽木藤太郎」子孫、鹿児島市立谷山北中学校教諭

奄美大島

・弓削政己　名瀬・元奄美郷土研究会代表世話人、元奄美文化財保護審議会会長、『喜界町誌』『瀬戸内町誌』『大和村誌』編纂委員

（弓削政己氏は平成二十八年三月六日永眠されました。享年六十七。心よりご冥福をお祈り申し

上げます）
・前平彰信　名瀬・奄美共同印刷㈱代表取締役、奄美郷土研究会世話人、『西古見集落誌』編集責任者。
『西古見集落誌』『奄美郷土研究会報』『吉塚廣次雑論伝承集』提供
・碇山丸雄　赤尾木・農業、元龍郷町議会議長、『郷土史・星の里』提供、龍郷町案内
・箕輪純義　喜瀬・喜瀬地区案内
・重井浩一郎　奄美市教育委員会笠利教育支所地域教育課課長、赤木名地区案内
・永井信也　右同主査、　　右同

加計呂麻島

・豊島良夫　芝・芝ガイド、「藤原為矩」墓碑及び芝地区案内

喜界島

・外内　淳　湾・朝日酒造㈱統括課長、製糖工場案内
・政井平進　阿伝・阿伝集落案内人、元喜界町立図書館館長・元教諭、阿伝地区案内
・森　文義　志戸桶・『喜界町誌』編纂委員、元教諭、志戸桶地区案内
・大畑　倫　小野津・『喜界町誌』編纂委員、元教諭
・吉塚廣次　小野津・喜界島郷土研究会会員、喜界町文化財保護審議会委員、『吉塚廣次雑論伝承集』著者。「長崎庄右衛門」墓碑及び小野津地区案内
・永　東順　中熊（先内）・永家第十九代当主、「海老原庄蔵」墓碑及び永家歴代墓所案内
・積山泰夫　中熊・喜界町立図書館館長、元教諭
・米田真由美　佐手久・喜界町立図書館司書、喜界島郷土研究会会員、「遠島人今村翁助の書状」、島内各『郷土誌』提供

徳之島

・広田　勉　亀津・徳之島町議会議員、徳之島全域案内

・米田博久　亀津・徳之島教育委員会社会教育課、徳之島郷土資料館係長、資料（徳之島教育委員会編『仲為日記』『徳之島郷土研究会報第一号』他）提供

・岩下洋一　亀津・徳之島町立図書館館長、『徳之島郷土研究会報』提供

・町田　進　井之川・徳之島町文化財保護審議会会長、井之川夏目踊り保存会、井之川・神之嶺・諸田地区案内

・山口　史　花徳・区長、「永田佐一郎」墓碑案内

・乾　眞一郎　花徳・天川酒造㈱代表取締役

・穂積重信　東伊仙・徳之島郷土研究会会員、元教諭

沖永良部島

・先田光演　国頭・えらぶ郷土研究会会長、和泊町立歴史民俗資料館勤務、元教諭、「曽木藤太郎」墓碑案内、資料（「染川家系図」「鳴之口騒動」「公儀流人西本願寺僧侶奄美遠島一件」他）提供

・梶原ツネ　和・郷土史家故梶原源齊氏夫人、「紀平右衛門」旧墓地及び和地区案内

・染川實麿　知名・染川産業商事㈲代表取締役、染川家当主、「染川四郎左衛門」墓碑案内、史料「染川家系図」提供

佐渡

・野口敏樹　佐渡市教育委員会社会教育課佐渡センター文化学芸係係長、両津郷土博物館勤務

隠岐諸島

・松浦道仁　西ノ島焼火神社宮司

・野津哲志　　隠岐の島町教育委員会生涯学習課文化振興係

八丈島

・仲村廸彦　　八丈町教育委員会生涯学習係

なお、筆者の大学院時代の指導教授で、大学院における「研究成果」を「本」として出版するよう勧めて頂いた、成城大学大学院文学研究科教授外池昇先生には心より感謝を申し上げます。

末筆になりましたが、㈱図書出版南方新社代表取締役向原祥隆氏をはじめ同社スタッフの皆様方には、拙著出版にこぎつけるまで、筆者の出版に関する無知や常識知らずに倦むことなく、最後まで懇切丁寧にご指導を頂きました、ここに心よりのお詫びと深甚なる謝意を表します。

平成二十九年十一月

著者記す

参考文献一覧

一　一般図書

近藤泰成『隠岐・流人の島』いづみ書房、一九六一年

横山彌四郎『隠岐の流人』島根県、一九六二年

浅沼良次『流人の島―八丈風土記―』日本週報社、一九六三年

原口虎雄『幕末の薩摩』中央公論社、一九六六年

磯部欣三『近世佐渡の流人』文芸懇話会、一九六九年

丸山松幸・守屋洋共編『史記Ⅲ　独裁の虚実』徳間書房、一九七二年

大隈三好『伊豆七島流人史』雄山閣、一九七四年

大隈三好『明治時代流人史』雄山閣、一九七四年

磯部欣三・田中圭一共著『佐渡流人史』雄山閣、一九七五年

池田信道『三宅島流刑史』小金井新聞社、一九七八年

芳　即正『島津重豪』吉川弘文館、一九八〇年

前田長英『薩摩藩圧政物語』ＪＣＡ出版、一九八一年

大宅壮一『大宅荘一全集第十七巻』蒼洋社、一九八二年

松下志朗『近世奄美の支配と社会』第一書房、一九八三年

前田長英『黒糖悲歌の奄美』著作社、一九八四年

吉田　裕『昭和天皇の終戦史』岩波書店、一九九二年

前田長英『道の島史論』奄美文化財団、一九九三年

葛西重雄・吉田貫三共著『増補四訂八丈島流人銘々伝』第一書房、一九九五年

本部廣哲『偉大な教育者　西郷隆盛　沖永良部島の南洲塾』海風社、一九九六年

先田光演『奄美の歴史とシマの民俗』まろうど社、一九九九年
中村明蔵『薩摩民衆支配の構造』南方新社、二〇〇〇年
東　喜望『笹森儀助の軌跡―辺界からの告発―』法政大学出版局、二〇〇二年
名越　護『南島雑話の世界』南日本新聞社、二〇〇二年
今吉　弘『鹿児島県の不思議辞典』新人物往来社、二〇〇三年
磯田道史『武士の家計簿』新潮社、二〇〇三年
籾　芳晴『碑のある風景』南海日日新聞社、二〇〇四年
「奄美学」刊行委員会『奄美学その地平と彼方』南方新社、二〇〇五年
原井一郎『苦い砂糖』高城書房、二〇〇五年
名越　護『奄美の債務奴隷ヤンチュ』南方新社、二〇〇六年
松下志朗『鹿児島藩の民衆と生活』南方新社、二〇〇六年
知名町教育委員会編『江戸期の奄美諸島―「琉球」から「薩摩」へ』南方新社、二〇一一年
名越　護『鹿児島藩の廃仏毀釈』南方新社、二〇一一年
金久　正『復刻　奄美に生きる日本古代文化』南方新社、二〇一一年

二　通史関係

鹿児島県社会科教育研究会高等学校歴史部会編『鹿児島県の歴史』同部会、一九五九年
竹内　譲『趣味の喜界島史』黒潮文化会、一九六〇年
坂井友直『徳之島小史』奄美社、一九六三年
都成植義・吉満義志信『奄美史談・徳之島事情』名瀬市誌編纂委員会、一九六四年
山本正誼編『島津国史』鹿児島県地方史学会、一九七二年
原口虎雄『鹿児島県の歴史・県史シリーズ46』山川出版社、一九七三年

昇　曙夢『大奄美史』原書房、一九七五年
坂口徳太郎『奄美大島史』大和学芸図書、一九七七年
西村富明『奄美群島の近現代史』海風社、一九九三年
原口泉・永山修一・日隈正守・松尾千歳・皆村武一共著『鹿児島県の歴史』山川出版社、一九九九年

三　史料集

永井亀彦『高崎くずれ大島遠島録（名越左源太翁日記）』久保田彦穂、一九四九年
宮本常一・比嘉春潮・原口虎雄編『日本庶民生活史料集成第一巻』三一書房、一九六八年
笹森儀助『南島探検』沖縄郷土文化研究会、一九六八年
藩法研究会編『藩法集　第八（鹿児島藩上）』創文社、一九六九年
本田親孚『大島要文集』（「奄美史料１」所収）鹿児島県立図書館奄美分館、一九七一年
若山甲蔵『日向文献史料』臨川書店、一九七五年
近藤富蔵『八丈實記　第四巻』緑地社、一九七五年
西郷隆盛全集編集委員会編『西郷隆盛全集第一巻～第六巻』大和書房、一九七六年～一九八〇年
鹿児島県維新史料編さん所編『鹿児島県史料　旧記雑録　追録八』鹿児島県、一九七八年
亀井勝信編『奄美大島諸家系譜集』国書刊行会、一九八〇年
鹿児島県歴史資料編纂所編『鹿児島県史料　忠義公史料　第七巻』鹿児島県、一九八〇年
南日本新聞社鹿児島大百科事典編纂室編『鹿児島大百科事典』南日本新聞社、一九八一年
鹿児島県歴史資料編纂所編『鹿児島県史料　斉彬公史料　第一巻～第四巻』鹿児島県、一九八一年～一九八四年
笹森儀助（東　喜望校注）『南島探検２　琉球漫遊記』平凡社、一九八三年
宮城栄昌・高宮廣衞『沖縄歴史地図（歴史編）』柏書房、一九八三年
沖縄大百科事典刊行事務局編『沖縄大百科事典　上中下別巻』沖縄タイムス社、一九八三年

民俗学研究所篇『民俗学辞典』東京堂出版、一九八五年
鹿児島県歴史資料センター黎明館編「秩父帳留　文化朋党一条」（『鹿児島県史料　島津斉宣斉興公史料』所収）鹿児島県、一九八五年
鹿児島県歴史資料センター黎明館編『鹿児島県史料　新納久仰雑譜一、二』鹿児島県、一九八六、八七年
琉球王国評定所文書編集委員会編『琉球王国評定所文書　第一、二巻』浦添市教育委員会、一九八八、八九年
琉球王国評定所文書編集委員会編『琉球王国評定所文書　第五巻』浦添市教育委員会、一九九〇年
鹿児島県姓氏家系大辞典編纂委員会編『鹿児島県姓氏家系大辞典』角川書店、一九九四年
高良倉吉・田名真之編『図説琉球王国（歴史編）』河出書房新社、一九九三年
鹿児島県歴史資料センター黎明館編『鹿児島県史料　旧記雑録拾遺　家わけ四』鹿児島県、一九九四年
宮崎県立図書館『佐土原藩騒動記』宮崎県、一九九六年
宮崎県史刊行会編『宮崎県史　史料編　近世6』宮崎県、一九九七年
鹿児島県歴史資料センター黎明館編『鹿児島県史料　旧記雑録拾遺　家わけ八、九』鹿児島県、二〇〇〇、〇二年
宮崎県史刊行会編『宮崎県史　通史編　近世上、下』宮崎県、二〇〇〇年
琉球王国評定所文書編集委員会編『琉球王国評定所文書　第十七巻』浦添市教育委員会、二〇〇一年
清水靖夫・長岡正利・渡辺一郎共編『伊能図』武揚堂、二〇〇二年
松下志朗編『奄美史料集成』南方新社、二〇〇六年
鹿児島県歴史資料センター黎明館編『鹿児島県史料　旧記雑録伊地知季安著作史料集六、七』鹿児島県、二〇〇六、〇七年
松下志朗編『南西諸島史料集第二、三巻』南方新社、二〇〇八、〇九年
山下文武編『南西諸島史料集第四巻』南方新社、二〇一〇年
徳之島郷土資料館編『仲為日記』徳之島教育委員会、二〇一二年
先田光演編『仲為日記―犬田布一揆を記した唯一の文書、薩摩藩砂糖政策の第一級資料―』南方新社、二〇一五年
鹿児島県大島支庁総務企画課編『平成二七年度　奄美群島の概況』大島支庁、二〇一六年

四　論文関係

金久　好「奄美大島に於ける「家人」の研究」名瀬市誌編纂委員会編『奄美大島に於ける家人の研究（外二編）』一九六三年
永吉　毅「徳之島における「犬神信仰」について」奄美郷土研究会『奄美郷土研究会会報　第五号』一九六三年
小林正秀「安田佐和人明治九年の御用日記（抄）」徳之島郷土研究会『徳之島郷土研究会報　第一号』一九六七年
直島秀良「教育の歩み―旧東天城村を中心とした―」徳之島郷土研究会『徳之島郷土研究会報　第一号』一九六七年
大川内清栄「〝徳田崩れ〟伝聞録」奄美郷土研究会『奄美郷土研究会会報　第九号』一九六七年
平　和人「塩田甚太夫伝」奄美郷土研究会『奄美郷土研究会会報　第十六号』一九七五年
亀井勝信「徳田邑興の島の子孫」奄美郷土研究会『奄美郷土研究会会報　第十六号』一九七五年
前田長英「木藤七左衛門貞長の墓」徳之島郷土研究会『徳之島郷土研究会報　第八号』一九八〇年
西村富明「奄美大島〈独立経済〉の一考察（明治二十一年～昭和十五年）」奄美郷土研究会『奄美郷土研究会会報　第二十一号』一九八一年
原口虎雄「奄美大島の耕地制度と農村の両極分解―ことに黒糖専売下の潰村と家人の発生について―」南島史学会『南島史学　第一七・一八号』一九八一年
山田尚二「薩摩藩の奄美支配―享保十三年大島規模帳―」奄美郷土研究会『奄美郷土研究会会報　第二十二号』一九八二年
森　紘道「島役についての若干の考察―大島を対象として―」奄美郷土研究会『奄美郷土研究会会報　第二十三号』一九八三年
吉田慶喜「奄美における明治地方自治制の成立過程」奄美郷土研究会『奄美郷土研究会会報　第二十三号』一九八三年
平　和人「奄美史談会のこと」奄美郷土研究会『奄美郷土研究会会報　第二十五号』一九八五年
牧野哲郎「赤木名周辺の流人の子孫たち」奄美郷土研究会『奄美郷土研究会会報　第二十六号』一九八六年
東健一郎「永井竜一氏に関する資料」奄美郷土研究会『奄美郷土研究会会報　第二十九号』一九八九年
梶原源齊「沖永良部で塾を開いた遠島人―紀平右衛門―」徳之島郷土研究会『徳之島郷土研究会報　第二十二号』一九九六年
徳永茂二「瀬戸内教育の源流を訪ねて」瀬戸内町立図書館・郷土館『瀬戸内町立図書館・郷土館紀要　創刊号』一九九八年
山本博文「島津家文書の内部構造の研究」『東大史料編纂所紀要　第十三号』二〇〇三年

西村富明「奄美群島近現代史における行政差別政策について」鹿児島県立短期大学地域研究所『研究年報　第四二号』二〇一〇年
弓削政己「近世奄美諸島の砂糖専売制の仕組みと島民の諸相」虎屋文庫『和菓子　第一八号』二〇一一年
弓削政己「奄美諸島の系図焼棄論と『奄美史談』の背景」法政大学沖縄文化研究所発行『沖縄文化研究　三十八号』二〇一二年
弓削政己「奄美諸島、近代初期の県商社による砂糖独占販売の諸問題―主体形成と時代性を反映した歴史叙述と史観―」法政大学沖縄文化研究所発行『沖縄文化研究　三十九号』抜刷　二〇一三年

五　市町村誌関係

『笠利町誌』笠利町、一九七三年
『龍郷町誌　歴史編』龍郷町、一九八八年
『改訂名瀬市誌　1巻・2巻　歴史編』名瀬市、一九九六年
『瀬戸内町誌　歴史編』瀬戸内町、二〇〇七年
『大和村誌』大和村、一九九三年
『喜界町誌』喜界町、二〇〇〇年
『徳之島町誌』徳之島町、一九七〇年
『伊仙町誌』伊仙町、一九七八年
『天城町誌』天城町、一九七八年
『和泊町誌　歴史編』和泊町、一九八五年
『知名町誌』知名町、一九八二年
『与論町誌』与論町、一九八八年

六　地域史関係

奄美大島（含、加計呂麻島・請島・与路島）

碇山国栄『郷土史　星の里』私家版、一九八四年
西古見慰霊碑建立実行委員会『西古見集落誌』西古見慰霊碑建立実行委員会、一九九四年
屋崎　一『与路島奄美大島誌』屋崎一、二〇〇一年

喜界島

「遠島人　今村翁助の書状手書き複写版」喜界町立図書館蔵
三井喜禎『喜界島古今物語』三井喜禎、一九六五年
志戸桶誌編纂委員会『志戸桶誌』志戸桶誌編纂委員会、一九九一年
盛山末吉『続しつる村物語』高城書房、二〇〇一年
吉塚廣次『吉塚廣次雑論伝承集―喜界島の歴史と民俗あれこれ―』私家版、二〇一三年

徳之島

松田　清編「墓碑探訪記流人丸野織之助」『島興し通信　第四八号』一九九〇年
南日本文化研究所叢書二一『徳之島採集手帳―徳之島民俗の聞き取り資料―』鹿児島短期大学付属南日本文化研究所、一九九六年

沖永良部島

永吉　毅（代表）『畦布　ふるさとあぜふ』畦布字有志、一九九二年
玉起寿芳『教育の島・花の島沖永良部　増訂版』私家版
玉起寿芳『選《いら》で選《いら》ばらぬ沖永良部島《いらぶじま》』私家版、一九九三年
先田光演・解説『染川家文書』（知名町染川實磨氏所蔵）二〇〇二年

索引

【あ】

【い】

【う】

【え】

【お】

【か】

【き】

【く】

【け】

【こ】

【さ】

【し】

【す】

【せ】

【そ】

【た】

【ち】

【つ】

【て】

【と】

【な】

【に】

【ぬ】

【ね】

【の】

【は】

【ひ】

【ふ】

【へ】

【ほ】

【や】

【ゆ】

【よ】

【ら】

【り】

【る】

【ろ】

【わ】

◆著者プロフィール

箕輪　優（みのわ・ゆう）

1951年2月　奄美大島名瀬市（現奄美市）生まれ
1974年3月　國學院大學卒業
2011年3月　定年退職
2012年4月　成城大学大学院文学研究科日本常民文化専攻博士課程前期入学
2017年3月　同博士課程後期単位取得退学
論文
「近世における奄美遠島―〈公儀流人〉と〈鳴之口騒動〉の史料検討から―」（成城大学常民文化研究会『常民文化』第38号、2015年）
「享保十三年〈大島規模帳〉に関する考察―薩摩藩の奄美諸島支配について―」（成城大学常民文化研究会『常民文化』第39号、2016年）

近世・奄美流人の研究

二〇一八年二月二十日　第一刷発行

著　者　箕輪　優
発行者　向原祥隆
発行所　株式会社 南方新社
〒八九二―〇八七三
鹿児島市下田町二九二―一
電話〇九九―二四八―五四五五
振替口座〇二〇七〇―三―二七九二九
URL http://www.nanpou.com/
e-mail info@nanpou.com

印刷・製本　モリモト印刷株式会社
定価はカバーに表示しています
落丁・乱丁はお取り替えします
ISBN978-4-86124-370-7　C1021